霍耐特的
社会自由思想
研究

On Honneth's
Social Freedom

任远·著

图书在版编目（CIP）数据

霍耐特的社会自由思想研究 / 任远著. -- 北京：中央编译出版社, 2025.6. -- ISBN 978-7-5117-4808-9

Ⅰ．B0

中国国家版本馆CIP数据核字第2025G3J479号

霍耐特的社会自由思想研究

责任编辑	高冀蒙
责任印制	李　颖
出版发行	中央编译出版社
网　　址	www.cctpcm.com
地　　址	北京市海淀区北四环西路69号（100080）
电　　话	（010）55627391（总编室）　　（010）55625173（编辑室）
	（010）55627320（发行部）　　（010）55627377（新技术部）
经　　销	全国新华书店
印　　刷	北京文昌阁彩色印刷有限责任公司
开　　本	710毫米×1000毫米　1/16
字　　数	278千字
印　　张	17.5
版　　次	2025年6月第1版
印　　次	2025年6月第1次印刷
定　　价	85.00元

新浪微博：@中央编译出版社　　　　微　信：中央编译出版社（ID: cctphome）
淘宝店铺：中央编译出版社直销店（http://shop108367160.taobao.com）　（010）55627331

本社常年法律顾问：北京市吴栾赵阎律师事务所律师　闫军　梁勤
凡有印装质量问题，本社负责调换。电话：（010）55627320

国家社科基金后期资助项目
出版说明

后期资助项目是国家社科基金设立的一类重要项目，旨在鼓励广大社科研究者潜心治学，支持基础研究多出优秀成果。它是经过严格评审，从接近完成的科研成果中遴选立项的。为扩大后期资助项目的影响，更好地推动学术发展，促进成果转化，全国哲学社会科学工作办公室按照"统一设计、统一标识、统一版式、形成系列"的总体要求，组织出版国家社科基金后期资助项目成果。

全国哲学社会科学工作办公室

法兰克福学派批判理论的"政治伦理转向"（代序）

"法兰克福学派"因法兰克福大学社会研究所而得名，以批判理论闻名于世；但这三者——法兰克福学派、法兰克福大学社会研究所和批判理论——之间并不是完全对应的，而是存在着错综复杂的关系。换言之，社会研究所是法兰克福学派的大本营，批判理论是法兰克福学派的标志性贡献；但并非社会研究所所有成员都属于法兰克福学派的代表人物，并非社会研究所所有理论成果都属于批判理论。例如，在 C. 格律贝格时期，既没有法兰克福学派，也没有批判理论；但他奉行的超党派学术立场、跨学科研究方法，为法兰克福学派的真正创始人、批判理论的真正奠基人霍克海默所继承和发展了。法兰克福学派并非铁板一块，批判理论并非整齐划一，而是存在着众多差异、矛盾甚至对立。尽管第一代批判理论家内部有着这样或那样的差异，但总体上都属于"老批判理论"，体现着批判理论第一期发展。尽管第二代批判理论家内部有着三条不同的研究路径，但与"老批判理论"相比，基本上都属于"新批判理论"，体现着批判理论第二期发展。尽管第三代批判理论家有着不同的学术路向，但总体上属于批判理论第三期发展，标志着批判理论最新发展阶段（"后批判理论"）、体现着批判理论最新发展趋向（"批判理论的'政治伦理转向'"）。

批判理论的"政治伦理转向"，是笔者长期研究法兰克福学派批判理论及其最新发展而得出的基本判断，已经得到了学界同仁的认同（尤其是得到了霍耐特的认同）。要想理解批判理论的"政治伦理转向"，首先要弄清楚"批判理论三期发展"。批判理论第一期发展（从 20 世纪 30 年代初到 60 年代末，以霍克海默、阿多尔诺、马尔库塞、洛文塔尔、波洛克等人为代表）致力于批判理论构建与工业文明批判；批判理论第二期发展（从60年代末到80年代中期，以前期哈贝马斯①、A.施密特、F.v.弗里德堡等人为代表）致力于批判理论重建与现代性批判；批判理论第三期发展（从80年代中期至今，以后期哈贝马斯、霍耐特、维尔默、奥菲等人为代表），完成了批判理论的"政治伦理转向"。概言之，"批判理论三期发展"意味着：从古典理性主义到感性浪漫主义再到理性现实主义；从激进乐观主义到激进悲观主义再到保守乐观主义；从欣赏、信奉到怀疑、批判再到超越、重建马克思主义；从文化主体哲学到语言交往哲学再到政治伦理学；从"老批判理论"到"新批判理论"再到"后批判理论"。"后批判理论"标志着批判理论的最新发展阶段，它不再属于传统的西方马克思主义范畴，而是已经进入到与当代实践哲学主流话语对话的语境之中。

那么，如何看待批判理论的第三期发展实现了"政治伦理转向"呢？所谓"转向"，一是指研究思路、基本观点转变，例如，康德的"哥白尼式革命"，近代哲学的"主体主义转向"；二是指研究领域、研究侧重点转变，例如，这里所说的"政治伦理转向"。它意味着，在这之前，政治伦理向度在批判理论中至多处于边缘地位；在这之后，政治伦理向度在批判理论中处于核心地位。从这个角度看，早期批判理论中确实存在着政治伦理向度，但它只处于边缘地位而非核心地位。这有两层意思：一是该向度为社会研究所外围人员所拥有；二是该向度在社会研究所核心成员那里只处于边缘地位。

在20世纪60—70年代，哈贝马斯就讨论了政治哲学、道德哲学问题，例如，在《公共领域的结构转型》（1962）中，他不仅讨论了公共领域的历史形成与构想，而且分析了公共领域的社会结构及其转型，并试图在新的理论框架下考察政治公共领域及其功能转型等问题②；在《理论与实践》中，他分析了古典政治学说与现代社会哲学的关系、自

---

① 关于哈贝马斯思想发展，学界有不同分期法，这是由于研究角度不同而导致的。笔者将之分为前期和后期：从20世纪60年代初到80年代中期，称为前期哈贝马斯，致力于批判理论重建和现代性批判；20世纪80年代中期至今，称为后期哈贝马斯，开启了批判理论的"政治伦理转向"。（参见王凤才：《蔑视与反抗——霍耐特承认理论与法兰克福学派批判理论的"政治伦理转向"》，重庆：重庆出版社2008年版，第21页。）

② Vgl. Jürgen Habermas, *Strukturwandel der Öffentlichkeit: Untersuchungen zu einer Kategorie der bürgerlichen Gesellschaft*, Frankfurt/M.: Suhrkamp 2013, S. 11 – 50.

然法与政治革命的关系,以及黑格尔的政治哲学等问题;到《后期资本主义的合法性问题》(1973)中,他讨论了道德发展与自我认同等问题,尤其考察了后期资本主义合法性危机问题。然而,所有这些在前期哈贝马斯的视阈中都处于边缘地位。创立交往行为理论、试图为批判理论奠定规范基础,才是前期哈贝马斯工作重心之所在。应该说,批判理论的"政治伦理转向"始于后期哈贝马斯;维尔默的政治伦理学与奥菲的福利国家危机理论,进一步推进了批判理论的"政治伦理转向";作为法兰克福学派第三代核心人物、批判理论第三期发展关键人物,霍耐特(Axel Honneth)的承认理论、多元正义构想,以及民主伦理学最终完成了批判理论的"政治伦理转向",主要体现在四个方面:

1. 对传统批判理论进行批判性反思,阐明批判理论的"承认理论转向"①必要性。为了避免早期批判理论社会规范的缺失,也为了防止F. v.弗里德堡经验情结的误区,霍耐特从梳理社会哲学的两条路径(即历史哲学路径与人类学路径)出发,对从霍克海默到哈贝马斯的传统批判理论进行了批判性反思:其一,早期批判理论试图融合哲学的时代诊断与经验的社会分析,但从一开始就面临困境:霍克海默的批判理论缺乏社会性,而《启蒙辩证法》支配自然批判的历史哲学模型也存在局限性,最终导致后期阿多尔诺的批判理论彻底排斥社会性。其二,尽管自20世纪70年代以来,批判理论的两个最有影响的分支(即福柯的权力理论与哈贝马斯的交往行为理论)可以被视为早期批判理论历史哲学模型所导致困境的两种不同的解决方式,但他们试图通过告别劳动范式来解决早期批判理论困境的尝试并不成功,交往行为理论也没有为批判理论奠定规范基础。其三,批判理论规范的基础只能到人类学中去寻找。为此,必须走规范研究与经验研究相结合之路。即必须走出交往范式的狭义理解,从语言理论转向承认理论。"交往范式不能理解为语言理论……而只能理解为承认理论。"②

2. 从社会冲突两种模式(即"为自我保护而斗争"与"为承认而斗争")出发,霍耐特借助于G. H.米德(George Herbert Mead)的社会心

---

① Nancy Fraser/Axel Honneth, *Umverteilung oder Anerkennung? Eine politisch—philosophische Kontroverse*, Frankfurt/M.: Suhrkamp2003, S. 148.

② Axel Honneth, *Kritik der Macht. Reflexionsstufen einer kritischen Gesellschaftstheorie*, Frankfurt/M.: Suhrkamp1989, S. 230.

理学对青年黑格尔的承认学说进行重构,从而使黑格尔的承认观念实现了自然主义转化,**以此阐明批判理论的"承认理论转向"可能性**;并以承认与蔑视关系、蔑视与反抗关系为核心,构建了承认理论基本框架。在霍耐特视阈中:三种主体间性承认形式,即情感关怀或爱(Liebe)、法律承认或法权(Recht)、社会尊重或团结(Solidarität),分别对应自信(Selbstvertrauen)、自尊(Selbstachtung)、自豪(Selbstschätzung)三种实践自我关系;个体认同遭遇的三种蔑视形式,即强暴(Vergewaltigung)、剥夺权利(Entrechtung)、侮辱(Entwürdigung),摧毁了个体基本自信、伤害了个体道德自尊、剥夺了个体自豪感;蔑视体验(Erfahrung der Missachtung)是社会反抗的道德动机,因而必须在社会冲突中重建道德规范,并将人际关系道德重建视为承认理论目标。

3. 阐明承认与再分配、承认与正义、承认与道德的关系,提出一元道德为基础的多元正义构想,并试图构建以正义与关怀为核心的"政治伦理学"。其一,在进一步拓展承认理论的过程中,霍耐特首先将黑格尔法哲学重构为规范正义论;随后,通过分析再分配与承认的关系,他断定分配冲突是承认斗争的一种特殊形式,并考虑到文化承认作为第四种承认形式的可能性;最后,针对弗雷泽的指责,霍耐特强调自己的承认理论并非"文化主义一元论",而是"道德一元论"①。其二,在此基础上,试图构建一元道德为基础的多元正义构想。霍耐特多元正义构想的三个核心命题在于:从多元的社会正义构想出发是正确的;社会承认关系质量应该成为社会正义构想立足点;社会理论命题,而非道德心理学被描述为获得社会正义规定性的关键。其三,在与当代实践哲学对话的语境中,明确提出了"政治伦理学"(politische Ethik)概念,并围绕着承认与正义关系、承认与道德关系,阐发了自由、民主、人权、共同体、正义、关怀等问题,而且试图构建以正义(平等对待)与关怀(道德关怀)为核心的"政治伦理学"。我们认为,强调"后现代伦理学与话语伦理学基本一致",是霍耐特政治伦理学立足点;论证"平等对待与道德关怀存在相互包容关系",是霍耐特政治伦理学核心;断定"承认道德介于康德传统与亚里士多德传统之间",是霍耐特政治伦理学定位;断言"形式伦理是人格完整的主体间性条件",是霍耐特政治伦理学目标。

---

① Nancy Fraser/Axel Honneth, *Umverteilung oder Anerkennung? Eine politisch—philosophische Kontroverse*, Frankfurt/M.: Suhrkamp2003, S. 292.

4. 构建以自由与正义为主线的民主伦理学。近年来，霍耐特又出版了一系列著作：不仅对批判理论做了进一步的批判性反思，如《阿多尔诺：否定辩证法》（合著，2006）、《批判理论关键词》（合著，2006）、《理性的病理学：批判理论的历史与现状》（2007）、《批判的创新：与霍耐特谈话》（合著，2009），而且进一步发展了承认理论及其多元正义构想，如《正义与交往自由：对黑格尔结论的思考》（合著，2007）、《厌恶、傲慢、仇恨：敌对情绪现象学》（合著，2007）、《从个人到个人：人际关系的道德性》（2008）、《我们中的自我：承认理论研究》（2010）；并试图构建民主伦理学，如《自由的权利：民主伦理大纲》（2011）。

《我们中的自我：承认理论研究》包括霍耐特近年来已经发表和未发表的14篇论文或讲演稿，主要有四部分内容：一是进一步拓展和重构黑格尔的承认学说，强调《精神现象学》（1805—1807）、《法哲学原理》（1820）对承认理论的重要性，这与在《为承认而斗争：社会冲突的道德语法》（1992）中强调黑格尔的《伦理体系》（1802—1803）、《思辨哲学体系》（1803—1804）、《耶拿实在哲学》（1805—1806）等"前精神现象学"著作明显不同；二是进一步阐发劳动与承认、承认与正义的关系，强调道德与权力的关联；三是重新规定社会化与个体化、社会再生产与个体认同形成之间的关系，强调社会哲学规范问题的解决必须包容经验追求；四是从心理分析视角进一步拓展承认理论，既涉及心理分析的承认理论修正，又分析了"我们中的自我：作为群体驱动力的承认"等问题。总之，该书是霍耐特对承认理论的进一步思考，不仅修正、深化了早年的某些观点，而且开辟了新的研究领域，并试图为正义论提供一个新的文本。

在《自由的权利：民主伦理大纲》中，霍耐特试图以黑格尔的《法哲学原理》为范本，在社会分析形式中阐发社会正义原则，并致力于阐发民主伦理学。

从基本结构看，该书包括三个部分：一是"自由的权利"历史回顾。在这里，霍耐特主要阐发"消极自由及其契约结构""反思自由及其正义构想""社会自由及其伦理学说"。二是"自由的可能性"，从"此在基础""局限性""病理学"三个层面阐发"法律自由"与"道德自由"。三是"自由的现实性"，讨论"个人关系中的'我们'"（友谊、私密关系、家庭）；"市场经济行为中的'我们'"（市场与道德、消费领域、劳动市场);"民主意志形成中的'我们'"(民主公共领域、民主法治国家、政治文化展望)。①

霍耐特认为,在当西方政治哲学中,占支配地位的康德和洛克自由主义传统的正义论,属于"制度遗忘正义论",它具有道德理性,但缺乏社会现实性。新黑格尔主义试图按照黑格尔的意图构建正义论,而社群主义者 M.沃尔泽、A.麦金太尔等人则试图超越纯粹的规范正义论并重新接近社会分析,但这些努力距离黑格尔《法哲学原理》的意图仍有很大差距:黑格尔的思路在于结合道德理性与社会现实。诚然,在今天简单复活黑格尔意图和思路是不可能的。尽管如此,再次运用黑格尔的《法哲学原理》的意图,重构一种从当代社会结构前提出发的正义论,即作为社会分析的正义论,还是有意义的。②

应该说,《自由的权利》在霍耐特思想发展过程中占有非常重要的地位,其学术地位足以和《为承认而斗争》相媲美。如果说,《为承认而斗争》标志着霍耐特的承认理论框架基本形成;《正义的他者:实践哲学文集》(2000)、《再分配或承认?哲学——政治论争》(2003)等标志着霍耐特的承认理论进一步完善与多元正义构想和政治伦理学初步构建;那么,《自由的权利》则意味着霍耐特的民主伦理学基本形成。到此为止,霍耐特的思想体系已臻完善,足以和哈贝马斯相比肩——在哈贝马斯那里,有交往行为理论、话语伦理学、协商政治理论;在霍耐特这里,则有承认理论、多元正义构想、民主伦理学。正是借助于此,霍耐特最终完成了批判理论的"政治伦理转向",并对批判理论第三期发展做出了决定性贡献;这不仅标志着批判理论进入最新发展阶段,即从批判理论转向后批判理论,而且体现着批判理论的最新发展趋向,即从语言交往哲学转向政治道德哲学("政治伦理学");由此,批判理论已经进入到与当代实践哲学主流话语对话的语境之中,霍耐特也成为当代最重要的实践哲学家之一。然而,尽管霍耐特徘徊于批判理论与后批判理论、现实主义与理想主义、一元主义与多元主义之间,但最终他从前者走向后者。因此,与其将霍耐特称为批判理论家,倒不如称为后批判

---

① Vgl. Axel Honneth, *Das Recht der Freiheit. Grundriß einer demokratischen Sittlichkeit*, Berlin: Suhrkamp taschenbuch Wissenschaft 2013, S. 5 – 6.

② Vgl. Axel Honneth, *Das Recht der Freiheit. Grundriß einer demokratischen Sittlichkeit*, Berlin: Suhrkamp taschenbuch Wissenschaft 2013, S. 14 – 17.

理论家。

根据德国学术体制，霍耐特已经荣休。据霍耐特自己说，从2018年起，他将"彻底离开"法兰克福大学社会研究所，并全职加盟美国哥伦比亚大学。所以，即使霍耐特荣休，他也不会像一般教授那样偃旗息鼓、颐养天年，而是会像哈贝马斯那样，笔耕不断、光芒四射。正常情况下，"霍耐特时代"至少还会延续十年。那么，在这十年中，法兰克福学派能否形成第四代？批判理论能否出现第四期发展呢？事实上，法兰克福学派第四代学术领袖（也是第三代重要代表人物）已经诞生，这就是法兰克福大学政治哲学教授 R. 弗斯特①。

作为政治哲学家、批判理论家，R. 弗斯特在政治哲学、道德哲学领域，尤其在正义与平等、宽容与德性、公民责任与辩护权利等方面都有独到见解。例如：

1. 在《正义的语境：超越自由主义与社群主义的政治哲学》（1994）中，R. 弗斯特分析了自由主义正义论与社群主义正义论之争，涉及了四个核心问题：（1）"自我"构成问题；（2）与"善"构想相对的普遍权利原则、正义原则的中立性问题；（3）关于政治共同体的后传统民主观点的整合力问题；（4）普遍主义道德理论之语境主义批判的辩护问题。由此得出了这个命题：正义论不可避免地具有片面性。因而，必须适当地考虑四个正义的语境，即个体与共同体、正义与善、辩护的语境、承认的语境。② 这样，自由主义和社群主义就必须与女性主义或话语理论互为中介。

2. 在《冲突中的宽容：一个有争议的宽容概念的历史、内涵与当代》（2003）中，R. 弗斯特指出：在多元主义社会中，宽容概念起核心作用。因为它体现着对信念形成与实践冲突的态度，并通过指明冲突中的合作原因而使冲突得到缓和。但通过这个概念历史的、当代的批判性考察可以证明，它在内容和评价方面还一直存在着争议："宽容"（Toleranz），对一些人来说，过去与现在都是相互尊重的表达（尽管会有深刻分歧）；但对另一些人来说，则是居高临下的、潜在压抑的立场与实践。为了分析这种冲突状况，R. 弗斯特追溯了自古希腊以来关于宽容的

---

① R. 弗斯特（Rainer Forst, 1964— ），德国政治哲学家、批判理论家。
② Vgl. Rainer Forst, *Kontexte der Gerechtigkeit. Politische Philosophie jenseits von Liberalismus und Kommunitarismus*, Frankfurt/Main: Suhrkamp Verlag 1994, "Inhalt".

哲学话语和政治话语（例如，"正义中的宽容"、"在权力与道德之间：宽容的历史话语"）；指出从教父时期到当代关于宽容的论证与实践是多样的（"宽容理论"）。因此，必须阐发一种批判的宽容理论。①

3. 在《辩护的权利：构成主义正义论要素》（2005）中，在阐发正义理由，实践理性、道德与正义关系，政治正义与社会正义关系，以及人权与跨民族正义关系基础上，R.弗斯特试图建构一种批判的跨民族正义论。②

4. 在《辩护关系批判：批判的政治理论视角》（2010）中，从作为社会基本实践的辩护概念出发，R.弗斯特阐发了一个有关正义、人权、民主、权力，以及批判本身的激进理论，并提出社会批判与乌托邦视阈问题。他指出，为了阐发能够揭示当今政治现实之亏空与潜能的批判理论，需要一个既内在于又超越于社会政治实践的视角。因此，他将社会视为"辩护的秩序"，即社会是由各种复杂的制度规范以及相应的辩护实践构成的。这样，"辩护关系批判"的任务就是，在辩护的价值与成因中分析合法性，并使辩护权利的不平等分配成为主题。③

5. 在《规范性与权力：社会批判秩序分析》（2015）中，R.弗斯特提出：人是辩护的存在，他们以理由为取向。他们所掌握的规则和制度建立在历史形成的"辩护叙事"（Rechtfertigungsnarrative）与总体形成的有丰富张力的、动态的规范秩序基础上。在这里，R.弗斯特将规范性与权力概念紧密结合起来，并超越观念论与实在论的二者择一；他认为权力建立在能够影响、规定，并有可能结束他人辩护能力的基础上。因此，一个批判的辩护理论必须探究权力与权力论证之间的关系，并由此出发思考正义的秩序。

由此可见，R.弗斯特不仅已经著作等身，并创立了以"宽容、辩护、规范"为核心的正义论，以及独特的政治哲学体系；而且得到了国际范围内的广泛认可。例如，2002年，哈贝马斯将《正义的语境》视为

---

① Vgl. Rainer Forst, *Toleranz im Konflikt. Geschichte, Gehalt und Gegenwart eines umstrittenen Begriffs*, Frankfurt/Main: Suhrkamp Verlag 2003, "Inhalt".

② Vgl. Rainer Forst, *Das Recht auf Rechtfertigung. Elemente einer konstruktivistischen Theorie der Gerechtigkeit*, Frankfurt/Main: Suhrkamp Verlag, 2007, "Inhalt".

③ Vgl. Rainer Forst, *Kritik der Rechtfertigungsverhältnisse. Perspektiven einer kritischen Theorie der Politik*, Berlin: Suhrkamp Verlag, 2011, "Inhalt".

"近50年来最重要的西方哲学著作"之一。① 再如，他是（布拉格）"哲学与社会科学"国际学术讨论会主席之一，霍耐特是名誉主席之一。② 2012年，R.弗斯特获得了德国研究联合会颁发的、含金量很高的"莱布尼兹奖"——颁奖词称，作为"50周岁以下"国内、国际最重要的德国政治哲学家，R.弗斯特继承了哈贝马斯和霍耐特的政治哲学，并将其与罗尔斯的道德哲学相结合，以非常根本的方式思考并表达了这样的认知：人必须始终嵌入不同的辩护实践之中，而"正义、宽容、辩护"正是思考这一点的基本概念。③

"批判理论"作为一种具有重大国际影响的学术思想和社会思潮，不仅在德国得到了传承和发展，而且在国际范围内也赢得了一大批追随者、传播者、研究者、阐发者、发展者。在欧陆、英美、拉美、日本、中国、在世界许多地方，出现了一大批杰出的批判理论家。他们或者将批判理论与其他思潮相结合（例如，女性主义批判理论、生态主义批判理论，等）；或者将批判理论与时代变化和具体国情相结合，提出了许多原创性的思想观点，甚或试图创立原创性的批判理论（例如，拉美社会批判理论、日本社会批判理论、批判的妥协理论，等）。尽管这些理论还不够完善、还不够成熟，还存在着这样或那样的问题，但他们继承批判理论的动机是值得赞赏的、他们发展批判理论的努力是值得肯定的，不论从广度还是从深度上，他们都已经为批判理论的发展做出、并将进一步做出自己的贡献，从而切实推动了批判理论在世界范围内的拓展和深化。

即将由中央编译出版社出版的《霍耐特的社会自由思想研究》，是青年学者任远在博士论文基础上修改完善而成的；该书的出版，必将为中国学者的批判理论研究增添许多色彩。

王凤才

---

① 参见陈波：《过去50年最重要的西方哲学著作》，见《哲学门》第5辑，武汉：湖北教育出版社2003年版。
② "哲学与社会科学"（Philosophy and the Social Sciences）国际学术讨论会每年召开一次，20世纪80年代初到1991年在前南斯拉夫；1992年临时迁至意大利；1993年迁至布拉格。
③ http://www.suhrkamp.de/news/rainer_forst_erhaelt_leibniz-preis_1789.html

序

2013年霍耐特《自由的权利》中译本刚问世，我就立刻组织博士生研读。尽管当时，我和学生的理论准备都相当不足，但该书是西方马克思主义法兰克福学派批判理论中集中讨论"自由的权利"的著作，它开辟了批判理论研究的一个新方向，属于批判理论的前沿和热点话题，所以大家都耐着性子，硬着头皮，坐冷板凳啃，努力补足理论背景和理论传统，解读该书的"深奥"思想。任远作为硕士生也被我拉进来修这门博士生的课。

在学习中，我们认识到，自由的权利是西方政治哲学和社会实践中长期深入探讨的问题，法兰克福学派第三期代表人物霍耐特在审视和反思西方资本主义社会的现实发展中，沿着承认理论进入自由权利的探讨，他的工作具有重要的理论价值和现实意义。因此作为硕博连读生的任远，博士论文最终选择了"霍耐特的社会自由思想研究"这个题目。

霍耐特的这部书很难读，而要研究他的社会自由思想，还要涉及很多学科学者的经典文献，以及他本人"前呼后应"的相关著作与论文。不读书，思什么；读了书，怎样思。任远花了十多年的心血，刻苦钻研，反复修改，今天呈现给大家的这部专著就是功夫不负有心人的结果。

"历史的理论，理论的历史。"要了解霍耐特的社会自由思想，那就首先深入到它的社会背景和理论背景中。任远描述了西方福利国家的兴起和发展与自由作为社会权利的关系，阐明了作为社会自由理论基础和出发点的承认理论的由来与确立，以及承认政治的基本状况。可以说，霍耐特的承认理论（在社会共同体中，个人是有自我意识的成员，个人之间相互承认，共同实现各自的目标）是他检验现实社会中人的自由状态的一种判据。

在西方学术领域，学者们已经提出过两种自由的思想，即法定自由

（消极自由）和道德自由（积极自由）。这两种自由概念曾被看作"现代自由主义的宣言"，两种自由的权利也成为当代自由学说的两种问题域。那么，霍耐特为什么还要提出第三种自由，即社会自由呢？任远指出，一是霍耐特详细比较分析了相关学者关于两种自由模式的界限，特别是深入研究了黑格尔对传统自由理解方式的批判和他自身体系的缺陷，扬弃了历史上这些自由学说，由此提出了社会自由的思想。二是霍耐特详细考察和诊断了法定自由和道德自由在现实社会中实现的局限性，进而认定社会自由的解放意蕴。

任远试图展示霍耐特所理解的社会自由。她指出，霍耐特从现实社会生活的各个领域（家庭领域、市场领域和政治领域）入手，揭示了在这些领域中过去曾经涌现出的制度化规范，是如何在社会历史发展过程中既定下来，又如何在资本主义社会发展中被错误地偏离，进而影响了社会自由实现的可能性。霍耐特认为，当今消极自由和积极自由最大的局限性是：规范性规则的构思与现实实践和机制的道德行为相脱节，也就是自由机制的问题。因此，霍耐特提出"规范性重建"，即从社会现实的多样性和历史的比较中，挑选出能够真正确保和实现社会普遍公认的价值规范，进而挑选出构成现代社会正义原则的社会条件，使得个人自由通过现实的机制得以实现，这就是社会自由。他认为，社会发展中所形成的每种新的自由思想，总是伴随着一种社会机制的演变或转型。

那么霍耐特社会自由的未来期许是怎样的呢？任远认为，它体现在：霍耐特对早期法兰克福学派各种社会变革观的扬弃，进而提出的"团结互惠"的社会主义观。霍耐特将社会自由的思想置于社会主义理念中，或者说，这种社会主义理念蕴含着保证和扩展社会自由规范性基础的内容，因此使得作为理念的社会主义具有内在的实现的可能性。这是霍耐特对传统社会主义观的重构。

如何看待霍耐特的社会自由思想？任远将它置于特定的社会自由的理解场域，讨论了唯物史观的社会自由、霍耐特的社会自由对劳动解放自由的规范性思考，以及以相互承认为基础的社会自由实现的可能性问题。

综上所述，人为什么要社会自由？因为人存在主体性，人的主体性是发生在一定的社会关系中的，人的"共识"或"互承"就形成了权利问题。霍耐特的社会自由"并非仅仅指自由的能力，而是寻求自主实现与外在规范之间的同一性"，以此达到既具有规范的现实性和合法性，也使个人的自由具有普遍的可能性和可行性（真实性），它是个体与真正共同体的有机统一。在霍耐特那里，自由目标的确立和相应机制的总和就构成了现代社会的一种正义秩序。这种个体纳入到社会关系之中所体现的团结互惠的实践关系，是实现社会主义的必要条件，它使社会主义的理念在发达资本主义社会的现实中埋下成长的因素。霍耐特的社会自由理论重新建立了解释社会发展过程的批判框架，形成了一种后社会批判理论的新方向，自由的权利：民主伦理。同时他的社会自由理论也为中国社会发展提供了可借鉴的内容。至于如何评价霍耐特的社会自由理论，还请读者独立判断。

我认为这部专著写得是成功的。任远哲学出身，不骄不躁，持之以恒，这反映了她严谨地做学问的态度和很好的学术品质。

第一，任远读懂了霍耐特的社会自由思想。全书按照她的逻辑进路展开，结构清晰，语言朴实流畅。

第二，任远问题意识很强，分析问题与解决问题的能力也很强。她在理论传统的视野和社会历史的发展中比较各种相关的自由思想，较全面地阐释了霍耐特社会自由思想的基本内容和独到特点，很有见地。

第三，任远没有回避对霍耐特社会自由理论的各种争议和挑战，有理有据地作了点评和总结。

如果想走入霍耐特的社会自由思想和他的相关著作，任远的这部专著可以作为很好的参考书和导读。它可以带你更顺利地了解霍耐特的理论视野和思想高度。当然，这部著作还有待完善之处；对于联系中国实际，也有许多问题可以深入探讨。

我对西方马克思主义理论的研究还有很大差距，但庆幸的是，我已将学生引上了这条批判性思考之路。现在，他们在不同的领域取得了骄傲的成就，有的还带了硕士生、博士生，我成"师祖"了，我很欣慰和发自内心的高兴。

任远不仅在学术上要出书了；在教学上还获得了省的特等奖和全国的奖；在生活上也已经儿女双全，真棒！我真诚地祝贺她，希望她一切好！

青年人总是豪情满怀
言理想、希望。
老年人依然壮志不已，
道使命，担当。
愿我和学生永远走在追求真理的路上，
解读那现实的社会、不朽的经典和最新的思潮。
反思、批判、创造，
让一生充满问号、句号、感叹号！

北京大学　黄小寒
2025 年 5 月 6 日于北京海淀知春里

目　录

导　论 ……………………………………………………………… 1
　　一、作为社会权利的自由 ……………………………………… 1
　　二、承认与自由 ………………………………………………… 3
　　三、关于社会自由的争议与讨论 ……………………………… 8
　　四、本书展开路径、基本观点和意义 ………………………… 14

第一章　社会自由的时代背景：再分配政治与承认政治 ……… 17
　第一节　福利国家实践社会自由的政治意义 …………………… 17
　　一、福利国家兴起的原因 ……………………………………… 18
　　二、福利国家的社会政策所引发的思考 ……………………… 20
　　三、福利国家之后：社会权利延伸至文化权利的诉求 ……… 27
　第二节　承认理论的复兴 ………………………………………… 29
　　一、以身份认同为特征的新社会运动兴起 …………………… 29
　　二、"承认政治"议题的提出 …………………………………… 32
　　三、"为承认而斗争"作为社会斗争动力的补充 ……………… 34
　第三节　承认政治对再分配政治的挑战 ………………………… 38
　　一、多元正义对分配政治的影响 ……………………………… 39
　　二、承认政治是否替代了再分配政治 ………………………… 45
　　三、对基于人格完整的承认秩序的质疑 ……………………… 52

第二章　社会自由的理论内容：霍耐特对黑格尔法哲学的扬弃 ……… 56
　第一节　黑格尔对传统自由理解方式的批判以及自身体系的
　　　　　缺陷 …………………………………………………… 57

一、传统自由理解下的自由规定性 ·················· 58
　　二、黑格尔对经验主义自然法理解的自由及其批判 ········ 63
　　三、黑格尔对形式主义自然法的批判 ················ 68
　　四、黑格尔伦理体系的特点 ····················· 74
　　五、黑格尔伦理体系的局限性 ···················· 79
　第二节　霍耐特对黑格尔自由理念的改造 ················ 82
　　一、剥离形而上学的绝对精神特征 ················· 82
　　二、改变黑格尔逻辑体系的三分结构 ················ 86
　　三、社会自由的正义构想 ······················ 90
　　四、简要的评价与总结 ······················· 93
　第三节　社会自由的解放意涵：对现代两种自由的时弊诊断 ······ 95
　　一、社会病理学：时代诊断的方法论 ················ 95
　　二、社会病理的现实特征 ······················ 98
　　三、社会病理学所蕴含的未来指向 ················ 106

第三章　社会自由的历史考察与规范重建：霍耐特对资本主义社会
　　　　现实的反思 ························ 109
　第一节　家庭——社会自由的起点 ··················· 109
　　一、亲密关系与主体互动行为 ··················· 110
　　二、主体互动的规范在家庭中的体现 ··············· 113
　第二节　市场——实现社会自由的可能 ················· 119
　　一、市场与道德规范能否兼容 ··················· 120
　　二、消费领域中的对话机制 ···················· 128
　　三、劳动力市场蕴含着社会自由重构的可能 ············ 134
　第三节　民主决策——社会自由的保障 ················· 139
　　一、民主决策中的公共性参与 ··················· 140
　　二、民主的法制国家 ························ 144
　　三、作为民主生活方式的政治文化 ················ 147

第四章　霍耐特社会自由的未来期许：团结互惠的社会主义理念 ··· 151
　第一节　批判理论中的社会主义 ···················· 151
　　一、对历史唯物主义的批判与反思 ················ 152
　　二、"后解放时代"的社会主义 ··················· 154

三、社会主义与民主的调和：交往理性中的社会主义 …… 155
　第二节　社会自由与社会主义 …………………………… 157
　　一、工业化时期的社会主义理想 ………………………… 157
　　二、作为历史实验主义的社会主义理解 ………………… 162
　　三、民主生活的理念 ……………………………………… 165
　第三节　社会主义的规范维度 …………………………… 167
　　一、革命与解放：社会主义批判力度 …………………… 167
　　二、社会主义中的团结与民主 …………………………… 171
　　三、霍耐特社会主义理念的新特点 ……………………… 184

第五章　作为第三种自由：社会自由的理解场域 ……… 188
　第一节　唯物史观中的社会自由 ………………………… 188
　　一、《法哲学批判》中社会自由问题的提出 ……………… 189
　　二、以劳动为视角探讨的社会自由 ……………………… 191
　　三、真实的社会自由实现的可能性 ……………………… 200
　　四、马克思视域中社会自由的特点 ……………………… 202
　第二节　霍耐特的社会自由对劳动解放自由的规范性思考 …… 204
　　一、霍耐特对马克思劳动解放理论的反思 ……………… 205
　　二、重新反思分化的社会领域中的自由 ………………… 209
　　三、社会自由的正义前提 ………………………………… 213
　　四、对规范性重构方法论的思考 ………………………… 217
　第三节　以相互承认为基础的社会自由实现的可能性 …… 221
　　一、方法论的理想性与抽象性 …………………………… 221
　　二、公民身份取代阶级立场的非法性 …………………… 224
　　三、民主的生活方式不等于社会主义的实现 …………… 228
　　四、劳动的道德重构对革命性的削弱 …………………… 233

结　语 ……………………………………………………… 236

参考文献 …………………………………………………… 241

后　记 ……………………………………………………… 256

导 论

一、作为社会权利的自由

哲学家在讨论自由的时候，会不自觉地将自由划分为思想自由与行动自由。古希腊的哲学家讨论的意志自由（free will）就是形而上学的思想自由。自由从人的意识层面，落入世俗中，与人们的社会具体行动结合起来，表现为做某事的权利，就是行动领域的自由。古希腊的"自由"往往被看作是自由的源头，不是因为自由是城邦公民的一种身份，而是因为自由作为城邦公民的一种存在方式，是一种自在状态的自由。哲学家反思的是人的意志与灵魂的自由，而非思考个体主观性与政治客观性的关系①。当市民社会中个体意识逐渐觉醒，开始从国家中分化出来，成为独立的实体，这就意味着社会集合中存在一种没有国家权力介入、可以通过个人利益的相互竞争与结合而发挥的经济机制。既然社会是以市场经济为特质可以自发运行的机制，就意味着国家权力不能随意干涉。因此在资本主义早期，自由原则往往是以避免国家干预的消极的方式作为阐释的，从而确立起对自身财产、人身自由等基本的权利。随着资本主义社会的进一步发展，以消极意义的方式理解的自由，并不能满足市民社会保护自身财产的需求，人们要求参与政治并积极地表达自己的利益诉求。不同的社会阶层出于自身的阶级利益为自己的权利进行着斗争。因此，行动领域的自由内容变得更加丰富与具体，主要体现在对自身权

---

① 侯小丰指出，按照黑格尔逻辑，自由意味着理性的自觉，即绝对精神经过对自身自在状态和自为状态的扬弃而达到自觉境界，以这样的逻辑思考古希腊的自由，在个人生活空间直接等同于城邦公共生活时，就意味着主体内部并未反思自己行动领域的自由，这是主观性与客观性的直接同一，是人类自由的初始阶段。参看侯小丰：《自由的思想移居》，北京：中国社会科学出版社2014年版，第14页。

利的确认与积极地形成公意。概括而言，人们在行动领域中为自由所进行的各种斗争实际暗含着作为社会中的一员所应该具有的权利意识。

在自由竞争的资本主义时期，个体的社会性就意味着自由平等地参与市场经济活动，通过社会分工、交换以及契约关系形成一种相互依赖的关系。如何合理地维护这样一种契约关系，就需要放宽政府管制、确立个体所有权措施等。但无序的自由竞争导致社会问题愈演愈烈，贫困、失业、阶级矛盾激化，尽管主要资本主义国家曾颁布一些救济社会成员的法律，但这些法律通常带有侮辱和羞耻的意味。直到二战结束之后，资本主义国家开始反省社会问题，不同程度地以国家福利化进行全面的社会建设，以制度化的方式肯定作为社会成员的基本权利。马歇尔以公民资格确立起社会成员享有基本生存和保障的权利，享有社会保障的人获得的是"社会权利"而不是"施舍品"，这意味着他们不仅有权享有各种形式的保障，来维持自身成员身份，也意味着他们有权利共享国家为公民设计的一系列公共制度和公共服务。"社会权利一词的表达引出了来自政治理论三个主要传统主题，即（社会）权利和平等尊重的自由主义主题；团结和分担责任的共同体主义标准；参与公共生活（通过使用"公共物品"和"公共服务"）的共和理想。"① 从公民身份资格引出的社会成员的权利，在某种意义上是为了缓解早期阶级矛盾激化的社会现状，从而引发了关于社会公共产品如何分配的正义问题。另外，对社会成员权利的积极肯定，蕴含着社会成员作为公民资格不仅享受着不被侵犯的权利，也有着参与国家政策、表达自身诉求的积极意涵，政治国家的合法性不再是建构与自由市场的合理界限，公共权力的行使必须符合市民社会的公共要求。

二战以来，个体自由的理解尤以英国哲学家以赛亚·伯林的两种自由的划分最负盛名。他将个体自由概括为霍布斯式的"消极自由"与卢梭式的"积极自由"，指出消极自由是不受别人干涉的自由，而积极自由是个体能力导向的自由，从而为个体自由的范围、行使的权利界限进行了明确的限定，提供了多元文化视角下的自由理论。两种自由的划分就制度性和可行性方面而言，消极自由是依托于法律和政治体制来实现的，积极自由是基于自我实现意义上的道德自主。自由的划分实际演变

---

① 南希·弗雷泽:《公民权利反对社会权利?》，引自[英]巴特·范·斯廷博根编：《公民身份的条件》，郭台辉译，长春：吉林出版集团有限责任公司2007年版，第104页。

成社会的外部条件来满足个体自由的实现,这样个体自由的社会含义不是来自国家所给予的合法性,而是国家要承诺平等地尊重公民所具有的自由权利,这种平等承诺意味着公民自由必须限制到不侵犯其他公民自由的程度。这就是作为个体自由自主实现的一阶自由,以及社会满足个体的二阶自由。在自由主义者看来需将自由权利的维护置于优先位置,而社会正义就是通过公平的政治程序来维护个体自由。个体自由的社会诉求也不再仅是基本经济诉求而是越来越拓展到文化权利的认同,我们看到,个体自由内容从经济转向文化认同的背后,实际反映的是将自由权利置于优先位置,自由诉求的内容基于权利的"绝对命令"而具有了合法性。但作为个体的人本质上是社会的个体,人的个体特征应该是社会化的产物。自由权利置于优先位置的理解无法解释社会合作中的个体自由的实现,因此自由的理解不能只从意志自主与消除外在条件这两方面阐释,需要嵌入相关涉的生活方式与社会制度,因为他人并非纯粹是对自由的限制,也可能是自由实现的条件。那么如何从社会机制方面探究自由作为个体在社会中生活的规范形式?霍耐特的社会自由思想将提供一条新的理解自由思路。

二、承认与自由

在欧美传统政治哲学中,自由作为规范性原则被用来论证社会秩序的道德合法性,但其理论局限性在于,它是一种与社会分析相脱节的规范性构想。构建一种维护个体自由权利的正义理论,需要将具体的社会条件纳入其中。法兰克福学派的(第二期)代表人物哈贝马斯曾以主体间的商谈与沟通的话语程序,为交往实践提出反思自由模式的一种新路径:话语作为社会环境的机制,是主体间实现自由的媒介,在彼此交往合作中个人才能在互惠中反思自由。作为哈贝马斯的学生——霍耐特继承了哈贝马斯主体间性,结合帕森斯的社会功能主义与阿诺德·盖伦对社会机制的探讨,将自由从政治哲学的抽象设定中解放出来,镶嵌于整体社会生活发展中追问其社会性何以可能,旨在探索一种建立在相互承认基础上的社会自由理论。

首先,霍耐特以承认理论作为社会自由思想的出发点。霍耐特承认理论的提出主要是针对哈贝马斯交往理论所带来的困境,即当哈贝马斯用生活世界殖民化图景来对当代社会进行批判性时代诊断时,不可避免地陷入了系统与生活世界的二元对立,使得社会发展的解释都置于工具理性的支配之下,并没有考虑到人的合理性发展。霍耐特将个体蔑视体验纳入社会反抗的道德动机,从个体人格完整性出发来解释人在爱、法律、团结领域中所具有的承认的权利。这不仅是对批判理论的发展,也是对再分配政治的社会正义的一种扩展。随着全球化、多元文化的兴起,以传统的民族结构、性别结构等为特征的社会成员资格,越来越受到多元文化身份的挑战,这就使得社会权利从基本的经济诉求拓展到文化权利的认同,"承认政治"的议题呼之欲出。现在,传统的社会权利问题不仅仅是经济问题,更是一种文化问题。霍耐特早期的承认理论实际是为政治社会运动提供一种个体蔑视经验的阐述,提供一个规范性的模型。但以承认为诉求的政治动机只能解释个体在受到不公正待遇时引发的心理因素,可以用来解释个体政治性行为动机的出发点。然而,一场政治社会运动既有个体受到不公正的蔑视体验,也有他们采取共同行动时所遵循的某种规范。因此,承认理论就需要区分政治行动的规范行为问题与政治行动的手段和目标,而究竟什么是以承认为诉求的政治行动的规范?霍耐特跟随黑格尔的步伐,意识到纯粹承认概念解释自由自主意识如何可能,个人自主只有通过相互承认才能得以确立。这也就意味着克服承认理论可能会陷入伦理独白,就需要探究承认的规范即将自由问题引入承认研究中。这一方面能丰富承认理论,另一方面以自由为规范原则能够将社会批判层面与社会解放内涵联系起来。而要在现实中去探讨承认中的自由规范问题,又要警惕将自由规范凌驾于社会现实的康德主义的正义论构思。黑格尔法哲学内容即抽象道德和法律原则构建制度框架的方法论为霍耐特反思自由提供了新的解释框架。

其次,霍耐特通过重建黑格尔的法哲学原理来为自己的社会自由思想建立基本框架。早在耶拿时期,黑格尔就开始质疑以霍布斯为代表的自我持存斗争(消极自由)以及康德道德理论的个人主义前提(积极自由)。黑格尔反对将自然法经验研究下孤立的主体看作是自然演化的结果,同时也反对自然法形式研究下强调人的主体行为与道德意志之间存在鸿沟。黑格尔试图摆脱现代社会哲学原子论前提的困扰,想要论证社会的伦理凝聚力量在于以个体自由为基础的团结形式。黑格尔所寄希望的伦理领域是社会化与个体化的过程,即主体自身的道德潜能来自人与人之间的承认关系。但黑格尔后期的著作转向了构建绝对精神体系的意识哲学,并没有从主体间承认出发。在《法哲学》中黑格尔的伦理理论所阐释的"客观精神",一方面指精神以理性的社会秩序为基本形式来塑造客观世界,另一方面也指"构成此一世界的义务、法律和制度的客观有效性。"① 为了剥离黑格尔形而上学的绝对精神色彩,霍耐特通过反思自由意志的社会条件,从"自由意志"实现的完整条件和不完整条件来改变黑格尔逻辑体系的三分结构,将黑格尔伦理实体垂直结构做了相互承认的水平结构理解。在霍耐特看来,黑格尔将伦理领域分为前后相继的三个阶段时,"似乎是对需要、利益、尊严进行了排序"②,个人在家庭中通过爱来满足需要,市民社会成员按照自身目的合理性获得利益。当个体发挥自身理性满足共同体利益时,就统一于国家这个伦理实体。如果将这三个阶段抽象成个体成长过程,就可以对应主体认知发展的不同阶段,这也是黑格尔精神发展的历史图景,理性依次出现情感、目的合理性和普遍与特殊的统一,才能达到最高阶段的理念世界。这样黑格尔就将整个伦理领域看作是一个理性自我教育、自我发展的过程,"好像要把他的《法哲学》引向体系终点的倾向"③。在霍耐特看来,主体个体化的可能性与内在趋向普遍能力是并驾齐驱的,即可以从相互承认的主体间关系来理解这三个领域,"迫切需要解决的难题不是这些领域之间的等级秩序,而是它们各自是否能够成为伦理在社会中的具体化"。④ 霍耐特之所以改变黑格尔的逻辑体系,其目的在于将黑格尔伦理内容从绝对精神的能动实践中摆脱出来,形成一种建立在相互承认基础上的社会实践。黑格尔法哲学中自由的现实性本是服从于精神的自我实现的现实性,而霍耐特将这种自由的现实性赋予了社会制度对承认关系的保障,在此基础上将黑格尔自由的现实性理解为社会自由。霍耐特以相互承认作为自由所需要的社会条件,并以此为基本规范来诊断现实资本主义对社会自由领域的损害。

---

① [美]伍德:《黑格尔的伦理思想》,黄涛译,北京:知识产权出版社2016年版,第19页。
② [德]霍耐特:《不确定性之痛——黑格尔法哲学的再现实化》,王晓升译,上海:华东师范大学出版社2016年版,第100页。
③ [德]霍耐特、[美]弗雷泽:《再分配,还是承认?一个政治哲学对话》,周穗明译,上海:上海人民出版社2009年版,第111页。
④ [德]霍耐特:《不确定性之痛——黑格尔法哲学的再现实化》,王晓升译,上海:华东师范大学出版社2016年版,第102页。

最后，霍耐特以社会主义理念作为社会自由的价值指向。当霍耐特以承认视角来探讨自由规范问题时，便以社会的错误发展来衡量现代资本主义社会，通过规范性重建的方法描述了社会自由潜在的实现可能性。很多学者认为他并没有将批评理论所蕴含的批判社会的维度展现出来，认为霍耐特的思想呈现出"一种以改良主义为导向的内在批判方式，探求现实社会中规范的偏离程度，并没有想要彻底改变社会状态"。[1] 霍耐特本人也承认这离他早期"为承认而斗争"[2] 的斗争话语甚远。面对这些指责，霍耐特将其社会自由思想置于社会主义理念之中，以重构早期传统社会主义观念来强化社会自由的内在批判力度。霍耐特指出早期社会主义思想所面临的一个困境在于，他们关于社会主义的理解仅局限于经济领域中的分配与生产问题，事实上早期社会主义者已经想到了团结的共同体，这是实现社会自由的真正途径，但法国大革命中所确立的自由、博爱、平等等价值理念，在当前资本主义社会中以一种抽象和不完整的形式呈现，比如自由成为个体追求自身利益的权利，平等被局限地理解为法律面前人人平等，博爱的价值理念已经完全被竞争和个人主义所取代。而社会主义价值内涵要以团结替代博爱，在相互承认中，主体的行为满足其他主体的社会期待，形成相互承认的团结体，这将个体与共同体之间的对立关系转变为一种实现关系。即个体自由只有在社会共同体中才能实现，这是来自社会成员彼此的依赖关系，并同时相互实现对方的自由追求。这并非情感态度上的利他主义，而是来自社会成员反思性的合作关系[3]，即共同解决问题的整合性的互动交往。社会主义并不是一种脱离现实的遥不可及的未来期许，而是可以通过社会历史的实验方法逐步实现的。

概括起来，我们可以看到霍耐特所理解的社会自由（即自由的社会性）具有以下特点。

1. 霍耐特的社会自由并非仅仅指自由的能力，而是寻求自主实现与外在规范之间的同一性，使得自由价值的立场不再是一种抽象设定，而

---

[1] Fabian Freyenhagen, "Honneth on Social Pathologies: A Critique", *Critical Horizons*, Vol. 16 No. 2, May 2015, pp. 131 – 152.

[2] Honneth A, "Rejoinder", in Petherbridge D. (ed.), *Axel Honneth: Critical Essays*, Leiden: Brill, 2011, p. 410.

[3] Roberto Frega, "Reflexive Cooperation Between Fraternity and Social Involvement", *Philosophy and Social Criticism*, Vol. 45, No. 6, 2019, pp. 673 – 682.

是个体纳入社会关系之中所体现的相互承认的实践关系。

2. 传统理解中个人在国家社会中行动，公民获得法律、组织中的认可即是自由，这种理解方式下个人仍然是外在于国家，国家通过法律等确定的方式，肯定成员为国家再生产作出的贡献。而霍耐特的社会自由，所讨论的是如何将社会成员与伦理共同体有机统一起来，这是一种实现型的成员关系模式。

3. 霍耐特的社会自由并非马克思理解下克服异化所达到的未来社会的目标指向，而是以社会自由为现实规范，探究社会各个领域中已形成的制度条件，分析资本主义社会的错误发展是如何影响社会自由实现的可能性，而社会主义应该被看作是在历史进程中新的群体（公民）以"社会性"为诉求不断地寻求消除障碍的可能，不断释放当前社会中被束缚的潜力。这已经不同于唯物史观中所理解的依托于劳动实践下自由的解放意涵。

4. 霍耐特的社会自由不是每个个体自由的简单集合，而是成员之间通过相互承认形成团结关系，使得每个社会成员在家庭、市场、国家中都能民主、平等、自由地参与社会机制的交往活动，这种民主化的生活方式指向了现实变革的可能。

霍耐特这种基于相互承认的社会自由模式是否真的能够解决当前自由问题的困境？自由作为解放的价值意蕴如何与唯物史观产生分野？这些问题都是值得探讨的。这反映了当前社会冲突的主题逐渐从以探究物质资源再分配的经济问题转向以价值冲突为内涵的文化问题，个体的社会性需求不仅包含着经济利益的诉求，也包含着对个体文化价值的尊重。在当前人与人之间愈加密切的交往中，扩大平等自由交往的范围是个体的基本诉求，在这个意义上，存在论意义上的主体间的承认是必要的。人与人之间只有相互承认对方，把实证的地位归于对方，相互尊重，才能在整个社会发展的同时实现自己的同一性，改变被异化的地位，发展自身。但这是否意味着在经济全球化与社会一体化的趋势下，依靠相互承认的主体间规范性实践，就能使得个体意愿体现到民主生活的制度参与中去？在不改变资本主义权力结构的社会体制下，寄托于公民平等地参与到民主生活中，是否真的能够实现社会自由、体现社会主义的理想内涵？

三、关于社会自由的争议与讨论

自霍耐特于 2011 年出版著作《自由的权利》，并于 2015 年出版《社会主义理念》，国外学界围绕霍耐特的社会自由思想以及他对社会主义的理解展开了多次讨论。

国外著名的《哲学与社会批评》杂志（Philosophy & Social Criticism）在 2015 年特别组织了一期专刊"批判视野"（Critical Horizons），邀请了五位学者对《自由的权利》进行评论，霍耐特也对此做出了回应。2018 年 3 月，霍耐特与几位欧美学者在意大利罗马举行了一场研讨会，就《自由的权利》与《社会主义理念》两本著作的相关议题展开讨论，形成的 8 篇学术论文以专题的形式发表在《哲学与社会批评》杂志 2019 年第 6 期上。国外学者围绕霍耐特的社会自由思想从以下几个方面展开讨论。

第一，关于社会自由含义的讨论。霍耐特在 2014 年芝加哥大学法学院讲座中发表了题为《不是两种自由而是三种自由——关于拓展我们道德自主理解的建议》的演讲，简明扼要地阐述了他的社会自由思想，旨在强调自由本身中的合作过程。[①] 在如何理解承认与自由的关系方面，学者帕迪·麦昆（Paddy McQueen）从规范的合法性（normative authorization）角度论证了社会自由应该以主体间的承认为依据。不同于霍耐特从自我实现角度理解社会自由，麦昆认为首先对他人的肯定将成为自由的必要条件，即自我实现是社会自由的结果，但前提是对主体所处社会身份的承认。[②] 亚历桑德罗·费拉拉（Alessandro Ferrara）[③] 从社会自由与多元主义的关系入手，认为霍耐特阐述了一种建立在社会自由之上的正义观，但将社会自由认定为一个居于其他一切价值之上的价值，并不能解决多元主义的问题。

第二，以规范性重构的方法形成的社会自由是否具有强批判性。

[①] Axel Honneth, *Three, Not Two, Concepts of Liberty: A Proposal to Enlarge Our Moral Self-Understanding*, Translated by Blake Emerson, from Honneth's Dewey Lecture at the University of Chicago Law School, delivered November 12, 2014.

[②] Paddy McQueen, "Recognition and social freedom", *European Journal of Political Theory*, Vol. 0, 2019, pp. 1 – 22.

[③] Alessandro Ferrara, "Social Freedom and Reasonable Pluralism: Reflections on Freedom's Right", *Philosophy and Social Criticism*, Vol. 45, No. 6, 2019, pp. 635 – 642.

霍耐特的规范性重建虽然展现了个体自由实现的历史维度，但在一些学者看来存在着批判力度弱化的倾向。拉特格·克拉森（Rutger Claassen）从霍耐特反对康德的建构主义入手，认为霍耐特诉诸的规范正义原则并不能摆脱他所批判的脱离实际的缺陷。[1] 约尔格·绍布（Jörg Schaub）的批判更甚，认为霍耐特的规范性重构破坏了激进的批判理论与规范革命的一贯传统，因为制度与规范肯定会存在着不一致的地方，规范重建唯一能做的就是渐进发展，对给定的规范以"更好、更完美或者全面的方式"进行修正。这就放弃了制度革命的可能性。[2] 规范性重建是霍耐特作为正义构想的一个方法论假设。从社会病理学与社会的错误发展的区分来诊断社会现状，是霍耐特阐释他的社会自由的重要内容，从对社会诊断的这一方面来看，法比安·弗莱耶哈根（Fabian Freyenhagen）认为霍耐特似乎与传统的批判理论路径差异并不大。他指出描述社会病态特征即法定自由或道德自由所引发的结果，是个体不能充分理解社会组织结构所造成的，并非资本主义所造成的。这种区分涉及太多的经验事例，呈现出复杂多元的特征，并不能够完全说明是由于个体对社会理解的偏差，还是因为社会结构本身就有问题。[3] 乔吉奥·法齐奥（Giorgio Fazio）从现实世界的国际政治经济秩序角度认为霍耐特的规范性重建没有关注新自由主义所引发的劳资不平衡，其批判力度还是过于温和。[4]

第三，关于资本主义市场领域是否蕴含着社会自由实现的可能性。约尔格·绍布指出霍耐特将资本主义市场看作是社会的一种错误发展，这种解释是建立在对当前规范的认可上，实际是认同了个人在同他人竞争中合法追求自身利益最大化的逻辑，这样既然社会已经不存在利益互惠的现实基础，就无法使现在的个体再去期待市场能够为个体提

---

[1] Rutger Claassen, "Social Freedom and the Demands of Justice: A Study of Honneth's Recht Der Freiheit", *Constellations*, Vol. 21, No. 1, 2014, pp. 67–82.

[2] Jörg Schaub, "Misdevelopments, Pathologies, and Normative Revolutions: Normative Reconstruction as Method of Critical Theory", *Critical Horizons*, Vol. 16 No. 2, May 2015, pp. 107–130.

[3] Fabian Freyenhagen, "Honneth on Social Pathologies: A Critique", *Critical Horizons*, Vol. 16 No. 2, May 2015, pp. 131–152.

[4] Alessandro Ferrara, "Social Freedom and Reasonable Pluralism: Reflections on Freedom's Right", *Philosophy and Social Criticism*, Vol. 45, No. 6, 2019, pp. 635–642.

供利益满足。① 持相同观点的蒂姆（Timo Jütten）指出霍耐特论述市场作为社会自由的现实性时所描述的消费市场领域与劳动力市场领域中集体性的行为，并非市场固有的概念，而是一种非市场规范所导致的斗争行为，这也意味着要重视社会自由的规范性，需要从市场外部探究制约的可能。②

第四，关于社会主义与社会自由的讨论。霍耐特在《社会主义理念》中阐述了社会自由是社会主义的内在要求，并阐述了团结的重要价值。法国学者罗伯托·弗雷加（Roberto Frega）概括了霍耐特实际区分的三种团结模式：抽象团结（abstract solidarity）、博爱式共存（fraternal coexistence）与反思式合作（reflexive cooperation）。在弗雷加看来，霍耐特试图整合三种团结模式来发展一种社会合作模式，他认为"民主是一种生活方式"是民主的社会化概念，而不只是政治化概念。③ 罗马第一大学的埃莉奥诺拉·帕罗玛丽（Eleonora Piromalli）从社会主义中的博爱意涵视角对霍耐特的思想进行补充，她认为霍耐特诉诸的是一种强烈的、实质性的社群概念，这一概念可能将其他社会主义排除在外，她指出可以以社会主义为基本旗帜允许个人基于多种不同理由来认同社会主义，可以基于个人利益也可以基于他人利益。④ 美国学者大卫·拉斯穆森（David M. Rasmussen）则明确质疑霍耐特所重建的社会主义理念能否超越政治自由主义而适应多元文化。⑤

尽管霍耐特的社会自由与社会主义思想引来很多争议，但还是有不少学者认为霍耐特的社会自由思想开启了一种新的自由研究范式。学者阿托·赖提能（Arto Laitinen）就认为"霍耐特为我们将来探讨现代性的

---

① Jörg Schaub, "Misdevelopments, Pathologies, and Normative Revolutions: Normative Reconstruction as Method of Critical Theory", *Critical Horizons*, Vol. 16, No. 2, May 2015, pp. 107–130.

② Timo Jütten, "Is the Market a Sphere of Social Freedom?", *Critical Horizons*, Vol. 16, No. 2, May 2015, pp. 187–203.

③ Roberto Frega, "Reflexive Cooperation Between Fraternity and Social Involvement", *Philosophy and Social Criticism*, Vol. 45, No. 6, 2019, pp. 673–682.

④ Eleonora Piromalli, "Socialism Through Convergence, or Why a Socialist Society Does Not Need to be a Fraternal Community", *Philosophy and Social Criticism*, Vol. 45, No. 6, 2019, pp. 665–672.

⑤ David M. Rasmussen, "Can Socialism Move Beyond Political Liberalism Without Accommodating Pluralism?", *Philosophy and Social Criticism*, Vol. 45, No. 6, 2019, pp. 689–693.

本质、自由、争议以及社会世界提供了一个核心参考点"。①

在霍耐特社会自由思想研究方面，国内学界目前处于引进与介绍阶段。围绕霍耐特的社会自由思想以及承认理论，国内研究体现在以下几个方面。

第一，承认与正义关系的讨论。王凤才认为霍耐特理论分为两个阶段：第一阶段是"批判理论重构与承认理论转向"阶段，主要阐发批判理论的"承认理论转向"的必要性与可能性，并在此基础上构建其承认理论的基本框架；第二阶段是"承认理论完善与正义理论构建"阶段，主要从社会哲学、政治哲学、道德哲学角度对第一阶段形成的承认理论进行补充、修正和完善，构建一种以一元道德为核心的多元正义构想，并试图创建以承认道德和形式伦理为核心的"政治伦理学"。② 霍耐特试图在政治哲学框架里研究承认与正义的关系，首先就要阐述再分配与承认的关系。围绕承认正义的问题，王才勇、汪行福、周穗明等学者通过勾勒弗雷泽与霍耐特争论的线索，对"再分配—承认"进行了介绍和分析，重点围绕霍耐特与弗雷泽理论分歧的原因、如何理解当代社会非正义的本质以及新的社会斗争体现出的规范要求等问题进行了评价③。鹿云在其博士论文中详细梳理了二者的关于承认正义的理论，并描绘出他们之间交锋的状况和焦点问题，并试图对弗雷泽和霍耐特理论融合的可能性加以系统阐述。④ 而学者李和佳认为尽管霍耐特和弗雷泽之间存在诸多分歧，但他们二人没有将社会正义仅仅停留在经济正义问题上，而是将再分配、承认等政治价值层面正义理论化，以此来揭示资本主义全球化带来的经济上的社会苦难和文化上的蔑视侮辱，促使学者们进一步探究当前社会批判理论中，究竟哪种理论更适合为当前的正义诉求作出

---

① Arto Laitinen, "Book Review: Freedom's Right: The Social Foundations of Democratic Life", *The Review of Politics*, Vol. 77, 2015, p. 4.
② 王凤才：《霍耐特承认理论发生学探源》，载《马克思主义与现实》，2006年第2期。
③ 王才勇：《承认还是再分配？——从霍耐特到弗雷泽》，载《马克思主义与现实》，2009年第4期。汪行福：《从"再分配政治"到"承认政治"？——社会批判理论的范式之争》，载《天津社会科学》，2006年第6期。周穗明：《N. 弗雷泽和 A. 霍耐特关于承认理论的争论——对近十余年来西方批判理论第三代的一场政治哲学论战的评析》，载《世界哲学》，2009年第2期。
④ 鹿云：《批判理论的承认正义——霍耐特和弗雷泽承认正义理论研究》，首都师范大学博士学位论文，2013年。

规范性的辩护。① 学者宋建丽进一步将霍耐特规范性重构视为当前政治哲学正义范式的转换，即从公共理性为核心的程序正义到以社会自由为核心的社会分析，使得正义作为一种社会批判的工具发挥了重要作用。②

第二，关于承认理论与社会自由的讨论。王凤才作为国内研究霍耐特的重要代表，率先提出霍耐特的承认理论使得批判理论转向了"政治伦理"研究，呈现出从文化主体哲学到语言交往哲学再到政治道德哲学的思想路径，③ 而《自由的权利》是霍耐特民主伦理学构想基本形成的标志，同时也意味着"政治伦理"转向的完成。但霍耐特基于承认理论展开的社会自由研究才刚刚开始，仍需要做深层次的挖掘。清华大学博士孙昊根据霍耐特正义观的演变路径指出霍耐特之所以要采取从承认到自由的发展路径，其背后的发展动力是为了实现从个体到整体的发展目标，重构批判理论，建立一种能够解决个体间交往行为冲突、促进个体向社会共同体发展的正义理论。④

第三，关于社会自由与黑格尔关系的讨论。霍耐特通过对黑格尔政治哲学的重构来展开其社会自由的阐释，将自由实现的制度条件纳入理解自由的社会性之中，从而使得黑格尔伦理思想脱离形而上学的设定。学者汪行福肯定了霍耐特的这一做法，认为通过将黑格尔对自由的理解与现代社会制度相结合，能够重新构建自由的必要性。⑤ 持类似观点的还有张新国，他认为霍耐特通过规范性重构激发了自由的真正意涵。⑥ 王晓升则针对《自由的权利》的中文译名即究竟是"自由的权利"还是"自由的法"展开论述，认为霍耐特在本书中的正义理论与黑格尔一样，按照黑格尔的"法"的理解，霍耐特这里所要论述的是在社会现实条件基础上发掘确保人的自由的社会条件，进一步讨论了霍耐特的社会自由

---

① 李和佳：《承认与再分配：霍耐特与弗雷泽的正义之争》，载《马克思主义与现实》，2011年第3期。
② 宋建丽：《规范性重构与社会自由——兼论正义范式的当代转换》，载《世界哲学》，2018年第1期。
③ 王凤才：《从批判理论到后批判理论（下）》，载《马克思主义与现实》，2013年第1期。
④ 孙昊：《从承认到自由——霍耐特正义观的逻辑演进研究》，清华大学博士论文，2016年。
⑤ 汪行福：《个人权利与公共自由的和解——现代性视域中的黑格尔法哲学》，载《吉林大学社会科学学报》，2011年第1期。
⑥ 张新国：《真实的自由如何可能——霍耐特自由观及其意义》，载《道德与文明》，2015年第1期。

的现实性与社会性。① 王凤才指出霍耐特对黑格尔自由思想的现代继承，实际是用黑格尔伦理来改造康德的道德，来达到道德主义与合理主义的融合以及规范性与经验性研究的结合。②

第四，如何看待霍耐特的社会自由对自由困境的解答。贺翠香认为霍耐特在社会生活众多领域所重建的互惠承认型的规范性结构，并不能完全解决现代西方社会的自由困境，同时在资本主义市场经济与道德关系问题上，霍耐特也并没有给出足够的经验分析来佐证其社会自由理念。③ 郑作彧虽肯定了霍耐特将社会学的研究方式引入传统政治哲学中来赋予自由的新的价值范畴，但认为霍耐特没有对自由的社会条件给予充分解释。④ 陈良斌也持类似观点，他认为霍耐特自由观的经验研究方法与其所达到的目标相距甚远，承认机制如何在社会各领域中得以建构依然有待说明。⑤

第五，关于社会自由与复兴社会主义的讨论。霍耐特在反思早期社会主义观念的缺陷之后，指出社会主义的应有之义在于社会自由，其实现路径是历史实验主义的方法，他的观点与传统理解的社会主义有显著的不同，这也引发了学者的讨论。陈凡、高兆明指出霍耐特这一尝试从道德哲学的角度阐释了社会主义的理想，当前学界惯于从经济学语境中理解社会主义，而霍耐特提供了一种新的解释。⑥ 陈良斌也肯定了霍耐特重提社会主义的进步价值，指出以社会自由概念为逻辑阐释社会主义的理想规范对复兴社会主义规划有着积极意义。⑦ 不过周爱民指出霍耐特用历史实验主义理解社会主义有一定的局限性，只限于为民主公共领域提供辩护，这种工具性的程序民主本身与霍耐特自己构建理论出发点有所矛盾。⑧ 马庆在总结概括了国外关于社会自由与社会主义争议之后，

---

① 王晓升：《"自由的权利"还是"自由的法"》，载《哲学动态》，2014 年第 12 期。
② 王凤才：《作为社会分析的正义论——霍耐特对〈法哲学原理〉的诠释与重构》，载《复旦学报（社会科学版）》，2016 年第 6 期。
③ 贺翠香：《论霍耐特的社会自由概念及其正义论构思》，载《哲学研究》，2016 年第 4 期。
④ 郑作彧：《批判理论视野下的社会自由概念及其不足》，载《社会科学》，2019 年第 2 期。
⑤ 陈良斌：《霍耐特的自由观及其批判》，载《马克思主义与现实》，2015 年第 5 期。
⑥ 陈凡、高兆明：《社会主义与社会自由——霍耐特对早期社会主义理念的反思》，载《马克思主义与现实》，2017 年第 2 期。
⑦ 陈良斌：《霍耐特的社会主义观及其批判》，载《国外理论动态》，2018 年第 3 期。
⑧ 周爱民：《21 世纪如何复兴社会主义？——霍耐特的社会主义理论解析》，载《学习与探索》，2017 年第 10 期。

指出霍耐特的批判性重建过于看重共识，反而会限于自由主义的调和，是一种观念的意识形态批判。①

我们看到国内外学者从霍耐特的社会自由内容、批判力度等方面，从不同维度展开论述，为理解霍耐特的社会自由思想提供了很多资源。但研究整体较为分散，主要是从霍耐特本人思想演进的轨迹来分析他的自由内容，并没有从历史现实的维度去分析霍耐特的社会自由究竟是想要解决什么样的现实困境；作为左翼批判理论学者的霍耐特基于社会自由所理解的社会主义理念，对于我们反思社会主义理想与社会自由的实现有什么样的启示意义，以及如何看待霍耐特的自由与唯物史观中劳动自由的区别与联系，这些问题仍有待进一步研究。

四、本书展开路径、基本观点和意义

本书从思想史和社会史研究方法出发，不仅探讨霍耐特社会自由的理论内容，同时结合社会历史发展，在探讨自由是如何成为一项社会权利的历史背景下，试图厘清霍耐特从承认理论到提出社会自由思想的脉络演进，探讨霍耐特与黑格尔伦理思想的关系，分析霍耐特对资本主义社会发展的问题诊断，并结合唯物史观的研究方法与内容来评述霍耐特的社会自由及社会主义观。

本书主要内容包括六个部分：导论概述了本书的基本情况；第一章分析了自由作为一项社会权利兴起的历史背景，进一步梳理围绕自由权利展开的正义讨论，即再分配政治与承认政治，在争论中勾勒出对承认政治的质疑与批判，这一讨论引发了霍耐特对社会自由的思考；第二章具体分析了霍耐特是如何吸收与改造黑格尔的社会自由思想，形成具有社会病理学诊断意义的社会自由理论；第三章通过追溯资本主义形成的历史过程中曾出现的社会自由的机制，来展现霍耐特理解的社会自由互惠的行动机制是如何在历史过程中确立下来，而资本主义的发展历史又如何损害社会自由发展的条件；第四章讨论了霍耐特将社会自由纳入社会主义理解的具体内容，并从思想史的角度来分析霍耐特所理解的社会主义在法兰克福学派社会主义观演变中的主要地位，展现霍耐特重建社会主义理念的必然逻辑；第五章结合唯物史观中有关社会自由的内容与

---

① 马庆：《社会自由与社会主义：对霍耐特近著的讨论》，载《国外社会科学前沿》，2020年第10期。

研究方法，试图探讨霍耐特的社会自由思想是如何形成与唯物史观中劳动自由的分野，分析这种理论分野的创新与不足之处。

霍耐特的社会自由思想开启了一种新的自由研究范式，不同于以往政治哲学研究自由的视域，这种研究范式结合社会学的经验方法来分析自由实现的社会条件，以社会病理学的诊断方法考察了资本主义社会的历史发展，有以下几方面的研究意义。

从法兰克福学派批判理论发展视域来看，批判理论家们用各自的理论来理解资本主义社会失序问题，比如霍克海默用社会的不合理组织、阿多诺用操纵的世界、马尔库塞用单向度的社会、哈贝马斯用社会生活世界的殖民化，这些都是依据人类社会某种合理性的假设来判断，但合理性假设毕竟是有限度的，并不能囊括社会的病态特征。霍耐特聚焦于社会现实的内在发展，寻求社会历史中资本主义发展破坏了的人与人之间承认的规范和自由的社会性条件，使得批判理论从外在批判进入内在批判，从这个意义来说研究霍耐特的社会自由思想将有助于拓展批判理论的纵深，同时为理解资本主义社会提供新的解释路径。

从政治哲学视域来看，自由一向是政治哲学的核心概念。从意识哲学探讨了自我实现、意志自由以及政治领域个体权利等，特别是当前新自由主义理解下的个体自由具有凌驾于一切价值的优先性，自由也越发成了西方政治的一种表现形式。从这个现实背景来看，霍耐特为自由问题提供一种制度论的视角，既反思个体需要作为法律意义上的公民自由权利的尊重，又突出作为伦理共同体的公民所具有的公共担当的责任意识，即个体是为了共同目的而自愿合作，拓宽了政治哲学中关于自由、正义等规范性的理解。

从唯物史观的研究视域来看，自由同样也是马克思主义所关注的话题，在经典著作中，马克思从自由与劳动内在关系中探究真实自由实现的可能，既从自由本质探讨了人的对象性活动，也结合社会历史的发展憧憬了自由劳动的场景，使得自由问题与劳动问题紧密联系，但当前伴随着资本主义生产方式发生的变化，以劳动解放通往自由之路的方式也受到了一些质疑，在这种情况下以自由为目的展开的批判如何才能具有说服力？霍耐特的社会自由思想所提出的规范性重建对劳动解放的合理辩护能够为拓宽唯物史观中自由的理解提供新的思路。

现代化的问题一直是批判理论学者所关注的重要内容，正如霍耐特在《自由的权利》中文版前言中提到的，西方资本主义现代化的道路给予市场经济太多的自由空间，以至于造成对其他领域自由的威胁，市场本应该是社会的一个功能部分，现在却成为统摄社会的评判标准，市场中原子化的个体以自利为内在驱动而忽视了作为社会成员中社会性的特征，无法使个体目的在社会普遍目的中得以实现。在实现中国社会治理现代化的实践中，如何在社会普遍利益中更好地实现个体自由？霍耐特的社会自由思想或许能帮助我们更好地理解现代化道路中的自由规范问题。

第一章 社会自由的时代背景：
再分配政治与承认政治

如果说19世纪是市民群体反抗专制斗争的时代，那么20世纪就是为不断扩大社会权利进行斗争的时代。早期资本主义更多强调的是经济自由，片面地注重资本积累，而并不考虑社会的发展，使得阶级矛盾激化。为缓和阶级矛盾，加强民族国家的认同，主要资本主义国家向福利国家转型，通过提高社会福利扩大公民社会权利，以国家为主体对社会资源进行再分配。然而建立在阶级政治基础上的传统社会结构很快受到了新的冲击，出现了"种族""性别""性关系"等旗帜下的新兴社会群体，这些群体开展了多元的社会斗争。"为承认而斗争"正是对20世纪末新社会群体政治冲突典型形式的一种重要描述，这使得社会群体身份认同取代阶级利益成为新的政治动员力量。在这样的背景下，政治哲学中关于正义的讨论出现了分配正义与承认正义的区分，而承认政治与再分配政治的分歧又如何促使霍耐特从承认的话语转向社会权利、社会自由的讨论？

第一节 福利国家实践社会自由的政治意义

现代社会中，个人根据普遍主义和成功原则对社会产生普遍性忠诚与团结的观念，个体在社会中行动领域的自由诉求也越来越多。这种诉求既可以被看作是在各个社会功能领域中不受行动阻碍的自由诉求，也可以被看作是能够使自己意志得到合理表达的诉求。所有这些诉求都是基于个体的社会性，即伴随着现代社会的发展，个体最基本的社会权利应该包括哪些内容。关于个体社会权利的讨论真正开始于福利国家的出现。主要资本主义国家为了缓和资本主义初期阶级矛盾的激化，开始肯定作为民族国家一员的公民所应该具有的社会权利（更多是经济权利），来维持个体对共同体的忠诚，以福利保障来培育人们对个体社会性权利的认可与维护。

一、福利国家兴起的原因

自由主义时期的资产阶级崇尚完全的经济自由，认为国家职能应限定于维持内外秩序。因此资产阶级参与政权的目的只是出于保护自己在经济领域中的权利，为政府行为划定界限，为此资产阶级甚至不惜与封建势力达成妥协，比如贵族与资产阶级都认可保护私有财产。资产阶级积极争取在政治生活中扮演有话语权的角色，形成与土地贵族合作的事实，来迫使贵族支持两院制国会的建立。这样通过政党的领导、国会中的委员会以及其他一些由经验中发现的方法，不同利益汇合成有效的国会多数，形成对官僚权力的有效制衡。统治阶级的国家机器对外协调各国间的利益纷争，对内则是处理阶级冲突。而随着工业革命的勃兴、民族意识的觉醒，资本主义生产关系在全世界范围内确立，这使得西方社会传统的国家功能与国家行为也面临着挑战。

早期工业化时期，社会流动导致个体与亲缘关系的疏离、市场中自私自利的个人对传统道德的破坏等，传统的再生产模式，如家庭、教会、贵族阶级和行会团结遭受到现代化的冲击。但由于资本主义市场发展并不充分，资本家掌握着市场自由的主动权。资产阶级垄断着大部分的物质、制度、精神层面的社会资源，控制着社会生产、分配和交换等各个环节，从而在社会关系中占据着主导地位。资本家通过无偿占有工人阶级的剩余价值，使得社会创造出来的财富绝大部分流入他们自己的口袋中，维持社会资源的单向度流动。虽然资产阶级曾经颁布济贫法和社会保险法，但仅作为对工人阶级的补偿，并不能阻止工人阶级生活状况的日益恶化，恩格斯曾经描绘了英国工人阶级所面临的住所的杂乱不堪，身体的普遍衰弱，精神层面的匮乏，"工人不仅在身体和智力方面，而且在道德方面，也遭到统治阶级的摒弃和忽视，资产阶级为工人考虑的唯一的东西就是法律，当工人向资产阶级步步紧逼的时候，资产阶级就用法律来钳制他们；就像对待无理性的动物一样"。[1] 社会结构呈现出阶级

---

[1] 《马克思恩格斯文集》第1卷，北京：人民出版社2009年版，第428页。

矛盾显著对立的二元体系，资产阶级以占有生产资料为基础，直接决定社会经济生活中的分配方式，在这种分配方式下，资产阶级完全忽视无产阶级劳动在社会生产中的作用，把持着国家机器，以民族、人民的名义将分配方式合法化。工人阶级被迫为自己的生存进行激烈的反抗，反对资本家残酷的剥削，无产阶级的民主运动风起云涌，迫切要求提高经济福利以及扩大政治民主化，增加工资和减少劳动时间成为最基本诉求，这就促使资产阶级对工业革命以来的现代化成果做出反思。另外两次世界大战中青壮年都被征调战场，战争结束后产生的大量退伍和伤残军人，以及众多的孤儿寡母，他们的生存权利客观上也要求国家给予保障。这将有利于增强民族国家的认同意识[1]。在二战之后，欧洲主要资本主义国家就出现了以国家福利化进行全面社会建设的"再现代化"的历史性实践。

尽管资本主义国家在战后选择了不同的国家体制，但各国发展都无一例外地走上了肯定公民福利的道路，强调国家在社会发展中扮演关键角色。经济的发展和社会公正平等的实现，都将有赖于国家职能的转变，国家担负起社会的需求。

福利国家的目标，主要是通过国家推行的重新分配制度，以税收的方式主导国民收入再分配。在法定基础上，国家把税收一部分以社会福利开支的形式用于中低收入阶层群众，在一定程度上缓和一次分配所造成的社会收入差距。在所有制结构上，其经济体制不再是单一所有制，而是出现国家所有制、股份所有制、集体合作所有制，使得资本社会化程度加大；在社会政策上，福利国家肯定工会在争取工人福利、工资待遇上的作用。政府加大在个人和家庭的收入、医疗保健、住房、教育培训以及个人照护服务方面的举措，力图通过各种社会福利政策，提高人民生活水平。福利国家以社会需求为导向，面向所有公民，通过再分配的方式，使国民整体利益稳步增长。社会福利制度从利益补偿的角度来解决工业化进程中所出现的经济增长与社会公正失衡的危机，使得资本与劳动的矛盾暂时和解。福利国家肯定了个体追求好生活的积极诉求，

---

[1] 周弘曾指出福利国家可以被用来说明一个国家内的社会团结和社会利益的认同程度，在国家民族边界内人们所享受的国家提供的就业条件、政治权力和社会服务，是该国公民表达对民族团体的认同与忠诚的重要条件。参见周弘：《福利国家向何处去》，北京：社会科学文献出版社2006年版，第20页。

为个体实现善的目标提供相应的资源和机会，促进资本主义社会的发展：平衡了各方面的利益矛盾，促进了经济的繁荣发展；社会保障体系的建立促进了消费市场的欣欣向荣，使得人们的需求日益丰富起来，带动了第三产业的发展，出现了庞大的中间阶层，为个体自主选择的权利提供必要的社会条件；西方民主的合法性得以保障。

但是正如吉登斯所说"福利国家变成了阶级妥协的符号"①，福利国家所建立的合法性基础在于它对社会保护的承诺，而面对石油危机所带来的经济滞胀，却不能有效地解决经济效能和再分配的紧张关系，各国纷纷放弃了维持就业的承诺，大幅度地削减社会支出，紧缩财政政策，减少政府干预，福利国家以国家统包一切的职能形象受到了新自由主义的质疑，重新理解个体权利的自由主义思潮影响着对于社会权利的理解。

二、福利国家的社会政策所引发的思考

福利国家的出现拓宽了对社会权利的理解，特别是从公民积极自由的这个角度来说，福利国家的各项保障既认可了公民作为社会成员的基本权利，也是增强国家认同维护社会稳定的重要手段。

（一）公民身份的社会权利

在福利国家之前，早期资本主义时期就已经存在着注重保护社会基本需求的法的尝试，只不过在推崇经济自由的竞争时期，社会保障法并不是一种积极的含义。

英国作为最先发展资本主义经济的老牌大国，在第一次工业革命之前就颁布了很多维护社会成员基本生存权利的法律，比如《伊丽莎白济贫法》《居住权法》《斯品汉姆兰法令》等，这些法律旨在补贴与救济市场经济中工资收入较低的成员，来确保社会各领域、各行业成员基本的生存权利。但是工业革命之后，英国所颁布的《新济贫法》则将救济的对象从社会普通的公民调整为收容院的贫民，这就意味着社会权利不是市民应得的权利，因为真正具有资格的市民不需要救济，隐含着市民必须努力参与市场竞争而非依靠福利求得生存的意味。这就表明资本主义将所有社会个体都卷入市场经济之中，但却让社会成员依靠自由竞争的

---

① ［英］安东尼·吉登斯：《超越左与右：激进政治的未来》，李惠斌、杨雪冬译，北京：社会科学文献出版社 2009 年版，第 105 页。

体系来承担自由的后果，社会的济贫并不是肯定社会成员生存的基本权利，而是具有侮辱羞耻的意涵。

不同于英国的做法，德国进行民族国家建设时，将社会问题的解决同民族国家认同结合起来。普鲁士王朝通过三次战争完成了德意志民族的统一，但战后如何使其他邦国服从普鲁士政府的领导，培育统一的国家认同，这是俾斯麦以及后来领导者所面临的最重要的任务。此外国内风起云涌的工人运动，工业化所引发的各种社会问题，都威胁着代表着容克地主阶级利益的中央政府。在这样的情形下，中央政府一方面承认议会的合法地位的同时通过各种手段操纵和限制议会，另一方面又以各种经济、社会保障政策来拉拢资产阶级和工人阶级，比如鼓励民族资产阶级投资铁路、建筑等大规模基础建设，使其经济利益与国家财政结合起来；建立系统的社会保障制度来加强公民的政治认同和国家认同。19世纪末到20世纪初，德国政府先后颁布了《黄金诏书》①《童工法》等一系列法律，初步系统地建立了社会保障体系。需要指出的是德国政府限制市民的政治权利，加强对社会权利的肯定，旨在强化中央政权的政治合法性与民族认同。这种通过强化社会权利来增强统一民族与威权政府的认同的做法，成为战后资本主义国家恢复国家权威、缓和阶级矛盾的重要手段。

片面注重社会权利的承诺也使得德国出现了极端民族主义。德国的教训使得战后资本主义国家在加强社会保障体系之外，还注重政治民主化。福利国家在注重社会保障的同时，也肯定了工人有权在生产领域中罢工、组建工会、工资谈判等工业公民身份。这实际是构建了一种具有社会权利的公民资格，将工人阶级整合进民族文化之中，对他们所拥有的基本权利给予肯定与支持，以此来巩固共同的民族身份与文化认同。

在马歇尔看来，阶级的划分可以通过公民身份权利的阐述表达出来，因为重新明确公民的权利和义务，将有利于社会和谐。公民身份主要是由公民要素、政治要素和社会要素组成："公民要素是人身自由、言论和思想信仰自由，拥有财产以及订立契约的权利与司法权利；政治要素是公民作为政治实体成员，参与行使选举等政治权利；社会要素对应的是从享受经济福利与安全到充分享有社会遗产并依据社会通行标准享受文

---

① 《黄金诏书》，是德国皇帝威廉一世于1881年颁布的"皇帝告谕"，其中指出工人因患病、事故伤残和年老出现的经济问题时，可以申请保障，有权得到救济。

明生活的权利等一系列权利。"① 这三个要素对应公民权利、政治权利和社会权利。马歇尔奠定了战后资本主义国家成员的基本权利，以公民身份明确了个人在社会中应该具有的权利。这意味着福利国家重视社会再分配的责任，对于国家而言是国家职能从消极的暴力机器向积极的行动者转变，对个体而言也是对自己社会权利的一种积极诉求。福利国家在保证所有成员所应有的权利之后，才能使社会成员感到自己是社会的一部分，使他们能够参与和享受共同的社会生活。福利国家通过全方位的社会保障政策把可能已经退出商品关系的劳动者以人为方式保护起来，缓解阶级斗争冲突，并同时通过劳动培训、公共建设投资方式来修复非商品化的市场，巩固资本主义国家的存在基础。美国学者桑斯坦指出了这种区别："消极权利的特点是保护自由，积极权利的特点是促进平等，前者开辟出了一个私人领域，而后者要再分配税款；前者是剥夺与阻碍，后者是慈善与奉献。如果消极权利成为我们躲避政府的处所，那么积极权利则提供我们政府的服务。前者包括财产权、契约权，当然也包括免收警察刑讯的权利；后者包括获得食品券的权利、住房补助以及最低生活保障费。"② 这就意味着福利国家的福利权利更多地表现为国家积极地给付，建构保证公民尊严的最低生活保障制度，培养公民能力和提高他们的社会参与程度。

　　福利国家一定意义上扭转了早期自由时期国家服务于资本主义的功能，开始以国家自身的方式改造资本主义，并通过国家的力量减少底层阶级的社会苦难，但不影响整个资本主义的结构，"使之从以不平等为表征的'摩天大楼'转变为以平等为表征的'平房'"③。福利国家的模式是保障资本再生产的方式，这是资本主义国家对早期自由经济时期自由放任模式的一种调整：通过福特制改良后的生产提供大量的消费品，激发了消费主义的诞生，繁荣了商品经济，增加了劳动者收入，进而缓和社会两极化和阶级冲突。在社会福利制度下，由集体承担个人风险，为社会成员生存提供保障。但是其社会政策却保持着一种家长统治的威权

---

① 郭忠华、刘训练：《公民身份与社会阶级》，南京：江苏人民出版社2007年版，第8页。
② ［美］史蒂芬·霍尔姆斯、凯斯·R. 桑斯坦：《权利的成本——为什么自由依赖于税》，毕竞悦译，北京：北京大学出版社2004年版，第26页。
③ 肖滨、郭忠华、郭台辉：《现代政治中的公民身份》，上海：上海人民出版社2010年版，第218页。

秩序，形成一种由集体主义和团结所组成的社会精神特质。

福利国家改变了古典自由主义关于政府与市场的假设，将国家从不干预市场的消极角色中解放出来，国家积极干预资本主义，扩大社会权利范围，试图以作为结果平等的财富再分配取代作为机会平等的自然权利，奠定了个体具有广阔的选择自由的社会环境。福利国家的社会政策扩展了个体权利的需求，力图通过对社会责任的承诺来建构起新的认同，在一定程度上使社会底层的经济状况得到显著改善，与此同时也留下了理论探索的空间：在肯定公民具有积极的社会权利时，再分配社会资源在何种意义上具有合理性与正当性。

（二）分配平等与权利至上的讨论

伴随着税赋增加、政府机构的官僚化、机械化等新社会问题出现，福利国家面临着新的挑战。20世纪70年代的经济危机之后，主要资本主义国家开始在社会政策方面全面退缩，新自由主义思潮逐渐占据上风，引发了对福利国家失败的种种质疑。其中有关社会资源再分配的公正性和正义性的问题成为争论的焦点。

如果说福利国家为了缓解阶级矛盾而采取的各项社会政策是一种功利化角度的考虑，那么公民过分依赖国家所造成的社会后果就引发了理论家的思考：什么是社会制度和权利结构中道德偶然性所造成的社会不平等？其原因哪些是个人可以控制的，哪些是通过制度可以加以纠正的？确立一种可以为社会经济和政治制度合理安排提供指导的原则，成为理论家们思考社会经济的规范性基础的出发点。

在这个意义上，罗尔斯建构了他的公平正义观。他认为社会正义的主题是社会的基本结构，即以政治制度为核心的社会合作体系。人的生活境况受到社会的政治体制、经济状况和社会条件的影响，之前功利主义主导下的社会政策，都没有考虑收入、财富、机会和自由分配的人际间的公平性问题。罗尔斯的目标就是为社会基本结构确立一种正义原则，来"打破经济学和伦理学的长期隔绝，使经济学摆脱其技术化的倾向，重新提出了经济学的规范基础问题"①。

罗尔斯之前的分配政策主要是依据古典功利主义的传统。他们往往追求社会效用最大化，相信理性的个人能够以恰当的行动来追求他自己

---

① 汪行福：《分配正义与社会保障》，上海：上海财经大学出版社2003年版，第66页。

的最大利益。个人利益的满足来自个体一系列行为的满足,那么社会利益就由许多个人利益或欲望满足构成,从社会整体利益最大化出发就允许牺牲少数人的利益,形成一种多数人压制少数人的分配方式,造成对个体权利的侵犯。罗尔斯认为平等的公民自由权利不能受制于政治的交易或社会利益的权衡。社会合作是长期性互利行为,人们之间互惠互利的道德动机使人们需要一种公平的社会利益的分配,这样才能保证社会合作体系的稳定。而在现实生活中人们因为地位、利益、能力的差别,很难达成一个大家普遍同意的正义原则,就需要设想一个所有人被剥夺信息的状态,即"无知之幕"的状态,这种状态就可以使人们选择合理和普遍接受的正义原则。个体能够公平公正地选择可以被普遍接受的正义原则,这依赖于道德主体对正义的判断能力。在原初状态下,存在着一个合理的决定程序,至少在某些情形中,它能充分有力地确定相互竞争的利益应依循什么样的方式来裁决,并且在利益发生冲突的情形中,能够确定一种利益比其他利益更具有优先性,而且这种程序存在其合理性,能够通过一种理性的探究方法确立起来。衡量各种利益的优先性问题,就是正义原则确立的过程。个体通过深思熟虑的直觉判断,在一种合理的决定程序下,会选择两个正义原则作为优先性原则。第一个原则就是平等自由原则,强调了每个人对自由都与其他人拥有平等的权利。第二个原则是差别原则,"社会经济的不平等应这样安排,使它们被合理地期望适合于每一个人的利益;并且依系于地位和职务向所有人开放"①。第一原则确定社会成员具有平等的自由,权利的持有者是愿意参与社会合作的公民,其自由的界限在于不能侵犯他人同样的自由,社会基本结构的制度安排要体现最低限度的基本自由,即宪法保障的自由。在罗尔斯看来"自由是某种制度的结构,是某种界定权利和义务的公共权利体系"②。处于社会制度下的成员平等享有自由的权利,自由只能为自由的缘故而被限制,平等自由原则所涉及的就是宪法实质问题,因此第一原则具有优先性。第二原则涉及对社会基本善的分配。基本善是公民们完善自我、发展自己和实现自己的合理生活计划。人们之间的不平

---

① [美]罗尔斯:《正义论》,何怀宏、何包钢、廖申白译,北京:中国社会科学出版社 2009年版,第47页。
② [美]罗尔斯:《正义论》,何怀宏、何包钢、廖申白译,北京:中国社会科学出版社 2009年版,第159页。

等因素可能是由社会文化诸如出身、环境、受教育程度等或者是个人天赋智力禀赋所造成的，但在第一原则优先性上，人们都应该有一种公平共享基本善的机会，使得最少受惠者在不干预别人公平机会的前提下，得到某种补偿，使其生活环境得到改善，使收入较低和缺乏平等尊重的人都抱有对改善自己生活的期待。

罗尔斯的公平正义内容试图为社会制度的评判建立一个规范性基础，使社会成员为了正义而规范自己的行为，同时保证社会和经济安排必须尊重个体自我完善的理想。罗尔斯对于身处社会劣势地位群体的关注，从互惠互利的社会合法的道德理念出发，在某种意义上为衡量社会制度的合理公正性提供了规范性视角。罗尔斯从自由的优先性来强调公平正义观，用它来衡量一个正义社会对个人理想的支持与相容态度，而在诺奇克那里正义的原则在于权利的正当性。

如果说罗尔斯公平正义理论为福利国家对社会权利的肯定提供了一定的合理性论证，那么诺奇克就对福利国家后期出现的高额累进税所造成的侵害个人权利的现象加以论述。诺奇克从对个人"持有正义"的权利角度来阐述国家在承担社会责任的角色上应该扮演"最弱意义的国家"。诺奇克指出"分配正义"这个词并不是一个中性的词，它意味着对所有人自愿获得某个社会资源之后的矫正，这种用法需要论证预先分配所依据的标准是正当的。因此他要用"持有正义"来描述一种正义的社会所包含的真实内涵，包括三个方面：（1）某人依据获取的正义原则得到持有物，对这个持有是有资格的；（2）某人依据转让的正义原则从别的资格持有者获取持有物，对这个持有是有资格的；（3）除非是对上述两个原则反复应用，无人有资格持有物。① 获取原则来自洛克有关自然状态的假设，将人对无主物的所有权看作是人对无主物的劳动而产生的。而诺奇克的获取原则是：对无主物的占有不应影响他人的状况。交换原则在于正当持有物的个体是否自愿交换。矫正原则是对社会所存在的非法获取交换的手段进行矫正，用来弥补或补偿过去不正当的行为造成的影响。这里诺奇克想要论述的是，衡量分配正义是否正当，只需要看个人对该分配中的持有是否是有资格的。在公正的状态中，作为所有参与交易的主体的完全自愿交易的结果就是公正的，这样国家就无权进行分配。国家只能

---

① ［美］罗伯特·诺奇克：《无政府、国家和乌托邦》，姚大志译，北京：中国社会科学出版社2008年版，第181页。

是出于保护性的措施使社会成员免遭私人强行正义的危险，这样的再分配才是正义的。现在的分配正义原则都是模式化的标准，即"按照每个人的＿＿＿＿给予每个人＿＿＿＿"①，不同的模式下可以填上"需求""道德功绩"等。这种模式化的分配正义必然会对某些社会成员造成不公正，因为它以模式化分配原则，首先将个人的持有物上缴，再按某种模式分配，是任意武断的。"模式化的分配原则并不给予人们以资格原则所给予的东西，而仅仅是追求更好地分配。"②作为非模式化的原则，社会所有物的交换与转让是建立在完全自愿的前提下的，只要人们的持有是符合正义的，那么任何组织都没有理由把人们所持有的拿走。从这个意义上，诺奇克批判罗尔斯的差别原则是一种模式化的分配原则。

诺奇克以"个人资格—权利"原则构建的分配正义理论与罗尔斯的以自由为核心的公平正义理论相抗衡，但事实上二者是建构了以权利为深层内核的规范性基础。诺奇克将个人持有物的权利看作是对个人或政府行为的有效的道德边际约束，反对任何以善的总量增加为借口的对权利的侵犯。因为诺奇克更倾向于通过对个人权利的保护，提高市场竞争的有效性从而提高社会整体利益，这是一种将蛋糕做大的分配。罗尔斯维护的是个人在原初状态下自由选择的权利，即每个人可以根据自己所享有的自由权利来否决社会制度的安排，原初状态的个人为了他们最大的利益去寻求保障自己的权利，这种基本权利不可能是从属于任何具体的个人目标的权利，而是一种抽象的自由权与抽象的平等权。德沃金就指出罗尔斯的第一个正义原则是与某些利益分配相联系的平等，是在政治活动的自由需要时，使平等从属于物质资源，而第二个原则是尊重的平等，是"不考虑人们的社会地位而应该平等地给予所有人的"③，这是最基本的原则，可用来指导人们推行政治制度。事实上，诺奇克遵循个人持有物的分配正义原则，实际是对罗尔斯抽象平等权利的一种具体运用，只不过诺奇克比罗尔斯更注重个人权利的神圣性。

我们可以看到，罗尔斯和诺奇克都是从个人权利的角度来试图设计

---

① [美] 罗伯特·诺奇克：《无政府、国家和乌托邦》，姚大志译，北京：中国社会科学出版社2008年版，第191页。
② [美] 罗伯特·诺奇克：《无政府、国家和乌托邦》，姚大志译，北京：中国社会科学出版社2008年版，第200页。
③ [美] 罗纳德·德沃金：《认真对待权利》，信春鹰、吴玉章译，北京：中国大百科全书出版社1998年版，第238页。

政治制度的规范性基础,从方法论而言,他们都引用一种对人性的基本假设,并对参与立约者的动机、能力进行描述,据此来说明行为者会接受的权利体系和正义原则,来为公共领域的社会成员的互动确立起规范原则。但他们的方法论构想存在一种对现存道德行为的隔绝,然后再将方法论"应用"到社会现实中去,其内容主要关注权利和物质产品的分配。而随着个人意识的不断觉醒,多种文化日益冲突,也有学者开始反思,正义是否要求除了权利和物质产品以外的东西的公平分配,建立在一种普遍主义上的正义原则是否能够涵括多样性的文化。

三、福利国家之后:社会权利延伸至文化权利的诉求

福利国家对于社会权利的积极肯定建立在以福特制为生产方式的工业主义背景之下,机器大生产是其主要特征。以民族国家为分析视野,以传统的社会结构(传统家庭模式、传统种族模式)为潜在假设,福利国家主要关注的是早期现代性所产生的危机,如贫困、失业、阶级冲突等。但从20世纪70年代开始,这些主导因素都发生了变化,福利国家在经历了短暂的繁荣之后,本身的沉疴显露无遗。以新自由主义为代表的右派势力认为,福利国家抑制了资本家投资的动力,又抑制了工人自由工作的意愿;左派社会主义者认为,福利国家并没有彻底改变资本主义结构,而且对工人阶级形成制度上的压制与意识形态上的欺骗。就社会权利所蕴含的公民身份与权利的联系而言,福利国家侧重于从社会成员的资格来赋予其社会权利,但是随着全球化、多元文化的兴起,社会成员所具有的资格已经完全超出了既定的民族结构、性别结构等。马歇尔界定了福利国家下公民资格所具有的社会权利,认为它是一种减少阶级不平等和创造平等机会的策略,但这种划分没有充分考虑文化领域的影响。

首先,福利国家的经济模式从福特主义向后福特主义转变。在工业生产方面,现代化的机器大生产的固定地域工作,逐渐被以知识和信息交换等为载体的新的组织方式代替。这样资本家完全可以绕开工会直接同劳动者签订合同,在灵活的二元劳动经济下,个人的竞争取代了传统大规模生产的工业单位,"适度生产、高就业、低增长和有等级的社会"取代了福特经济下所强调的"把失业率降到最低程度的大规模生产和大

规模消费的社会"①。工业生产单位的变小，以及第三产业的私人就业扩大，使得福利国家先后放弃高福利高就业的承诺。大规模生产的劳动组织形式的削弱，使得工会也无力抵抗社会福利的消减，"福特主义的社会关系和阶级关系的政治调节形式、中央官僚职团主义、凯恩斯主义和社会民主党的改良政策现在都成为限制对于社会结构和再生产条件进行必要适应的桎梏"②。

其次，全球化与金融化冲击着国家管理经济的能力。全球化使得各个民族国家联系紧密，同时也加剧了矛盾。而跨国公司能够利用这些矛盾，轻而易举地转移生产，摆脱向本国劳动力市场提供就业岗位、向社会福利国家缴纳高税收的责任，来赚取高额的利润。全球化的发展，解除了经济发展与社会福利之间的关联，强调经济自由流通的力量，从而削弱了社会福利，使其局限于私人领域，比如工人阶级被强迫通过私人保险而不是社会保险来为自己的医疗养老投保。而金融资本的全球流动，使得整个资本主义经济以追求剩余价值的分配为目标，而不是醉心于剩余价值的生产。随着新的金融手段的发明，完整的金融工具系统的建立，投机性的货币被投入"利润丰厚"的企业，即可以最大化地把利润分配给股东，最有效地缩减工人数量及其工资。在后福特主义经济下，生产失去了以前的活力，金融资本成为经济中的主导活动。福利国家建立的以生产为中心的生活方式、试图通过国家再分配来调节资本主义市场原则的方式，失去了最根本的基础。福利国家的经济再分配需求让位于生产消费利润分配的新的思想。

第三，全球移民的浪潮以及通信潮流带来了文化多元主义。在日益繁荣的媒体业，文化本身也成了资本的一种形式。大众媒体与可再生产的电子大众艺术使得高雅艺术不再神秘，每个主体都可以自由地运用媒体工具，自由地表达自己的意见与观点。大众消费者成了有一定自主权（自由时间和可支配收入）的社会行为者，能够集体自我表征，通过媒体传播思想进行集体的自我组织，从而形成群体内部文化的传播与认同。这就使得社会成员中一些感到边缘化的群体有了分享被蔑视情感的可能

---

① ［英］斯图亚特·汤普森：《社会民主主义的困境：思想意识、治理与全球化》，贺和风、朱艳圣译，重庆：重庆出版社 2008 年版，第 35 页。
② 约阿吉姆·希尔施、洛兰德·洛特：《资本主义新面目》，转引自张世鹏：《二十世纪末西欧资本主义研究》，北京：中国国际广播出版社 2003 年版，第 81 页。

以及争取平等公民身份资格发声的平台。黑人、妇女、少数族裔群体、男女同性恋者等各种诉求文化差异的群体，都不同程度地反抗既定的传统社会结构（白人至上，男性至上等），反对单一的共同民族文化，寻求自身文化群体的话语权。

经济结构的灵活性、国家管理能力的下降以及大众媒体的繁荣，这些因素使得人们意识到国家管理社会能力的官僚化与滞后性，相较于工会、雇员与国家相互协调的职团主义致力于参与政治决策再分配，人们更多地开始以自我认同的意识来看待国家的各项社会政策，已经不再满足于收入提高、物质需要的诉求，而是关注福利国家同质化平等原则下的个体差异以及文化价值，因为身份不平等不能完全被还原成经济的不平等，文化的多元性越来越受到重视。

第二节 承认理论的复兴

奥菲曾指出："福利国家制造了工人阶级相互分离的两大生活领域的假象，一方面是作为经济、生产和初级收入分配而存在的工作领域，另一方面是作为国家、再生产和次级分配而存在的公民身份……"① 但随着福利国家大幅度地削减社会化部门的供给成本，公共服务部门逐渐让位于私人消费模式，在福利国家条件下以阶级划分群体的公民身份逐渐转向追求多样文化的身份。有效的福利制度能够为民众提供本体性安全的载体，但是福利的削弱以及官僚传统的政治结构使得人们失去对国家政府的信任，期望以寻求同质的文化群体来表达某种诉求，"对权利的要求转向了文化权利的新领域，这种文化权利包括通过信息系统使个体认同和生活方式不受阻碍地且合法地得以呈现和宣传的权利"②。

一、以身份认同为特征的新社会运动兴起

20世纪70年代欧洲开始兴起了一系列的反核运动、绿色和平运动、女权运动、同性恋权利维护运动、少数民族的民族主义运动等，各种主题的抗议运动层出不穷。这些新社会运动的兴起，并非像以往以阶级斗

---

① [德]克劳斯·奥菲：《福利国家的矛盾》，郭忠华等译，长春：吉林人民出版社2011年版，第10页。

② Pakulski, J., "Cultural Citizenship", in *Citizenship Studies*, Vol. 1, No. 1, 1996, p. 74.

争为基础的工人运动谋求经济再分配的福利,而是以后现代的物质主义价值观为基础,寻求个性解放与认同,将之前人们主要集中关注的劳工问题,转变为关注文化和伦理等方面的问题,尤其是涉及生活方式的基本问题。这些运动使个人在不丧失自主的前提下参与集体斗争,展现了一种新的个人与集体关系,这种关系表现为一种松散的、自愿的联合形式,不受规章、等级或职业官僚主义的束缚,要求过去自我封闭的和内部自我调节的领域——如公司的市场运作、国家监控的社会机构,都要接受公众的审视。文化的多元主义,在一定程度上是国家调节系统的福利国家终结的反映。

认同(identity),其本义就包含着个性、身份统一性等,强调的是个人或者群体的自我建构,指承载者的主体性。比如个体认同就是指个人的特征,民族认同表示各个民族基于自己民族特性的认同,文化认同则表示文化特性特征的认同。以主体性为核心的认同,表现为"自我在外部世界中的定位,是客体投入后自我不断展开的过程,是将自我投射到客体的辩证行为或者是客体被同化到自我中的行为"①。也就是说认同是需要主体之间的相互关系来建构的,主体之间的言语往往被视为种种文化价值和意义的载体。霍尔曾说过语言是各种意义的传送者的工具,也是接受者的工具,语言在共享的文化空间中产生意义,"意义赋予自我认同,是有关我们是谁以及归属于谁的一种认知的内容"②。现实中人的主体的立场离不开话语权力的调整,福柯、拉克劳和墨菲等人就用话语理论去解释特定的社会行为。

福柯指出人与世界的关系是建立在话语理论之上的,主体并不是现代性意义上的与客体相对稳定的普遍实体,而是在话语影响下在语法中建构"我"的过程,社会秩序是由权力话语构成的。话语建立起人与人之间的关系,比如医学关系、司法关系、惩罚关系等。"这些关系形成在机制、经济和社会过程中的行为形式……当人们对对象的概念的真实性作思考时,它完整地或部分地重新出现了,这些关系不确定对象的内部

---

① 陶国山:《话语实践与认同建构:论文学话语下的认同建构》,上海:上海文艺出版社2012年版,第7页。
② [英]斯图尔特·霍尔:《表征——文化表象与意指实践》,徐亮、陆兴华译,北京:商务印书馆2003年版,第10页。

构成，而是确定使对象得以出现。"① 事物存在于话语的对象中。人们通过有意义的话语和实践来认识世界。因为话语范畴在描述历史的特定意义体系时是被建构的，因此那些被排除在外的政治力量有权挑战既定的霸权话语。

在福柯那里，话语与周边非话语的社会环境存在着互相作用，即非话语的社会环境变化会影响话语的规则和条件，话语所形成的新规则又存在着独立性。而拉克劳和墨菲则从社会总体化的不完整性和偶然性出发强调社会是完全由话语决定的，正是多元性的差异话语建构了政治。后现代的社会已经不再有稳定的阶级群体，新社会运动基于主体立场多元化与身份多重化的认同建构，正是得益于话语语境的多元性，"多元身份的多元性的每一项都能在其自身内部找到自己的有效性原则"②。事实上，新社会运动中寻求认同的群体也往往通过援引隐喻和民族历史的叙事方式来争取自身话语权的认同。

新社会运动中的以性别、民族特性为依据的身份运动，力图在主流话语中，通过挑战抗议来获取尊重，而人的认同并不是一种积极的自我理解，还需要在他者中被承认，"在现代性层面，他者是认同的一个构成性要素。他者的指导性特征在晚期现代性层面也是一种重要的类型，即为了承认，为了个体认同的建立而依赖他者"③。个体借助语言阐释自己，而语言也是在与他人的对话中习得的，这样认同通过承认呈现，而承认也需要在话语中实现。米德把这样的人称为"有意义的他者（significant other）"④。通过交流，自我认同的承认被质询、接受就形成了社会主体的话语特征。新社会运动中女性、同性恋、少数族裔等寻求认同的群体往往通过阐述民族的叙述方式来为自己争取话语权力、寻求承认。话语理论为认同构建了一种基本规范，就使得社会权力的分析从阶级利益再分配的宏观特征转向了微观日常生活。在这个意义上，新社会运动

---

① [法] 米歇尔·福柯：《知识考古学》，谢强、马月译，北京：生活·读书·新知三联书店 2003 年版，第 49 页。
② Ernesto Laclau and Chantal Mouffe, *Hegemony and Socialist Strategy: Towards a Radical Democratic Politics*, London: Verso, 2001, p. 166.
③ David Riesman (ed), *The Lonely Crowd*, Garden City, New York: Anchor Books, 1950. 转引自陶国山：《话语实践与认同建构：论文学话语下的认同建构》，上海：上海文艺出版社 2012 年版，第 36 页。
④ Charles Taylor, "Self-Interpreting Animals", in Talyor, *Human Agency and Language: Philosophical Papers*, Vol. I, Cambridge: Cambridge University Press, 1985, pp. 45–76.

中的身份认同就引出了承认的价值。

二、"承认政治"议题的提出

新社会运动中的身份认同很大程度上基于认同所带来的伤害，以及由此所造成的社会不公正和不平等。有理论家认为，之前有关正义的讨论主要是从狭义的分配角度去理解不公正问题，忽视了文化维度的压迫。

将个人认同转向为承认政治的研究，最杰出的代表人物就是加拿大学者查尔斯·泰勒。他将"承认的政治（politics of recognition）"置于当前多元主义认同问题的核心，意在强调我们这个社会是建立在一种对话关系之上的，如果社会不能平等公正地给予群体或者个体以"承认"，那么这个社会就构成了一种压迫的形式。泰勒的"承认政治"试图在自由主义的普遍主义观念与多元文化的差异政治中寻找一个平衡点。泰勒认为特定的认同与尊敬是任何一种社会安排的前提条件，现在应该重新重视认同与承认的问题，这主要有两个原因：第一，从历史的角度来说，作为荣誉基础的等级制的衰落，以及现代社会尊严观念的觉醒；第二，个体"本真性"理想即现代自我观念的产生。

在传统社会里，社会地位与等级制度决定人们对自己身份的认同，社会中的位置确定人们的社会角色和行为，这就包含着整个社会对个体普遍化的承认，因此人们并不讨论"认同"与"承认"，这些问题没有形成主题化（thematized）的讨论。而现代社会中人们在打破等级制对人身份的束缚之后，这种普遍化的承认分裂为不同个体对"本真性理想"的认同。对自己内在尺度的肯定不可能以独白的形式存在。因为人类生活本质特征是对话，因此通过与他者的互动交往才能建构自己的认同，并依赖于彼此之间的交往获得承认。当代的性别政治、种族关系和文化多元主义的讨论，"全部建立在拒绝承认可以作为一种压迫形式这个前提的基础之上……至少就反对由他人导致的扭曲而言，平等承认的政治现在是和本真性观念一起作战的"①。现在承认的重要性以各种各样的形式得到普遍的认可。在私人层面，认同在与有意义的他者的对话与斗争中形成，在公共社会层面，平等的承认依赖于民主社会公开交流的机会。在现代社会中平等化的原则已基本被认可，比如选举权与被选举权、经

---

① ［加］查尔斯·泰勒：《承认的政治》，见汪晖、陈燕谷主编：《文化与公共性》，北京：生活·读书·新知三联书店1998年版，第300页。

济领域中平等的交易原则。而从现代认同观念所引发出的差异政治，意味着要给予个体或群体平等的承认原则。这就形成两种政治模式，一种是强调"无视差异（difference blindness）"的平等尊严政治，另一种是承认特殊性的差异政治。平等尊严政治基于这样的观点——每个人都是理性主体能够依据理性原则指导生活，因此每个人值得被平等地尊重，一旦强调特殊就违反了非歧视原则；而差异政治则认为这种非歧视的原则本身就是建立在社会既定的历史传统之中，处于弱势地位的少数民族或性别体从一开始就要被迫纳入这样一种同质化的模式中，在一些人看来，"无视差异的价值中立性原则，实际上是一种文化霸权的反映"[①]。而泰勒试图在平等尊严与差异政治之间寻找一个平衡点，他指出平等尊严政治的形式是来自界定基本权利的统一规则，这种规则的制定本身体现的是程序性自由主义的僵化，平等尊严政治能够提供一个价值中立的基础，使所有不同文化背景的人可以在此基础上交往和共存。这个价值中立的原则就是必须承认不同的文化具有平等的价值，不仅允许它们继续存在，而且要承认它们的价值。价值判断的前提是不同标准的视界融合，这取决于需要得到承认的群体能否感受到真正的尊重。"当我们研究了他者的文化，我们会有所改变，不再仅仅是用我们原来所熟悉的标准进行判断……之所以赞扬他者是因为他和我们有相似之处。"[②]

泰勒将差异政治与平等尊重的政治对立起来，认为普遍主义的政治会形成同质化，差异政治是对个体多样性承认的一种补偿。而哈贝马斯认为这种对立是并不存在的，他认为泰勒的问题在于他所理解的民主国家是具有仲裁者作用的，对产生争执的冲突个体而言，每一方都有自由申辩的权利，但泰勒却忽视了法律的受众既有执行法律的自主性，又有制定法律的自我决定，合法的标准在于"只有社会化，才能充分地个体化"[③]。即承认政治是要在法律体系付诸实现之后，才能充分地维护个体在建构起认同的生活语境中的完整性，同时个体法律人格的完整性也会受到主体间共有的经验语境与生活语境的保护。再者，泰勒所假定的对

[①] [加] 查尔斯·泰勒：《承认的政治》，见汪晖、陈燕谷主编：《文化与公共性》，北京：生活·读书·新知三联书店1998年版，第305页。

[②] [加] 查尔斯·泰勒：《承认的政治》，见汪晖、陈燕谷主编：《文化与公共性》，北京：生活·读书·新知三联书店1998年版，第329页。

[③] [德] 尤根·哈贝马斯：《民主法治国家的承认斗争》，见汪晖、陈燕谷主编：《文化与公共性》，北京：生活·读书·新知三联书店1998年版，第344页。

每种文化的承认都是建立在"一切文化都具有同等价值"之上的观点也是不成立的,个体在其所在群体文化中得到被认同的权利,与普遍承认的文化成就是没有必然联系的。哈贝马斯指出文化本身的发展有着批判与反思性质,多元文化社会中生活方式的平等,是指每个成员有同样的机会去了解对方,在主体反思自己与他者的语境中承认对方但不放弃自身的有效要求。

新社会运动的出现可以帮我们理解现存的社会福利政治是建立在传统的解释模式上的,力图追求形式平等,比如对女性的一些特殊福利政策在传统解释模式下强化了现存的性别认同,福利的补偿措施成了新的歧视。因此在平衡现存的法律规范与新社会运动的诉求时,最好的方式是给予各种群体在公共领域充分讨论的机会,让群体自身所确立认同的生活语境在对话中得到承认,这样才能保证法律主体的完整性。哈贝马斯指出法律体系的民主结构不仅包括普遍一般的政治目标,也应当包括体现在承认斗争中的集体目标。哈贝马斯认为自由平等的公民联合体在人们讨论交往中达成共识,"其最终形式根源于一种为所有人承认的、同等适用的程序。……在一个多元主义的社会里,宪法表达的是一种形式上的共识"①。法律规范会涉及具体社会中的互动语境,更能表达出某个集体的自我理解和生活方式。也就是说法律的实现过程是有其具体语境的,通过给每个群体自我理解的讨论机会,参与者才能清楚地明确自身的身份及其在历史话语中的地位,法律共同体实现基本权利的民主进程需要打上深刻的伦理印记。而法律在内在伦理中保持中立,通过合法的立法程序和行政程序来让公民维护公共领域中的交往自由,这样才能保证多元文化可以在交往对话中得到承认与认可。

三、"为承认而斗争"作为社会斗争动力的补充

泰勒的承认理论是在多元文化背景下发展起来的,哈贝马斯试图从程序性的法律规范与主体间相互对话中为承认寻找规范性基础,而霍耐特则将承认理论从一般意义上建立起来,将"为承认而斗争"作为人性的一个维度,指出这是人类社会普遍存在的一种基本现象,在当前权力与暴力的世界里,承认的斗争性不容忽视。霍耐特的承认斗争代表着个

---

① [德]尤根·哈贝马斯:《公民身份与民族认同》,见[英]巴特·范·斯廷博根:《公民身份的条件》,郭台辉译,长春:吉林出版集团有限责任公司2007年版,第31页。

体规范性的期盼，也代表着社会道德整合。在促进社会一体化的斗争中，通过不同形式的相互承认的制度化，社会完成其整合过程。

霍耐特通过借助米德的社会心理学，重新阐释了黑格尔在耶拿时期所提出的伦理关系的主体间承认关系。米德从社会心理学的角度试图说明人主体性的意识与周边互动行为有着非常密切的联系。米德从儿童社会化的过程解释了人类社会化的发展机制，"社会化的本质过程也包含着行为规范的内在化，而那些行为规范又产生于对全体社会成员的行为期待的普遍化"①。这就意味着个体需要从普遍化的社会规范视角把自己看作社会成员，使自己认识到通过参与社会活动，能够确认自己的自我意识。主我适应调节社会规范所形成的客我意识就是要意识到自己对于社会成员的义务，同时也要意识到自己的权利。这就是米德对"施动之我（I）与"受施之我"（Me）"的讨论，认为个体必须学会扮演与自己相关的他者的角色。在共同体之中，个人既是社会政治群体中自主的、有自我意识的成员，同样也是共同体中的公民，"作为有自我意识的人，我们已经学到的东西使我们成为这一社会的成员，也给了我们自我……只有在承认同一共同体其他所有人的权利的前提条件下，个人才能维护自己的公民身份"②。但米德心理学并不能根据具体历史环境因素给每个成员以肯定的描述，米德没有涉及伦理的观念，没有解释这种共同的善如何将每个人置于同一立场来使其理解共同体的价值。这正是霍耐特想要实现的伦理民主化形式：让平等权利的主体在相互承认的共同立场上，"以自己的方式来为共同体再生产做出贡献，同时也得以确认自己的个体特殊性"③。

因此霍耐特认为黑格尔和米德为社会斗争做出了新的解释，从社会道德发展的结构力量来思考社会斗争，这就将社会生活的再生产导向主体的规范视角的建构，以相互承认的关系结构来解释社会变革，不仅从正面阐释承认关系的不同类型，也从反面对非承认的方式——蔑视进行思考，进而提出了爱、法律关系、团结三种承认形式。

---

① ［德］霍耐特:《为承认而斗争》，胡继华译，上海：上海人民出版社2005年版，第84页。
② Mead, G. H., *Mind, Self and Society*, Chicago: University of Chicago Press, p.164, p.270.
③ ［德］霍耐特:《为承认而斗争》，胡继华译，上海：上海人民出版社2005年版，第97页。

第一种承认的形式就是爱。在霍耐特看来，不能仅从狭义的方式将爱理解为两性亲密关系，而是要从情感依恋这个角度去理解爱。爱作为承认的第一阶段，直观地表现了两个主体在情感上的相互依赖与相互需要，是一种基于独立性与依存性的本源情感关系。从人的原生关系中分析，爱是一种相互承认的过程，人与人之间也可能存在着一种强大的情感联系，就是主体在承认他者相对独立时，有着融入他者的能力，并在这种体验中感受到轻松自由的自我关系，霍耐特认为这就是黑格尔所说的"在他者身上的自我存在"①。主体间的爱形成了情感信赖的基本层面，构成了相互承认的一种形式，个体才有了"自信"的实践体验。爱代表着个体对他者的依赖性，同时这是建立在接受他者独立性的前提之上。但爱的关系只限于朋友、情侣、父母这种亲密关系，不能够涵盖基本的社会关系领域。

第二种承认形式是法律关系。爱代表着个体对他者的依赖性，建立在接受他者独立性的前提之上。爱能够涵盖基本的社会关系领域。从法律形式来理解现实中的个体，就需要思考自我应以哪种类型的方式被法律承认。劳动分工的社会角色是主体获得承认的规范性基础。而黑格尔所强调的法律规范的承认意涵，是建立在社会个体是自由平等的存在的基础上。黑格尔在法律的承认关系中，使主体成为一个道德自主自由和遵守法律自由的综合体，而这样的规范期待需要伦理体系中的普遍主义的论证原则。这种论证原则强调法律结构下的公民关系不依靠情感态度维系，而是一种影响个体行为的普遍结构。个体通过参与到公共意志的形成过程中，使得自己的行为被普遍化社会成员尊重与认可，这样个体就获得了"自尊"的体验。

第三种承认形式是团结关系。法律赋予了个体平等的权利，只说明了人之所以为人的共性，并不能使个人明确自己所拥有的特定的价值。这里霍耐特就提到了法律尊重与社会尊重的区别。法律承认方式是个人通过参与到公共意志形成过程中而获得一种自尊形式，这是普遍性对个体特殊性的一种认可。而社会尊重则是一种社会交往承认方式，这是一种普遍意志与个体权利的结合，所形成的是一个文化价值共同体内的相互承认形式。社会尊重需要考虑的是在整个社会范围内，具有主体统治

---

① [德]霍耐特：《为承认而斗争》，胡继华译，上海：上海人民出版社2005年版，第112页。

地位的伦理价值如何向个人选择的个体价值敞开。现代社会中，个体微弱的特性和能力其实不足以让社会普遍价值尊重与重视，因此群体力量就显得尤为重要。不同群体在相互冲突中，以社会普遍的价值目标为前提，努力将自己群体的价值提升并表现出来，他们越是成功地吸引到公众对他们特性价值的关注，他们就越有机会提高自己的社会价值。这样社会尊重的承认形式就通过个体与群体的同一性表现出来。群体中成员的互动形式就具有了"团结"的性质。即每个成员在群体中获得了其他成员对自身的尊重和承认①，成员在团结的群体中感受到了"自尊"。

霍耐特从肯定的方面阐发了承认作为人类特性的一部分，而历史上存在的蔑视经验则能促使个体反思自我理想与现实规范的差距，并将消极情感转化成为谋求自身获得承认而进行斗争的动力。在霍耐特看来，之前的社会学在研究社会运动与道德经验之间的联系上，都不同程度地存在忽视的现象，并将社会运动中的反抗动机归因为追求利益，不去思考背后的日常道德情感立场。霍耐特的目的就是要重建黑格尔与米德之间的理论本质范式，说明社会斗争与道德蔑视之间的联系。霍耐特认为从哲学传统来看，社会斗争的结果是将当事人从被侮辱的悲苦处境中解救出来，帮助他们建立一种全新的积极的自我关系。这就表明社会斗争的现实中存在个体的道德感受，似乎社会冲突与斗争最后都可以追溯到一种特定的道德体验。当然不可否认，历史上很多斗争从一开始是为了追求集体利益、保障经济上的生存而发动起来的，利益在很多情况下是个体的本质目的，与人们的经济地位和社会地位息息相关。霍耐特认为，人们得以再生产的条件包括两个方面：第一，个体意识到自身所处的社会环境、经济利益是否制约自身的发展；第二，个体的道德体验在人与人之间的互动关系中能否得到尊重。霍耐特从人格的完整性来理解社会斗争中的经济动因与道德体验的关系。社会斗争既可以看作是某个团体为获得扩张再生产机会的控制权、为获得经济利益所采取的集体行动，也可以看作是这个群体遭受了集体情感被忽视、蔑视而采取的冲突模式。按照霍耐特的理解，"这种道德体验的承认理论不是对经济利益解释社会

---

① Alex Honneth, *The Struggle for Recognition: the Moral Grammar of Social Conflicts*, Cambridge: Polity Press, 1995, p. 128.

斗争的替代，而是补充"①。至于是哪种理论在具体解释社会冲突时起主导作用，则要视具体情况而言。况且现在对社会冲突的理解局限在经济利益的争夺上，这也不一定是本源的动因，也可能是在承认和道德规范没有受到重视时被构造出来的。比如资产阶级革命，也可以被理解为资产阶级这一群体在法律诉求上感受到被人排挤的蔑视，这种群体性的道德体验使得他们提出了谋求经济利益与权利的口号。这样从承认理论的视角来理解社会冲突，会扩展或者矫正我们现在对社会斗争的理解模式。

霍耐特指出爱、法律和团结这三种承认形式构成了人类主体自我肯定的观念条件，对应了人格完整性的自信、自尊和自重三个组成部分。虽然三分法是现代社会分化的一种理解方式，不能够完全覆盖全部历史的社会解释方式，但霍耐特想要说明的是社会斗争的道德体验是在承认关系发展过程中被赋予的。从原始自然的情景中找到爱的主体间特征，又将社会关系中的法律所确定下的人们的权利与义务关系，置于价值共同体中去理解，霍耐特的承认理论探究人们背后可能存在着的一种古老的集体道德规范，自我的肯定与被蔑视的经验理解下的历史，就可以被看作是承认关系不断扩大的渐进过程。

如果说泰勒是对新社会运动下多元文化身份给予说明，那么霍耐特则从哲学规范意义上将承认理论视为社会斗争的一种内在动力，并且试图纠正以经济利益再分配的方式来解释阶级冲突的传统，这就使得承认作为道德规范是存在于人类历史进程中的，而不仅仅是当前多元文化的反映。

第三节 承认政治对再分配政治的挑战

当前正义范式出现了两种类型，一种是分配的范式，从物质利益的角度分析正义，以罗尔斯为代表的分配正义再次引起人们的关注；另一种是经过泰勒、霍耐特等人发展起来建立在多元文化背景下的承认范式。随着社会福利国家的衰落，在公民身份保障的基本生活权利在主要资本主义国家被削弱的时候，文化多元主义下的承认政治提上议程。在某种程度上，过去被认为是"社会的"问题现在越来越被看作是"文化的"

---

① [德] 霍耐特：《为承认而斗争》，胡继华译，上海：上海人民出版社2005年版，第172页。

问题，认同与承认的话题似乎取代了物质权益的问题。多元文化的政治背景对普遍单一性的分配正义也产生了不小的冲击，但承认政治是否能取代再分配政治，以及承认范式本身的问题也引起了学者的讨论。

一、多元正义对分配政治的影响

（一）基于公共理性的调和

罗尔斯在后期作品《政治自由主义》中，力图将政治正义与民主社会中的多元主义文化结合起来。文化的多元性在现代民主社会中丰富了国家公民的生存样式，只有重视他们文化维度的诉求，才能更好地维系民主政体。显然，文化多样性从深层次的角度立足于自己所属群体提出需要承认和包容的诉求，这本身就在公民个人所拥有的公民权利与政治权利之间形成一种分离倾向。如何平衡文化多元性与政治正义主张的普遍价值秩序之间的张力，罗尔斯试图通过"重叠共识"这一观念机制，依靠公共理性的力量来解决这一张力。

罗尔斯指出当前社会政治中存在着多种完备性正义观念，而这些观念之所以能够与人类个体的充分合理性相容，是因为政治关系的独特特征，即人们在政治结构中体现的是个人关系。政治权力是自由而平等的公民集体行使权力，其行使权力的合理性在于"只有当我们行使政治权力的实践符合宪法——我们可以理性地期许自由而平等的公民按照为他们的共同人类理性可以接受的原则和理想来认可该宪法的根本内容时，我们行使政治权力的实践才是充分合适的"[1]。这就意味着不同群体的人们虽然根据自己的宗教依据、哲学依据以及道德依据会有不同关于善与正义的理解，但是作为公民所具有的公共理性可以来自秩序良好社会中的正常而充分的正义感，因此重叠共识是现实而具体的。其形成包含两个阶段，第一阶段，形成宪法共识，即多元化的观念需要认可人们共同具有某些政治权利，如选举权、言论自由以及民主程序和立法程序等，人们可以在宪法共识的条约中进行民主平等的商讨；第二阶段，达成重叠共识。所有人出于自己所处的立场所认可的观念，在道德上是被人们所接受的，并可以为整体的社会结构与政治道德提供解释。这样正义的

---

[1] [美] 约翰·罗尔斯：《政治自由主义》，万俊人译，南京：译林出版社2011年版，第126页。

原则能够体现在人的品格中，表现在人们的公共生活中。重叠共识并不是建立在群体利益上的权威共识，也不是服从制度安排的共识。其制度框架的稳定性源于人们所具有的公共理性。

罗尔斯通过将"正当"和"善"分离，试图使各种价值受到公正的对待，区分了公共理性和非公共理性。他认为公共理性是共享平等公民身份的人都可能有的理性目标，它以实现公共善为首要目标。公共理性包含着三种品格：第一，具体规定了立宪民主政体中所熟悉的权利、自由和机会；第二，赋予这些权利自由机会以优先性；第三，确保所有公民能够利用这些机会表达他们各自非公共理性（来自不同团体、组织、家庭的价值文化）的善的观念。这就意味着作为政治共同体的公民是在基于公共理性的政治正义的框架中进行讨论的。每个人"都必须具有，且准备解释我们认为可以合乎理性地期待其他公民（他们也是自由而平等的）与我们一道认可的那些原则和指南的标准"①。至于为何能够这样期待，这是通过人们在原初状态下所可能同意的原则表达出来的，是必须在众多非公共理性中所形成的标准。这样才能够在立宪民主中平衡多种非公共理性，达成重叠共识。

可以看出，罗尔斯处理多元文化的价值诉求的理论基础来自人们道德本性具有的正义观念。尽管大家出自不同的文化背景、有着不同的正义诉求，通过形式与程序的合理设计，有可能使正义实现，即对社会的基本价值——自由、机会、收入、财富等进行合理公正的分配。但其平衡多元化的诉求依旧来自《正义论》中抽象的契约设定与对人的道德本性的"独断式"的认可。

（二）承认社会各领域的正义原则

沃尔泽拒绝这种通过抽象统合方式强加的"基本善"，他认为社会中并不存在某种统一的、对任何领域都适用的正义原则，"正义原则本身在形式上就是多元的；社会不同善应当基于不同的理由、依据不同的程序、通过不同的机构来分配；并且，所有这些不同都来自对社会诸善本身的不同理解——历史和文化特殊主义的必然产物"②。这就意味着正义

---

① ［美］约翰·罗尔斯：《政治自由主义》，万俊人译，南京：译林出版社2011年版，第209页。
② ［美］迈克尔·沃尔泽：《正义诸领域——为多元主义与平等一辩》，褚松燕译，南京：译林出版社2002年版，第4页。

不是根据罗尔斯差别原则以财富占有的这一单一平等倾向原则来对各领域进行分配，而是要求各领域有自身的自主分配原则。罗尔斯差别原则潜在的内涵是加强国家权力的作用，这样就会使得国家权力成为新的争夺目标，民主政体为制约政治权力而形成，但政治权力承担着对社会生活和经济生活再分配的任务，又占据着社会主导地位的善，这样势必就会形成权力的垄断，"政治总是统治的最直接方式，而政治权力（而非生产方式）可能是人类历史上最重要的，但无疑也是最危险的善"[①]。可以说福利国家后期行政权力的垄断与膨胀，是政治权力缺乏有效监督的一个重要表现。在这个意义上，沃尔泽认为既然平等并不是在于消除全部差别，而是消灭特定的一套差别，即消灭一些人以独占某种社会善为目的的支配性关系，那么政治平等主义要实现的就不是平等分配所有社会善物，而是能让每个人在对应的社会善领域中获得平等的权利。因为不同领域的群体掌握分配的自主性，就可以在某种意义上分散国家行为的垄断性，从而使社会善的分配成为一种复合平等。在沃尔泽看来，人类社会历史中总是会有必不可少的社会善，如血统、出身等，但现在平等问题的讨论不能局限于阶级社会中因身份地位差异带来的不平等，而应关注这一问题：某些人掌握和控制了一些基本社会善物如政治权力、福利待遇等，从而对另一些人实施了某些不当行为。平等的意义在于不受支配。复合平等并不是使每个人无差别地占有"社会善"，而是主张维持差别。每个具体领域的分配都不可能做到其设置标准的绝对公平，只需要人们涉及不同的社会领域，不让一个社会领域中的优势转化为其他领域的优势，形成有得有失、动态平等的复合平等状态。

沃尔泽复合平等下的正义原则具有三个特点。第一，强调社会物品分配标准的差别性，在道德世界和物质世界不存在一个具有普遍性的分配正义原则，不同的社会善应该由不同的主体依照不同领域的程序来加以分配。正义取决于社会意义，即使一个社会在所有领域中的分配是不平等的，但整体上社会的分配可以达到平等。第二，突出各个领域社会善的界限。既然每个领域都有自己的分配标准，那么善的力量就要限制在其领域之内，反对支配性的善通过一种"社会炼金术而转换成另

[①] [美] 迈克尔·沃尔泽：《正义诸领域——为多元主义与平等一辩》，褚松燕译，南京：译林出版社2011年版，第17页。

一种善"①。第三，潜在的尊严平等诉求。反对一种支配性善对其他领域的渗透，实际上表现的是对某些人支配另一些人的不满，政治平等主义的目标是不受支配的社会，在每个社会领域中人人都有充分的尊严与自尊。"相互尊重和一种达成共识的自尊是复合平等的深层力量，而它们二者合在一起则是复合平等可能的耐久性的源泉②"。

沃尔泽承认社会各个领域存在着善的可能，并希望限制各个领域社会善的界限，防止渗透，表达了对权力支配的不满以及对尊严平等的肯定。他不同于罗尔斯从抽象的原初状态中寻求一种公共理性（善），而是侧重于从社会历史的层面进行分析，驳斥了以罗尔斯为代表的抽象的、唯一普遍性的正义原则，因为社会文化多元性意味着分配领域的多元。

（三）从人类关系出发的多元正义原则

沃尔泽对社会物品的应用原则的观点呈现出正义原则多元性的取向，在戴维·米勒看来，这是因为社会物品纷繁复杂，又容易受到主体价值观的影响，同时他也反对罗尔斯意义上的基本善，认为罗尔斯的善只看到了这些善的工具价值，还应该要看到这些物品的社会价值。因此他将社会物品划归为三种人类关系样式：团结性社群、工具性联合体和公民身份。从人类存在的不同的关系入手来提出正义要求。

团结性社群主要是指基于相互理解、相互信任或相互熟识的以血缘关系、亲戚关系、民族认同等形成的较为稳定的社会共同体。在这种关系下，实质性的正义原则是按需分配。这是根据每个人被期望其能力满足别人的需要并作出相应贡献来决定的。团结性社群作为建立在相互信赖、共同兴趣爱好基础上的人类形式，具有稳定性和超功利性的特征，在基于成员之间充分信任的前提下进行按需分配，可以根据人们需要的差异、个体特殊性和情景的多变性实现资源分配。

工具性联合是指人们以功利的方式联系在一起。在为了功效目的而合作的人群之间，其正义原则是根据"应得"分配。"一个人的应得是由他或她所属的联合体的目标和目的所确定的；后者提供了使相应的贡

---

① ［美］迈克尔·沃尔泽：《正义诸领域——为多元主义与平等一辩》，褚松燕译，南京：译林出版社2011年版，第12页。

② ［美］迈克尔·沃尔泽：《正义诸领域——为多元主义与平等一辩》，褚松燕译，南京：译林出版社2011年版，第428页。

献得到评判的衡量尺度。"① 但这一评判尺度比较抽象,在具体工具性联合体中贯穿正义原则可能会存在着以下困难:第一,生产的互补性,个体作为团队一分子参与到协作中,对个体的贡献很难进行评估;第二,需要在采用等级化的位置结构中以对应的地位付给工资和报酬,这就涉及特定的位置是否能在恰当的水准上得到应得的报酬;第三,联合体的目的存在分歧,即对应得的评价有含混性,增加了不确定性。考虑到这些因素,米勒认为要从贡献、努力、补偿这几个要素出发去实现应得原则,进行精英化的管理。即在这样的一个社会,个体是否能获得有利的地位以及相应的报酬机会完全取决于个人的才能和努力,"在这样的社会中不同人们的生活机会的不平等依然存在,但社会制度被设计成保证有利地位是根据个人品质分配的,而不是随机地分配的,或者根据诸如种族或性别这样可归属的特征、或者根据掌权者的策略而分配的"②。

第三种联合模式的依据是公民身份。现代自由民主体制下,政治社会成员不仅通过社群和功利性目的联合起来,而且还是承担着一定权利和义务的社会公民,这种身份是通过法律正式规定的。在这种关系下,正义的首要分配原则是平等,即每个人都享有同等的自由和权利,这种平等并不是一种绝对的平等,而是有条件、有层次包含差别的平等,在不同的历史境遇中平等的目标都是明确的。这包含着分配性的平等意涵,以及理想性的含义,是"一个不把人们放到诸如阶级这样等级化地排列的范畴中去的社会理想"③。这意味着文化多元性的平等不能单以民族、种族特征为排列诉求,真正的平等是去除这些标签化的特征,是作为社会联合体的公民身份资格的平等。

米勒的三条社会正义原则并不孤立地适用于某一特定领域,而是相互交叉、相互渗透的,是需要根据人们处于什么样的社会情景中、采用什么样的联合模式进行选择的,如某一原则需要被用于工具性联合和公民身份等,这就要根据社会情境进行选择。社会情境被认为是"一个与个体直接联系着的社会环境,也即与个体心理相关的全部社会事实的一

---

① [英]戴维·米勒:《社会正义原则》,应奇译,南京:江苏人民出版社2001年版,第29页。
② [英]戴维·米勒:《社会正义原则》,应奇译,南京:江苏人民出版社2001年版,第197页。
③ [英]戴维·米勒:《社会正义原则》,应奇译,南京:江苏人民出版社2001年版,第259页。

种组织状态"①。伴随着社会变迁与关系的复杂化,人们身处不同的社会情境,对周边社会关系的角色期待也就不同,因此米勒的多元正义原则正是从人类关系的特殊性出发而得出的,这就形成了"一个全面性的正义视域。即所有的社会基本善(包括社会职位、地位以及相应的权利)都要平等的分配"②,拓展了普遍性的分配正义的内涵。

(四)霍耐特承认理论的多元正义构想

米勒的多元正义视角的出发点来自人类关系的具体情境,霍耐特的承认政治则将人的实践关系概括为承认的规范,即将为再分配而进行的斗争看作是承认斗争的一种特殊形式。在揭示了社会不公正体验是用拒绝承认来衡量之后,霍耐特勾画了三个承认领域即爱、法权、贡献,形成了需要原则、平等原则、贡献原则共三个承认原则。从这一点可以看出霍耐特与米勒构想正义出发点的一致性:霍耐特基于批判理论寻求的正义概念呈现一种多元的形态,在基于承认规范的基础上进行制度化考量,即将"社会承认关系质量构成社会正义构想的立足点"③。

霍耐特基于社会存在论和道德心理学的程度,通过聚焦承认关系的规范性质量,建构了社会成员在人格承认层面实现平等的可能性理论框架。他认为只有从道德心理学角度,才能解释主体对个人身份发展稳定的承认模式,从主体所建立的自我关系来建立起承认的正义理论。承认与参与平等的一致性在于"当所有主体对于理解他们的生活目标有并非不合理的缺陷和有着最大可能的自由的社会前提的时候,发展和实现个人自治在一个确定的意义上是唯一可能的"④。参与平等原则的背后是社会成员被平等地包容的承认关系网络,这说明平等原则是一个以道德优先的承认秩序,这就被霍耐特看作是建构正义概念的合法出发点。承认理论需要服务于道德动机的深层冲突。社会批判理论往往从社会不公正与错误承认出发,但没有注意到社会现实本身就会引发社会冲突,这是来自人们道德的一系列的承认期望,相互承认的形式本身在社会现实中

---

① 张秀:《多元正义与价值认同》,上海:上海人民出版社2011年版,第129页。
② 龚群:《自由主义与社群主义的比较研究》,北京:人民出版社2014年版,第16页。
③ 王凤才:《蔑视与反抗:霍耐特承认理论与法兰克福学派批判理论的"政治伦理转向"》,重庆:重庆出版社2008年版,第229页。
④ [德]霍耐特、[美]弗雷泽:《再分配,还是承认?一个政治哲学对话》,周穗明译,上海:上海人民出版社2009年版,第198页。

就是制度化的，只要出现不符合内在结构的期望，就会引发为承认而进行的斗争。因此，首先需要将社会道德秩序看作是承认的脆弱结构，然后再说明承认秩序所引出的蔑视的道德体验。因此霍耐特的目的是指出资本主义社会已经形成的承认的制度化分区，人们内心所诉求的社会斗争的规范在历史上已经通过承认秩序原则所确立。

霍耐特反对将承认只限制在文化的少数群体、仅从文化角度来理解当前的社会冲突。他指出当前少数族群的文化冲突用于在道德上动员政治反抗，这种公共性只不过是大众传媒所建构的话语形态，社会少数族群的身份政治，是通过他们所具有的共同历史、语言和感情在文化上整合的共同体来解释其文化身份遭到的社会歧视。但深入分析就可以发现，以文化群体的名义构成的承认诉求，具有隐蔽的个人主义特性。这种诉求认为，个体成员感受到不公正的待遇是因为社会歧视阻碍了他们使用普世的基本的权利，因此身份政治诉求依然是在争取平等的法律对待的规范框架内。

一种正义的承认概念的核心功能在于对社会道德的重新评估，并不断地将个人权利沿着促进社会整合的方向扩展。霍耐特进一步强调在社会承认关系内部，道德进步是沿着个体化与社会化两个维度实现的，这意味着不仅需要在法律关系上进行不断的批判，而且对不同的承认领域之间的固定界限也要进行反思性检验。这样霍耐特就形成了以承认为一元规范的多元正义理论，用承认秩序来解释经济领域中的再分配与文化领域的承认问题。

二、承认政治是否替代了再分配政治

霍耐特将再分配不公平的原因归结到人们的错误承认，这是一种"承认一元正义"，这实际是对传统马克思主义以经济利益为研究范式的一种转变，"霍耐特已经不单单局限于经济制度的解释，而是对心理、文化、法律和社会运动都给予了敏锐的学术关注度"[①]。但弗雷泽认为霍耐特太过强调承认的重要性，弗雷泽主张要回归到对经济基础的考察，整合社会领域内的再分配范式与文化领域内的承认范式。她从以下几个方面质疑了霍耐特的承认理论。

---

① Jeffrey C. Alexander and Maira Pia Lara, "Honneth's New Critical Theory of Recognition", *New Left Review*, Nov-Dic (220), 1996, pp. 126–136.

首先，整合经济领域的再分配范式与文化领域的承认范式。弗雷泽与霍耐特都反对将承认简化为分配的附庸，他们都"渴望建立资本主义总体性理论，致力于构建一个在规范化整合道德哲学、社会理论的政治分析"。① 在如何整合二者上，霍耐特与弗雷泽有分歧：霍耐特认为社会正义"出现了从'再分配'概念到'承认'概念的转向"②，强调再分配归根到底是一种通过分配资源使个体的独立平等权利得到承认的派生物，是需要依附于承认构想的道德范畴。弗雷泽则指出霍耐特的承认理论是建立在黑格尔哲学上的一种强调主体之间理想的相互关系，对主体性是建构性的。从政治哲学背景来看承认和再分配是不可化约的正义维度，如果从承认政治的维度去统摄再分配，就会使得当前因迅速扩张的资本主义造成的经济不平等、两极分化问题逐渐被边缘化，削弱再分配斗争；如果从再分配维度去统摄承认政治，就会形成忽略群体差异的普遍主义同一性。虽然分配政治的不公正根植于社会经济结构，纠正不公正就需要经济结构的调整，而承认政治的不公正根植于表述、解释和沟通，纠正不公正需要重新评价被蔑视的身份，但不管从再分配或者是承认角度，都可以对社会历史结构性的不公正给予说明。阶级结构中的分配不公，可以看作是经济结构所决定的，也可以看作是工人阶级遭受了"潜藏的阶级侮辱"，这是基于两种不同的对制度的解释方式，一种是政治经济结构，另一种是制度化的文化价值模式。同样一些歧视，是由于身份制度构成了经济不公正，改变承认关系以及分配不公就可以消灭对这些群体的歧视。

因此阶级与身份并不是一种对立关系，弗雷泽指出当前社会的文化呈现出一种交错重叠的身份特性，由血缘控制的单一社会身份结构已经消失了，但由于一些不公正的经济安排以及不公平的制度化文化价值模式，存在一些人无法平等参与资源使用以及平等彰显自己社会身份，这些人会积极地参与到为承认而斗争的政治话语中。"身份代表了一种源于制度化的文化价值模式的主体间服从地位秩序，这一价值模式把一些社会成员构成为社会相互作用中更不完整的伙伴。阶级也不是一种源于生

---

① [德]霍耐特、[美]弗雷泽：《再分配，还是承认？一个政治哲学对话》，周穗明译，上海：上海人民出版社2009年版，第8页。
② Honneth："Integrity and Disrespect: principles of a Conception of Morality Based on the Theory of Recognition", in *Political Theory*, 1992, Vol. 20, No. 2.

产方式的关系，而是一种源于经济安排的客观的服从地位，这否定一些参与者需要参与平等的那些方式和资源。"① 人们往往将错误承认对应于身份政治，而将再分配对应于阶级斗争，但事实上，身份范式不公正可以是错误承认，但它也涉及分配不公，阶级的等级是分配不公所造成的，但也伴随着错误承认。我们当前的社会形成了经济领域与文化秩序领域区别对待的态度，市场地位并不规定社会地位，而是部分地影响文化价值模式，分配的经济维度与文化所代表的声望存在着相互重叠的方面，单一维度去理解文化或者经济都不能理解当前社会。现在公民身份从单一身份结构到进入现代化的主要原因有三个方面。（1）市场化。当个人将自己利益最大化的时候，自己所秉持的文化价值就可能会跟规范化的价值模式形成冲突，但这不意味着身份意义服从于地位等级。（2）多元主义的公民社会出现。公民社会形成了一个广阔的非市场化制度——法律、政治、文化、教育等，每个制度领域都有自主权、存在着相互作用并受文化价值控制。（3）现代技术的异军突起。这形成了跨文化领域，加速文化混杂的过程。因此学者不能将再分配和承认看作是附属于两个不同的社会领域的范畴，认为它们互相渗透，而应该将它们看作是两种观点分析的范式，用承认的观点去辨识被看作再分配的文化维度，用再分配的观点关注承认问题的经济维度，这样才能把握再分配与承认在概念上的不可简化性、经验上的分析以及实践上的纠缠。

其次，理解承认中的正义与再分配中的正义。霍耐特立足于"好生活"的伦理概念，从个体完整性的自我认同出发，指出现代社会存在着爱、法律和团结三种承认形式，这三种承认形式构成正义的基本规范，每种承认诉求都被证明是通往好生活的手段，"因为，三种承认形式相继提供了基本的自信、自尊和自重，有了它们，一个人才能无条件地把自己看作独立的个体存在，认同他或她的目标和理想"②。因此错误承认给个体所带来的蔑视伤害成为个体获得"好生活"的主体能力的阻碍。

而弗雷泽则认为承认是文化问题，错误承认所反对的是整个制度化的文化价值模式，因此既成的价值模式阻碍人作为同等的人参与社会生

① [德]霍耐特、[美]弗雷泽：《再分配，还是承认？一个政治哲学对话》，周穗明译，上海：上海人民出版社2009年版，第39页。
② [德]霍耐特：《为承认而斗争》，胡继华译，上海：上海人民出版社2005年版，第175页。

活,人们因此反对错误承认和身份服从关系。弗雷泽认为从正义角度来解释身份模式具有四个优点。第一,"身份模式准许人们把承认诉求证明为现代价值多元主义条件下的道德凝聚剂"[①],在接受主体自由是现代性特征的同时,身份模式不诉求自我实现的概念,而诉求各种对自我实现有分歧的人都可以接受的正义概念,即参与平等,这保证了多元主义条件下所有人都能具有同一规范性。第二,身份模式下将错误承认看作是对社会关系中所要求的身份服从关系的一种反对。这能够避免霍耐特从心理学角度阐释主体间性比较弱的道德规范,"一个其制度化的规范阻碍参与平等的社会,在道德上是没有辩护余地的,不管它们歪曲被压迫者的主体性与否"[②]。第三,身份模式也避免所有人都要求获得平等尊重的缺点,它所体现的是每个人都具有在机会平等的公平条件下追求社会尊重的平等权利。第四,在身份模式被理解为由于正义的侵害而产生的错误承认时,才能与分配正义结合起来,而从自我实现理解下的身份模式则很难进行概念整合。但现在在整合分配与承认这两个维度上,理论家都不能完全地包容对方,弗雷泽认为"正义理论必须达成对文化价值模式的超越,去检验资本主义的结构"[③]。要寻找更广泛的覆盖性结构即参与平等,需要满足物质资源的分配,确保参与者的独立性与发言权,建立制度化的文化价值模式,对所有参与者表达同等尊重。

这样弗雷泽指出承认应该被看作一种文化的话题,因为当我们熟悉身份制度中占据有利与普遍地位的群体话语时,就会弱化贬低承认的独特性,正义不应该是在再分配和承认之间的选择问题,而是需要兼顾这两个维度,通过民主商谈的公共交流,才能达成参与平等的主体间条件。

再次,霍耐特的承认规范的一元特征缺乏批判力度。面对霍耐特承认规范的一元阐述,弗雷泽认为霍耐特将承认的范畴过分扩展到一般社会所形成的基本机构,从而丧失了批判力量。她从批判理论如何承担经

---

① [德]霍耐特、[美]弗雷泽:《再分配,还是承认?一个政治哲学对话》,周穗明译,上海:上海人民出版社2009年版,第24页。
② [德]霍耐特、[美]弗雷泽:《再分配,还是承认?一个政治哲学对话》,周穗明译,上海:上海人民出版社2009年版,第25页。
③ [德]霍耐特、[美]弗雷泽:《再分配,还是承认?一个政治哲学对话》,周穗明译,上海:上海人民出版社2009年版,第27页。

验世界的立足点与批判态度、后福特主义下的文化显著位置在批判理论的作用，以及规范标准等问题进一步指出，霍耐特的承认理论缺乏一种应对时代危机的批判感。

虽然弗雷泽对霍耐特承认规范展开了一定的批判，但她阐述的再分配原则聚焦一定的社会协商方式，承认规范与再分配原则在某种意义上是相互补充的。

第一，关于批判理论的经验参照点。弗雷泽指出二人都同意在经验中寻求规范与现实之间的张力，即现实内在性与如何超越的问题。霍耐特侧重于从道德心理作为出发点，指出"保护身份承认的驱动力，代表着所有道德经验的核心和所有规范性的深层逻辑"[①]。但这样的话，其实就已经预设了社会背景下存在这种不公正，将研究的中心点远离社会，转向了自我感受，过分强调个人化的受伤害感。霍耐特对日常经验的这种描述，很大程度上是由于公众诉求所形成的习惯，将已经形成的话语习惯看作是前政治经验，这是存在问题的。而且霍耐特认为主观动机的道德心理学问题优先于其他社会解释和规范，这证明了，一旦确立了心理学中道德蔑视经验，政治诉求的霸权逻辑、不公正制度化的适合进程、服从关系的模式就都服务于承认模式了。承认始终是人类学中唯一的道德范畴，这反而终结了内在的超越性，况且承认没有对政治文化提出一种强势观点，反而转向反思认可当前制度的作用。

弗雷泽的方法是"去中心的社会批判话语"，并不是寻求反映任何社会主体的话语，而是聚焦于社会论争和商谈的霸权语法。社会参与者可以在任何领域中评估社会安排的道德逻辑是否充分有效。从社会理论而言，再分配和承认构成社会整体所需要的社会完整性和社会服从关系，同时也揭示出二者的纠缠。另外从道德哲学看，分配和承认构成正义分析不可或缺的维度，需要整合在支配性道德结构内的政治文化。弗雷泽与霍耐特在方法上是不同的，前者力图从经验到话语，强调批判理论多中心和多样化，从正义的民间范式中寻求激进化与变革的维度，从而促进社会结构的变化，而后者则是从哲学基础主义出发，立足于承认的基础结构，以道德心理学制约社会理论和道德哲学，忽略了文化上身份不公正的社会理论和道德哲学的批判审视。

---

① ［德］霍耐特、［美］弗雷泽：《再分配，还是承认？一个政治哲学对话》，周穗明译，上海：上海人民出版社2009年版，第154页。

第二，文化在资本主义的地位。霍耐特与弗雷泽的承认是将资本主义中文化的社会重要性和道德意义概念化。霍耐特是将社会期望置于一个被制度化的社会中来剖析社会的承认秩序。在爱的领域中，承认是被个体独特需要所支配；法律领域中，承认被个体自主性的平等尊重原则支配，为实现社会团结，承认需要被成就所支配。霍耐特进而认为资本主义社会所有的服从关系都根源于文化上植根的身份等级，期望通过文化变化来矫正这些不公正的现象。

弗雷泽指出，承认作为社会唯一的秩序，是一个不合理的整合方式，而且它忽视了市场的经济逻辑与承认的文化逻辑的相互作用。市场机制所引起的变化，可能会绕过承认机制，直接反映出身份等级，但承认机制却很难反映出产生阶级关系的机制。另外，在具体分析资本主义劳动市场时，不能仅用成就原则来分析，还应涉及政治经济因素、劳动与资本的因素、意识形态对工资比率的影响等，承认一元论对这些制度机制缺乏判断力。霍耐特夸大了承认在资本主义社会的作用，赋予了承认基础的价值规范作用，使资本主义关于经济与文化的分析聚焦于道德整合。弗雷泽认为包含承认和分配的二维结构，是对资本主义社会中阶级分层的服从关系秩序最好的表述，承认和再分配相互影响、互相渗透，"已制度化的价值模式继续充斥于市场化的相互作用关系，即使它们不直接地支配后者；而工具的思考继续遍布受价值控制的舞台，即使它们并不享有放手干的权利"①，因此承认和再分配不是在现实中设立鸿沟，而恰好是分析制度化的文化价值与资本主义经济动力的相互影响。承认与分配的维度所关心的身份平等是作为整体的身份秩序，并非霍耐特讨论的身份形成的最初条件。在这些复杂文化下所存在的单一道德规则就是参与平等原则。

因此霍耐特立足于心理学的承认维度，并不能反映当前资本主义社会的问题，弗雷泽依据身份服从关系问题，意识到"资本主义社会将制度整合的市场秩序与价值调控的社会秩序区别开来"②。

第三，应对全球化挑战，寻求批判理论的公正性的正义确定理论。

---

① ［德］霍耐特、［美］弗雷泽：《再分配，还是承认？一个政治哲学对话》，周穗明译，上海：上海人民出版社2009年版，第166页。
② ［德］霍耐特、［美］弗雷泽：《再分配，还是承认？一个政治哲学对话》，周穗明译，上海：上海人民出版社2009年版，第169页。

霍耐特与弗雷泽都注重说明承认范畴的平等的道德价值与正义需求，但是弗雷泽指出霍耐特将正义理论置于人类繁荣概念——原初身份所具有的社会条件——之内，认为正义"需要给个人提供好生活所需要的关怀、尊重和崇敬的一种承认秩序"①，并认为承认的这三个维度穷尽了正义的全部意义。而且霍耐特只能将其规范范畴解释为纯粹的形式，这样就会缺乏裁决现实冲突的充分确定性。比如成就原则，如果其成为评估劳动的社会价值的伦理观，那么如何对每个人的社会贡献进行评判，霍耐特对此缺乏实质性的尺度。关怀原则在评判的争执中也缺乏实际内容。平等尊敬的承认原则不可能平等公正地评判一个群体体验的尊严或侮辱。而且在三个原则领域的相互影响中，又不存在优先的排列顺序，也会存在冲突。总之霍耐特从好的生活理论中引出的正义的承认理论，是一个空洞的形式主义伦理出发点，只能造成一种道德虚无。

弗雷泽要将平等自主与好生活联系起来，就需要多元性相容的正义理论来丰富道德的实质，其核心原则就是参与平等，主张"为了尊重他人的平等自主和道德价值，人民必须使他们与社会相互关系中完整伙伴的身份相一致"②。这个原则是一种激进民主的解释，可以移除社会参与的经济障碍，为再分配诉求提供标准，也可以拆解已制度化的文化障碍，对以道德实质裁定正义的承认和分配维度的冲突性诉求，这一原则能够提供合理解释。参与平等正义理论超越了霍耐特所支持的强"目的论自由主义"和弱"程序自由主义"。作为道德哲学的规范所强调的是强道义论的自由主义，即从概念上体现平等尊重的道德价值的规范有效性；在历史上也体现为参与平等权利扩大，包括宗教自由和法律平等，以及现在公民社会所争取的意义。参与平等的正义诉求使得参与者以自己的方式为自己做决定，通过辩论的多样性与话语的充分诉求来改变原有舞台。

这样弗雷泽将霍耐特的承认一元正义原则扩展为"再分配—承认—参与平等"的三维正义诉求，对霍耐特的承认正义进行了补充。虽然弗雷泽的这种补充也存在争议，但确实指出了霍耐特承认理论转向了探讨

---

① ［德］霍耐特、［美］弗雷泽：《再分配，还是承认？一个政治哲学对话》，周穗明译，上海：上海人民出版社2009年版，第171页。
② ［德］霍耐特、［美］弗雷泽：《再分配，还是承认？一个政治哲学对话》，周穗明译，上海：上海人民出版社2009年版，第175页。

现实本身运转机制的"右"① 的方法。批判理论从对现实的强批判维度"退"到了建立社会期望的规范维度,因此在一些学者看来,霍耐特的承认规范具有伦理的独白特征。

三、对基于人格完整的承认秩序的质疑

尽管霍耐特从追求当前社会的规范诉求上来回应弗雷泽的三元正义,但是建立在人格完整性上寻求自我实现的规范术语,并不适用于现实的政治冲突,只适用于道德伦理的自我阐释。

一些学者对霍耐特承认理论只侧重于心理学的维度提出了质疑。瑞那特·皮拉皮尔(Renante D. Pilapil)指出,霍耐特的承认理论有助于自我形成,但却引发了心理主义的担忧,心理学的任意性并不能促使主体在相互承认之中回答"我是谁"这样的本体论问题,承认的目的在于保护主体的身份免受社会结构的威胁。为了获得完整的个人身份,需要一种可以支持普遍的、历史的以及永久性特征的人格(personhood)概念来充实承认理论。以人格作为规范性特征的基础,可以确定个人作为好社会成员的道德状态,也就为有意义的和负责任的自由提供条件。② 艾卡西莫(Heikki Ikäheimo)也认为霍耐特将社会好生活的自我关系归结为心理问题是片面的,并没有理由认为只有心理伤害能产生人们参与斗争的动机,人作为社会合作的一分子不仅在于个体的价值维度,而且也在于需要被社会承认的维度,个体要因他人的承认而心存感谢,因为他人的承认肯定了自己的能力③。

也有一些学者进一步指出霍耐特承认理论的批判向度的弱化。德兰蒂认为霍耐特没有对承认期望本身做出合法证明与概念区分,三个领域的承认只是从经验层面说明个体在具体道德冲突下的情况,主体间承认

---

① 王才勇指出在批判资本主义现代化进程中,思想领域就存在左右之分。左翼是从某一既定理想原则出发,可能会无视现实本身的机制,主张用人的力量将"好生活"的规范注入现实生活中,以期改变现实;而右翼则是从维护现存机制出发,力图从顺应世界的变化机制的规定,来塑造一个"好生活"。详细内容参见王才勇:《承认还是再分配——从霍耐特到弗雷泽》,载《马克思主义与现实》,2009 年第 4 期。显然霍耐特的承认理论,是在分析社会形成时候的承认机制与规范,从现存社会的结构来寻找内在的批判性。

② Renante D. Pilapil, "From Psychologism to Personhood: Honneth, Recognition, and the Making of Persons", *Res Publica*, Vol. 18, 2012, pp. 39 – 51.

③ Heikki Ikäheimo, "A Vital Human Need: Recognition as Inclusion in Personhood", *European Journal of Political Theory*, Vol. 8, No. 1, 2009, pp. 32 – 39.

并没有包含制度性实在的承认。霍耐特的承认理论没有从根本上批判现代性,只关注于个人自主的启蒙,对当前资本主义中的极权主义和殖民主义保持沉默。① 劳伦斯·维尔特(Laurence Wilde)指出霍耐特以承认作为基本规范的手段,并没有使人们向社会团结的目标靠近。霍耐特只指出文化转型可以满足团结扩大关系的需求,却没有具体指出究竟是什么形式的文化转型,甚至回避了人类的团结是否符合资本主义的问题。因为这种问题不再是理论问题,而是关乎社会的未来,显然霍耐特用一种抽象的道德理论来为社会运动做出评价。②

需要指出的是霍耐特"为承认而斗争"的社会理论确实可以为政治社会运动提供一种个体蔑视经验的阐述,并提供一个规范性的模型,但是在更进一步从政治哲学的维度指出"承认"在政治体制与机构中的具体作用时,霍耐特则退缩了,这成为学者批判的主要原因。德兰蒂和雷诺认为,要发挥承认伦理的政治批判性潜能,就需要回到黑格尔成熟期的理论中去寻找支持。

德兰蒂和雷诺指出,首先,以承认为诉求的政治行动的动机,确实与社会成员受到社会不公正待遇而引发的心理因素有关,但这不能作为规范的基础,而是可以用来衡量规范性框架在政治性行动动机的水平,即从政治行动的规范性来衡量出什么是不可承受的经验。第二,个人或社会团体在社会交往中受到蔑视与侵害时,是通过为承认而斗争确立起自己悲愤的体验,因为要求其他团体必须注意到他们是被否定的群体。而这样通过积极的政治行动所引发的反对蔑视侵犯的做法,对应的是一种更为平等公正的分配诉求。也就是说当个人和团体反对社会的蔑视,他们不只是反对个人或团体否认群体的自我认可,他们自身的行动方式或多或少被一种规范的动态所驱动,"这是一种旨在为所有人提供自信、自尊和自尊的社会秩序"③。因此,社会运动的规范性目标是一种动态的阐述,并不是以承认作为规范所达到的某种明确的目标。一场社会运动阐释了对其规范和目标的某种自我反省,以及对反对者和支持者进行了

---

① Jean-Philippe Deranty, "Injustice, Violence and Struggle: The Critical Potential of Axel Honneth's Theory of Recognition", *Critical Horizons*, 2004, Vol. 5. pp. 313 – 317.

② Laurence Wilde, "A 'Radical Humanist' Approach to The Concept of Solidarity", *Political Studies*, Vol. 52, 2004, p. 166.

③ Jean-Philippe Deranty and Emmanuel Renault, "Politicizing Honneth's Ethics of Recognition", *Thesis Eleven*, Number 88, February 2007, p. 98.

刻画。政治话语就需要从规范的角度去判断这种自我反思的结果。承认理论的任务就体现在这两点：区分政治行动规范性问题与政治行动的手段和目标；以政治规范本身的立场判断并提出这些政治目标的诉求，而非从一种外在道德观的角度。

什么是以承认为诉求的政治行动的规范问题？德兰蒂和雷诺从黑格尔那里选择了自由作为承认的规范性意义。黑格尔所论述的为承认而斗争使用的原初概念并不是认同，而是自由。纯粹的承认概念包含着自由自主意识如何可能，而个人自主只有通过相互承认才能得以确立承认。自由在黑格尔那里，仅仅是他三段论的一种循环，即在早先黑格尔所遵循的辩证法中，作为否定的力量和自我决定的力量的第三个时刻是真正自由自主的时刻。在精神现象学中，意志自由是纯粹承认的概念，自由自主的特征只有通过转化成一个相互否定或者自我否定的过程才能得以实现。严格地说，个人想要在承认斗争中所承认的，与其说是他们的积极身份，不如说是他们作为否定的身份、他们自由地表达自己的身份。承认被称为正确的自我赋权，被当作自我创造和自我实现，没有将固定的身份特征作为目的。德兰蒂和雷诺还指出选择自由作为承认的规范意义的理由在于两个方面[①]。

第一，自由的引进能够更好地丰富承认理论，即承认逻辑中所规定的规范不同于古典正义理论的标准或原则，有关正义的政治的定义必须超越伦理上的好生活，因为政治是扎根于现实主体多元化的差别之中，理论上需要反映这种差异，这才是霍耐特原初的理念，只不过霍耐特依据规范性道德心理学而不是诉诸自由理论的自我实现。事实上，对自我的三重实践关系定义了完整性或个人身份的结构，是自由关系而非道德关系提供了社会批判规范的基础。受到蔑视的群体参与承认斗争，这是为了维护他们自身的自主权，他们有权通过与外界施加的角色进行协商来确定自己的身份。个人身份被定义为完整和自主性，在结构上是政治性的，因为它涉及自我的普遍主义。因此，为承认而斗争是来自于他们维护真正自主能力的需求。

第二，自由的概念有利于将社会批判层面和社会解放的内涵联系起来。自由或者自主作为规范原则是来自当前社会制度与现实社会中出现

[①] Jean-Philippe Deranty and Emmanuel Renault, "Politicizing Honneth's Ethics of Recognition", in Thesis Eleven, Number 88, February 2007, p. 98.

的与正义相断裂的社会解释。建立在社会公认的自由定义基础上的正义理论，可以作为检验社会批判理论具有现实性的一个工具。自由可以解释非正义的社会体验，这不仅限于特定的社会或主观期望，也不只是解释特定的善概念，也可以作为可行的某种行为规范期望。此外，自由可以解释当代社会病理形式的异化，即自我实现的主观条件的完整性是否受到威胁或破坏。虽然根植于道德或合法性的正义理论可以检测物质资源和消费产品是否分配不平等，但不能将其作为一种分析当代社会排斥、歧视现象的概念工具。以自由作为承认的规范分析，就能更好地理解被侵害的群体寻求承认是来自克服异化、追求自我实现的个人自主能力，这不能仅仅依靠主体间的相互依赖，更要诉诸政治机制的改变与解决。

德兰蒂和雷诺以黑格尔的自由作为承认的规范意义，以期克服承认理论与社会政治现实脱节的独白特征。从克服承认理论伦理独白特征这个意义上讲，霍耐特也试图走向关于承认规范的斗争，这并不是争取承认某个社会群体合法身份诉求的斗争，而是通过改变对承认规范本身的关注，将这种主体间承认规范斗争与个体争取改变其被统治方式的斗争联系起来，承认已然不能仅仅从道德哲学与心理学上汲取规范基础，而是应该走向社会领域，关注人的现实生存条件。霍耐特从黑格尔的伦理学说汲取了现代自由的功能化特征，开始从承认走向对作为正义核心问题的自由的探讨。

第二章 社会自由的理论内容：
霍耐特对黑格尔法哲学的扬弃

与德兰蒂、雷诺试图从黑格尔成熟的著作《精神现象学》中寻求自由的理论来源不同，霍耐特更看重黑格尔在《法哲学原理》中的伦理学说，"黑格尔的伦理学说形成一个哲学的源泉，它始终如一地含有一种工具，使我们能从概念上厘清我们既为之实践也高度珍视的自由的不同形式"①。之所以选择黑格尔的《法哲学原理》，是因为霍耐特看到了当前政治哲学中人们普遍地从康德传统中的理性法来寻求现实社会正义的理论资源，这种康德主义的正义论构思的主要特点是设计一套寄托于人们理性的独立的正义原则，然后再应用到社会现实中去，并没有考虑社会现实本身可能具有关于正义规范的独立结构。前面我们看到泰勒、沃尔泽、戴维·米勒等人试图将伦理置于形式主义的道德原则之上，拒绝普遍主义的正义原则，但在霍耐特看来，这些人并没有注意到黑格尔法哲学的主要内容，尽可能地与黑格尔政治哲学保持距离。另外就黑格尔法哲学文本来说，依然还存在着左派黑格尔和右派黑格尔的分裂，而且对于法哲学文本的理解存在两个方面的怀疑：一种是认为《法哲学原理》存在某种反民主的倾向，即将个人自由权利置于国家伦理之下；另一种是认为《法哲学原理》究其方法论论证而言是与黑格尔的逻辑学紧密联系起来的，这样它作为客观精神的论证方式，势必带有形而上学特点而不被人们所接受。在霍耐特看来，人们意识到形式上的正义原则应该在社会环境中具体化，而黑格尔为抽象道德和法律原则构建制度框架的方法论对于现代正义原则的构想具有启发意义。同时黑格尔对于时代问题的诊断是紧紧围绕"危险个体化"这个核心问题的，这在当前政治哲学

---

① ［德］霍耐特：《论我们自由的贫乏——黑格尔伦理学说的伟大与局限》，王歌译，载《世界哲学》，2013年第5期，第48—58页。

研究中也能产生共鸣。因此，《法哲学原理》可以以一种谨慎的态度，使之以间接现实化的方式重新挖掘该文本自身的理论结构，即可以不借助"实质性的国家概念或者逻辑学的推演过程而富有成效地解释这本书的目的和结构"①。正是出于这样的目的，霍耐特在重新阐释黑格尔的伦理思想的基础上阐发了他的社会自由的思想。

第一节　黑格尔对传统自由理解方式的批判以及自身体系的缺陷

黑格尔的法哲学原理是以法的概念及其现实化为对象。在黑格尔的实践哲学中，"法"的意涵不是以"权利"为中心的，而是围绕自由展开的，自由构成了法的实体和规定性。自在自为的自由意志是直接、外在的事物，形成了抽象法或形式法的领域；从定在出发开始反思自身与现存世界的关系，就有了与世界法、理念法对应的主观意志的法，即道德领域。两个抽象环节的统一，即被思考的善的理念在自身中反思着的意志和外部世界中获得了实现，这就使得具有实体性的自由有了两方面内涵：作为主观意志的自由，同时也作为现实性和必然性实存。意志的自由获得绝对普遍性的存在的理念，就是伦理。在黑格尔那里，伦理领域就是意志自由的现实化与制度化的过程。黑格尔通过阐述伦理实体如何在现实世界成为一种自在自为的自由理念，来克服近代以来两种自由观所形成的自然状态与社会状态、理性原则与感性冲动的对立与分裂。启蒙运动以来，思想家们对个体自由的理解，大致呈现两种路径：一种是以经验论为基础的自然权利论，主要有以霍布斯、洛克为代表的人性论和权利理论，他们认为个人自由的权利是一种来自自然状态下的天然的权利，社会状态下所成立的机构必须以维护个人自由权利为目的，是一种不被侵犯的抽象自由观；第二种是以形式主义为前提的道德权利论，主要代表是康德、费希特等，他们认为个体的自由是基于某种道德原则与义务的前提下的理性选择，只有道德自主意义上的自由，才是一种积极自由。黑格尔试图通过逻辑体系的结构将这两种自由调和起来，以伦理来扬弃抽象法和道德，形成客观精神的现实化，将伦理作为绝对精神

---

① ［德］霍耐特：《不确定性之痛——黑格尔法哲学的再现实化》，王晓升译，上海：华东师范大学出版社2016年版，第9页。

的外在表现，但是在霍耐特看来黑格尔伦理体系的内在缺陷即泛逻辑主义，使得这种调和并不具备现实化的可能。

一、传统自由理解下的自由规定性

自由是近代社会反思人存在方式的一个核心价值，但并不是一个可以抽离出具体领域得以概括的范畴，也并不是人类社会组织与团体一经形成就出现的范畴。一般意义理解下所谓的社会自由，很大可能等同于社会成员个体自由的一种集合。诚然，对自由的反思，一般都会伴随着对政治社会生活领域中的个体自我选择的能力和权利的反思。个人开始意识到自己在政治生活中的权利与义务，意识到应该根据自己的良知选择自己的信仰，意识到自己能够确立自己的道德准则和生活方式，这种对自身权利意识的觉醒就是追求个人自由的内容。而这种觉醒离不开一个氛围更宽容的政治社会和经济环境。先有了个人自由意识的觉醒，进而反思个人与国家、个人与社会的关系，即国家究竟在何种意义上能够保障个人自由，个人所组成的不同社会团体又如何赢得其他组织形式的尊重与认同。

当谈论个体在社会行动领域中的自由时，实际意味着社会作为一种独立自主的实体从之前的政治关系中分离出来，社会自身有了自己发展的机制，这才有了个体反思自由与尊严的价值，用黑格尔的话来说就是自由从自在的状态进入到有多种规定性的自由，这从历史上所反映的就是社会作为一个独立的实体是如何从政治关系中分离出来。

在古希腊古罗马时期城邦一体化的生活下，自由更多是跟人的精神状态联系在一起的，即形而上学的意志自由。人们尚未意识到在城邦中的行动自由即政治自由的活动范围，更多的是认为城邦来自自然的演化。"城邦的长成出于人类生活的发展……是自然的产物。"① 城邦制度催生了城邦下的公民主体，他们并没有意识到城邦对自身的限制，因为每个隔离的个人是不能自己生存的，必须共同集合于城邦这个整体。"人类生来就有合群的性情，所以能不期而共趋于这样高级（政治）的组合。"② 因此城邦整体生活中的个人自由概念并不突出，个体恰恰觉得自己是整体生活中的一个影响因素，所以并不会坚持任何与整体相抗衡的权利。

---

① ［古希腊］亚里士多德：《政治学》，吴寿彭译，北京：商务印书馆1983年版，第7页。
② ［古希腊］亚里士多德：《政治学》，吴寿彭译，北京：商务印书馆1983年版，第9页。

个人相信自己在社会生活中能够发挥出属于自己的一份社会价值,就不会费心地去想自身"独特"的自由。这样,城邦以共同的社会伦理规范为基础,通过法律的方式来形成人身关系的纽带。在希腊的民主制里,立法、执法都是全体公民的责任,几乎所有希腊人都认为,法律是之前社会行为传统规则的延续,是城邦的生命。"承认并赖以生存的法律不是上级政府对下属百姓发布的命令,相反,政府本身也服从法律……城邦是一个自由人的共同体。从其集体意义上说,其公民是没有主人的。他们自己统治自己。"① 法律的形成本身也是历史进程中行为准则的演化,通过公共舆论对个人产生影响。城邦的成员通过关注邻人的举止,来遵守城邦生活的风俗习惯,并意识到自己处于城邦生活的个性。因此在早期希腊人的意识中,城邦中的公民自由以"习惯"的方式回避了群体规定对个体自由侵犯的可能性,或者说,个体从未意识到与城邦生活相异的个体自由的存在。城邦的法律不但没有限定,反而维系了个体自由,使得城邦制度下的公民自由与共同体自由形成紧密、直接和自然的联系。

这样,关于"城市—国家"的政治思考就以整体性方式展开所追求的个人自由并不是现代思想对国家权利的某种限定,个人自由的实现离不开整个社会的德性,城邦共同体作为实现美德的伦理实体体现了社会自由的意义。柏拉图和亚里士多德都积极地把促进共同体的善作为使命,对国家行动作出了一种伦理学的设定,希望能够最有效地成全这种"善"的社会结构。古代城邦以整合程度较高的社会组织形式形成了个体与城邦利益相关的存在形式。城邦作为一种伦理社会,不止具有某种法定的结构,也有某种道德意识,预设了成员团结的一致性,却没有实现共同善为基础的完整社会自由机制的概念。共同体对于个体全部生活的掌控,很容易成为掌握政权者权力的战利品,"政治已经成了一种斗争,一场内乱;政治权力则成了祸根"。②

总之,在城邦社会中,没有教会与国家的对立,没有政治生活与宗教生活的对立,行动领域中的自由以一种普遍主义的存在方式潜存。政治理想的特征是追求共同体善的目标,但却存在着预设理想与现实机制的某种差距。在"城市—国家"整体自由的政治社会中,这种差距只会

---

① [英]霍布豪斯:《自由主义》,朱曾汶译,北京:商务印书馆1996年版,第3页。
② [英]厄奈斯特·巴克:《希腊政治理论—柏拉图及其前人》,卢华萍译,长春:吉林人民出版社2003年版,第16页。

被看作是城邦政治的瘟疫，而不会像近代思想家所思考的从政治特征独立出来的社会自身发展。城邦作为涵盖政治社会生活方式的存在，并不认为宗教、商贸活动是独立于城邦的另外一种生活方式。但随着经济社会发展以及政治权力的专制化，这些原本属于城邦生活的某些方面，演化成了社会生活本身，自由不再强调整体的伦理特征，而分化成特定群体的自由联系。

古罗马的衰落，使得原本的国家政治生活成了一种外在的形式，使得原本与城邦一体的个人不得不试图以自己的力量保护自己。人们不得不依靠更为密切的亲属关系，而这种密切的联系已经不单单是氏族血缘关系，更是生活活动中所形成的共同联系。这就演化出社会与政权范围的界定，原先城邦普遍的自由状态，分化为无数特殊的形态，表现在拥有特权的封建贵族的特权自由、城乡社区的自治自由、商业行会的贸易自由等组织中。在这些特权团体内部，自由是限定于特殊群体内部的关系，可以说在每一团体内部，个人都是自由的。这种自由的特质已不同于城邦共同体所表现出的自然因素，呈现出原始契约的约定特征。

这种自由的特征首先表现为封建等级贵族的特权自由，这是享有财产、收入和权力的特权自由。国王通过授予贵族"首要等级"的头衔，来达成国王与领主臣属之间的纵向协议，即贵族需在君主和民众之间充当中介，一方面依赖国王的颁赐，另一方面又充当抑制下层反抗的堡垒。贵族在地方政治和司法权力中占有着决定性的份额。在托克维尔看来，这种贵族的自由反映了因其身份所使用的共同权利和享受的特权。"人们希望在行动上或某些行动上的自由，这并非是因为所有的人都有独立的普遍权利，而是因为每个人本身都拥有保持独立的特殊权利，这就是人们在中世纪里理解自由的方式。"① 中世纪社会主要依赖这些集团内部享有特权的群体，通过松散的协议网络维护它，"趋向于将神注视下的誓言作为对对方的约束"。② 可以说，封建贵族与国王的这种誓言，成为了贵族服从的依据，因为这是上帝的律法，无法找到不服从的立场，何况只要能享受该等级所应有的自由特权，就没有必要不服从。特权自由是一

---

① 转引自[法]雷蒙·阿隆：《论自由》，姜志辉译，上海：上海译文出版社2007年版，第6页。
② [英]J. H. 伯恩斯主编：《剑桥中世纪政治思想史》，程志敏、陈敬贤等译，北京：生活·读书·新知三联书店2009年版，第217页。

种等级制度下的自由。

如果说特权自由借神的誓言来为等级制度做辩护,那么统治者一旦违背了上帝和人民之间的契约,人民便可以自己与上帝订立契约,加尔文主义者的社区自治自由应运而生。这种自由的兴起一方面是出于抵制君主制约束的需要,另一方面则是出自社区自身的传统与自治的需要。这是以宗教团体组织起来的世俗生活的社区,依靠自己的力量和内部的互相帮助,建立一种基于自助、自管和自治的社会。他们在世俗社会中以"公民"自称,并且愿意承担一个公民所具有的义务。社区的领导为牧师,不再是由国王委派,而是通过自下而上的选举产生。虽然加尔文社区是以对宗教精神的全新理解为基础,在信仰范围内把信徒在上帝面前的人人平等拉回到了现实生活之中,而且把信徒之间的准宗教成分的契约确定下来,但这种构建世俗生活的想象力与现代社会的社区自治、民主生活不谋而合,因为这意味着社会管理有可能通过契约方式来实现。①

其次是商业行会的贸易自由,它实际上仅仅是"特许权"的自由,"亦即通过特许状获得的公司权利以及从国王或封建主那里争取到的权利,其中包括行会和同业公会的权利,这些权利只有作为这些集体成员的人们才能享受"。② 同时这些权利自由,也部分地赋予了乡村居民。一些农村社区也在一定程度上组织起来,商议耕地、树林等自然物的使用问题,"一些居民点虽然小,却已经具有城市特征和经当地议会通过的有特色的法律和习俗"。③ 不管是城镇的商会行会,还是农村社区的自治点,其社区都是建立在基本的同意合作的契约基础上,这正是个体自由意识兴起的根源。个体在相互联系的活动中,意识到利于自由的某些条件,从而达成契约进行合作,促使人们从国王贵族那里拿到特许状之后,重新学习管理共同利益的课程,城市成为了"自治共同体",并催生了资产阶级,使资产阶级成为近代追求社会普遍自由的主要诉求群体④。

中世纪封建制度下所出现的社会区域化的自由形式,在某种意义上

---

① [意]圭多·德·拉吉罗:《欧洲自由主义史》,杨军译,长春:吉林人民出版社2011年版,第12页。
② [英]霍布豪斯:《自由主义》,朱曾汶译,北京:商务印书馆1996年版,第6页。
③ [英]J. H. 伯恩斯主编:《剑桥中世纪政治思想史》,程志敏、陈敬贤等译,北京:生活·读书·新知三联书店2009年版,第218页。
④ [英]霍布豪斯:《自由主义》,朱曾汶译,北京:商务印书馆1996年版,第5页。

"是以局部的肆意占有为前提,它是对社会整体自由剥夺的产物"。[①] 当一个社会把自由理解为特殊利益集团才能拥有的权益时,此时的社会不能看作是"自由"的。但是出现这种区域化自由的理解模式,恰恰意味着这种对社会的理解形成了不同于政治结构的观念,因为在城邦时期,只能从政治结构来理解社会,社会则只有政治身份,就意味着面对政治强权的干涉,社会缺乏与之对应的现实的制衡力量。而中世纪所出现的特殊群体视社会为一个更大的单位,政权只是其中的一个有机组成部分。这可以说是一种关键性的分离,自由成为各种组织结构原则的价值,反映出社会作为一种自治实体,其内部存在着很多独立于政治领域的有机部分。另外中世纪区域化的社会自由所呈现的原始契约特征,虽不能理解为现代意义上平等的权利主体的契约方式,但却蕴含着个体对自我意识的认知,是资产阶级的阶级意识觉醒的前提。在某种意义上,这促使近代思想家思考国家究竟在何种意义上从个体与社会的关系中获得其合法性地位。

因此不管是近代契约论思想家从抽象的契约设定来探究国家权力的合法性,还是道德论思想家从民众如何达成公意的角度来研究个体利益与普遍利益协调的问题,近代思想家反思国家社会以及个人的关系,都是建立在社会领域逐渐分化的事实上,初步界定了社会与政权范围。近代政治自由主义、经济自由主义者从保护个人自由出发形成对政治专制的批判,在不同程度上区分了国家与社会所承担的不同的职能,并强调了社会作为有机体自身发展的规律特征,期望通过对国家权力疆界的限定以及根据社会原则不为政治权力渗透的规定,来打破国家权力无所不及的政治专制。这就使目前对于社会自由的理解建立在国家与社会关系的二元对立上,就像新自由主义重新划清个人自我与国家政治的范围,认为所认可的政治认同只能停留在形式化的程序规则层面,无法达成实质的政治共识,或者像社群主义主张国家在消极保护公民的个人权利和利益的同时,还应积极为公民提供更多的公共利益,这样才能增进个人利益。不管是自由主义还是社群主义所理解的社会自由,都是以个人权利为出发点,在很大程度上将国家理解为向所有公民提供最大利益的功利主义工具,并没有阐述清楚一个成熟的现代国家如何能够兼容、孕育

[①] 侯小丰:《自由的思想移居》,北京:中国社会科学出版社2014年版,第73页。

一个稳定、普遍的市民社会，现代市场经济条件下所带来的个人自由如何能够在一个高度完善并且包含普遍意志的政治伦理体系中达成和谐与和解。而且这种对个人自由的设定，不能是抽象人性的表现，而是要重视"人性之中的历史和伦理要素在整合个人与社群关系时所发挥的作用，以及自我在完成反思时内在于自身的结构和历史属性"。① 要真正使自由理解突破二元对立，我们首先要从黑格尔的伦理思想是如何从反思经验主义与形式主义理解下的自由缺陷的讨论入手。

二、黑格尔对经验主义自然法理解的自由及其批判

近代自然法，按照列奥·斯特劳斯的理解，最初起源于霍布斯。"它与古代自然法不同，古代自然法是从人的本性目的的层次出发，近代自然法从各种目的的最低层次（自我保存）出发，这样能比古代自然法更有效；仅且而且建立在自我保存权利基础上的市民社会不会成为乌托邦。人类仍为理性动物但其天然的社会性遭到拒斥。人不是其本性要求参与社会而是由个人的功利计算推动自己参与社会。"② 这个含义包含着以自我保全为目的的自然法与自然权利，霍布斯曾区分了这两者的区别：自然法代表理性，而自然权利表达的是意志，也可以理解为在社会状态下人们通过理性所构建的政治秩序与权威如何能够与人们的自由意志相协调。

近代自然法的语境背景离不开当时思想家们对政治社会的公共权力的理解。近代思想家在政治社会的公共权力的正当性方面提醒我们：我们所身处的政治社会依赖公共权力的规制与威慑来维护统一的秩序，但这不应该视为一种简单的物理现象。随着经济活动的交往日益频繁，人们似乎能通过经贸往来、农业耕作等基本活动来维持生存，但这并不意味着自身以非反思的状态来看待政治生活。人既要以个体生存，也要以反思的态度去评判周遭环境。处于政治生活中的人们，应该了解或者有

---

① 乔戈：《国家的伦理——从马克思回到黑格尔》，南宁：广西师范大学出版社2014年版，第216页。
② 参见 Leo Strauss 教授为《国际社会科学百科全书》（*The International Encyclopedia of the Social Sciences*, David L. Sills (ed.), Vol. 11, pp. 80–85. @ 1968 by Crowell Collier and Macmillan, Inc.）所写的"自然法"词条，后收入其论文集（*Studies in Platonic Political Philosophy*, University of Chicago Press, 1983），转引自林奇富：《社会契约论与近代自由主义转型》，北京：光明日报出版社2010年版，第30页注释。

权利知道，政治生活是具有一些价值的，依靠这些价值才能使人们自愿接受从而使其具有正当性。

在探索政治生活的合理性上，思想家们诉诸人的理性和常识的判断，即在逻辑上给予政治生活之外的理性选择和公正评判以合理性。他们思考的是人类生存的基本价值能否得到公共权力的维护，而这种价值离不开人的本性，但对于这种价值的探索不能在现实的社会与政治中寻找，因为会受到政治的浸染与渗透，因此从政治生活中剥离出人的社会属性成为经验主义思考的出发点。把人还原为前政治状态的"自然人"，就意味着抽离了所有在社会生活中的愿望要求，以及各种社会联系，所形成的是一个个由自己天然情感支配的"自然人"。经验主义者认为只有通过了解自然人的自然倾向，才能更好地确定人参与政治社会的原因与目标。

霍布斯试图通过比较人类在政治状态与前政治状态的处境来论证政治义务。需要指出的是霍布斯的自然状态，不是纯粹的史前状态，而主要是一种用来说明市民社会起源和本质的理论设定。在自然状态下，每个人都处于自然的平等状态，这个平等不是指个体存在着生理和智力上的差异，而是指人与人之间的差别不会大到出现支配和被支配的关系。这种能力上的平等，"就会产生达到目的的希望的平等"。[①] 在自然状态下，这种欲望是基于激情感性对好的东西的追逐与对恶的东西的痛恨。在人的欲望支配下，当有限的自然资源很难满足人们的基本生活时，人与人之间发生冲突与纷争的可能性就会提高。霍布斯说，出于竞争、猜疑、荣誉等原因，在没有公共权威的情况下，人与人之间就是战争状态。在人与人相互为敌的情况下，任何人对自然资源的利用都会造成对他人需要的剥夺，以至于人们之间互相猜忌，先发制人来自我保全。因此自然状态下毫无和平可言，"最糟糕的是人们不断处于暴力死亡的恐惧和危险中，人的生活孤独、贫困、卑污、残忍而短寿"。[②] 在这种情况下，人有保全自己生命的自由，有用自己的判断和理性选择最合适的手段去做任何事情的自由。出于对和平的渴望与死亡的畏惧，人的理性通过"算计"发现了自然法。

第一个自然法则就是寻求和平，并尽可能用一切办法保卫自己，这

---

① [英]霍布斯：《利维坦》，黎思复、黎廷弼译，北京：商务印书馆2017年版，第93页。
② [英]霍布斯：《利维坦》，黎思复、黎廷弼译，北京：商务印书馆2017年版，第95页。

是出于自保的本性。第二个法则是每个人出于和平和自保考虑，有自愿放弃自己可能会妨碍别人的权利，或者相互转让权利，这就需要契约来确保所有人离开自然状态下的自然自由，意味着人们要表明放弃或转让拥有一切东西的权利。契约一旦签订，就具有正义的原则。但是自然法只在人们的内心范畴有约束力，在外部行动中就很难有约束。这就需要一个共同的、强制大家履行契约的具有充分力量的机构，才能保证人们所诉求的自由得以实现。国家的本质就在于所有人对它的行为授权，它要承担起保护所有人和平和安全的责任，其目的就是要按照公共意志来创造良好生活的条件。具体承担人格的就是主权者。这样市民社会的确立包括了两个阶段：首先，个人与他人通过签订放弃自己妨碍他人的权利，并自愿将其权利转让出去，形成契约，并通过契约建立其共同体；其次，为了保证契约的实际执行，就需要将所有人的意志集中为一个单一的意志，形成政治权威——主权者。因为参与契约的人们都同意这是一切人的授权，这就意味着臣民不能抛弃主权者，再次返回到无序的自然状态，他们有责任直接服从主权者，以及要求其他公民服从主权者。主权者有维护和平与防卫的职能，臣民"在法律未加规定的一切行为中，人们有自由去做自己的理性认为最有利于自己的事情"。① 这是自己意志情感上不受阻碍的一种自由。按照霍布斯的理解，如果国家对外界攻击臣民的行为不予抵抗，或者强制臣民做一些有损身体的事情，臣民有自由不服从。也就是说，在霍布斯那里，人在自然状态下所具有的对身体的防卫以及自愿转让的自由，是一种天性的自由，承担对主权者行为负责的自由，而这种政治义务只能用来授权给主权者以保护人身安全。因此霍布斯更看重的是人的天性自由，从而形成服从于主权者绝对权威的社会结构。人在社会中服从于主权者的自由是天性行为的结果，虽然这样的理解使得社会中的个人自由的彰显非常有限，但是政治合法性建立在臣民普遍同意上，就具有了民主的观念，"为个体留下了法律沉默下的自由空间"。②

如果说霍布斯所认为的自然状态下人们的同意缔结契约是一种行为描述，那么对于洛克而言，"同意"则是政府得以建立权威合法性的

---

① [英]霍布斯：《利维坦》，黎思复、黎廷弼译，北京：商务印书馆2017年版，第163页。
② [法]皮埃尔·莫内：《自由主义思想文化史》，曹海军译，长春：吉林人民出版社2011年版，第31页。

核心。

首先洛克区分了人的自然自由和社会中的自由："人的自然自由，就是不受人间任何上级权力的约束，不处在人们的意志或立法权之下，只以自然法作为他的准绳。处在社会中的人的自由，就是除经人们同意在国家内所建立的立法权以外，不受其他任何立法权的支配；除了立法机关根据对它的委托所制定的法律以外，不受任何意志的统辖或任何法律的约束。"① 可见，不管是自然自由还是社会自由，都要受到法律的制约。在社会自由条件下，人的行为不仅要受到自然法的限制，而且也要受到约定形成的法律的限制。社会状态下有如此多的限制，都是为了克服自然状态中存在的缺陷。自然状态中人们是自身和财产的绝对主人，但却不得不承受自然状态中可能出现的缺陷。洛克指出在自然状态中，虽然有来自上帝理性的自然法，但在一些特殊情况下，人们会有自己的私利而不承认自然法的约束力，这就需要一种确定的、众所周知的、得到普遍认同的法律，作为裁决他们纠纷的共同尺度。

其次，人们在自然状态中既可以承担自然法的裁判职责也可以享有执行的权力，但是人的天然偏向以及情感因素，不足以使他们充分依据理性来做出判断，这样一些违背自然法的人，就不能够得到合适公允的裁决。由于缺乏不偏不倚的法官，人的基本生命、自由财产权得不到保障，因此人们需要放弃自然自由即放弃自己审判或者被审判的权利，基于每个人的同意来形成共同体。这是一种基于自然状态中自主的同意，政府成立蕴含着"默认的同意"，即"身在那个政府领土范围之内的任何人，都对其权威表示了他默认的同意"。② 这种默认需要通过明文的约定表达出来。可见大多数人的"同意"是社会状态下政府权威的唯一合法性来源。

在洛克看来，人生而自由的具体内涵体现在其所有物——生命、自由和财产——不受他人侵害的权利。其中财产权是上帝给予人类能够生存下去的一个基本权利，因此财产所有权是先于政治社会而存在的，政府成立的主要目的就是为了维护个人私有财产，要达到这个目的所使用

---

① ［英］约翰·洛克：《政府论》下篇，叶启芳、瞿菊农译，北京：商务印书馆2016年版，第22段。
② ［英］迈克尔·莱斯诺夫等：《社会契约论》，刘训练、李丽红、张红梅译，南京：江苏人民出版社2005年版，第96页。

的工具和手段就是法律。行使立法权的代表者,需要得到公众选举和委派的立法机关批准。立法需要体现自然法的支配,同时还要保证人民应该享有的财产权。"在社会中享有财产权的人们,对于那些根据社会的法律是属于他们的财产,就享有这样一种权利,即未经他们本人的同意,任何人无权从他们那里夺去他们的财产或其中的任何一部分,否则他们并不享有财产权了。"① 这是最高的权力。体现立法权的执行者,需要服从立法机关,并对其负责,体现立法所代表的人民的意志。从符合自然法和维护私有财产的目的出发,洛克认为人们在自然状态下所拥有的自然权利,可以促使他们推翻滥用职权的政府,如果立法机关不能自由地行使权利,而是代表个人专断的意志,执行者放弃职责使得制定的法律无法执行时,人民就有权恢复原来自由的权利,"建立他们认为合适的新立法机关以谋求他们的安全和保障"。②

霍布斯、洛克看到社会生活中所存在的文明痕迹造成了人的等级分别后理所当然地认为,在自然状态下,人作为大自然中的一种物种,本性方面是大致相同的。就算有体力与智力的差别,也不会导致后来社会生活中出现支配与被支配的关系。人与人之间处于事实上的平等状态,都可以平等自由地支配自然界的资源。但在人欲望的支配下,当有限的自然资源很难满足人们的基本生活时,人与人之间发生冲突与纷争的可能性就会加剧。而自然状态并没有一种对所有人具有外部约束力的公权来协调,人人都是按照自保本性来行事,为了能够更好地生存下去,体现理性的自然法就促使人们形成约定契约,以有序的政治生活来弥补无序的自然状态,从而论证了政治社会出现的必然性与进步性。自然状态是一种逻辑预设,是思想家们为了规范经验现实而对实际情况的理论"纯化",思想家们看到经验世界中个体追求私利的举动,并将其抽象概括为人类的共性,从而设定政治社会的目标。

但黑格尔对此论证方式提出质疑。早在他的《论自然法的科学论证方式》一文中就提到"不能按照它的材料参与到它所抓住的并在原则的名义下所提出的诸规定性和关系概念本身。相反地,诸规定性的这种分

---

① [英]约翰·洛克:《政府论》下篇,叶启芳、瞿菊农译,北京:商务印书馆2016年版,第138段。
② [英]约翰·洛克:《政府论》下篇,叶启芳、瞿菊农译,北京:商务印书馆2016年版,第222段。

离和固定恰恰是必须被否定的东西"。① 也就是说当经验主义者从社会生活中分离出人的自然本性，并将此看作是人的本质时，恰恰就排斥了人作为有机物的整体性。模糊了人的特殊规定性（习俗、教养和历史等），理论只能在赤裸的自然状况中寻找人的抽象的基本可能性，寻找到的也只能是"包含简单的多样性，包含带有可能最少的特性的原子"。② 而且这种从不会中的分离，造成了思想上的混乱：究竟什么东西是必然的，什么东西又是被丢弃的。人在混乱中寻求协调，这已经作为社会生活中的某种欲望直接被放入在自然状态中，以原子多样性的集合所形成的某种统一性只不过是一种形式，社会国家的共同体被设定为一种无形式的外在和谐的空洞名称。这些经验主义思想家试图在含混的自然状态中寻找必然的特质，但他们所发现的只不过是多种无序的现象任意分离出来的形式。这些形式通过采取某种抽象和归纳的方法，看似对人的本质做了一个统一性的规定，实则进行了任意的构想和选择。

三、黑格尔对形式主义自然法的批判

康德对契约论自由的消极意义提出质疑。如果按照契约论的经验主义的理解，在社会契约条件下，个体自由的权利就是限定在法律范围内的一种自由，社会契约被设置成为政府权威所辩护的一种假设，因为在某些特定情况下，人们出于某种功利角度同意依照这些条款签订契约。但康德试图通过纯粹实践理性概念赋予自然法以规范意义，认为社会契约既不是一种实际的契约，也不是历史的事件。这种契约观念应该被用来验证国家或法律是否公正，这与实际的约定或者有待遵守的允诺是毫无关系的。康德是要以他的道德哲学为原则来提供一种独立于经验的政治理论。

在康德看来，自然法并不是经验主义者认为的人在自然状态下理性所形成的结果，即在经验主义者看来，人的激情和理性都是作为自然产物的一部分。康德认为自然法是思维为理解自然所做的建构，世界是按照我们自身思维逻辑结构的方式呈现给我们。经验世界的事物是在我们

---

① [德] 黑格尔：《论自然法的科学探讨方式》，程志民译，载《哲学译丛》，1999 年第一部分，第 3 页。
② [德] 黑格尔：《论自然法的科学探讨方式》，程志民译，载《哲学译丛》，1999 年第一部分，第 5 页。

思维中的认知结构中被认识的,虽然人在自然界中要受到因果律的支配,自由成了一种否定意义的消极性概念,但是在道德经验中,人是一种自由的本体存在,因为人能够为自己的行为准则立法,自由就成了一种积极性概念。在道德中主体能够摆脱经验获得自由。人具有自由意志是对人性的唯一假定。自由意志规定了人的行为准则,消除了个体的主观欲望,使人自觉地按照以自由意志为支撑的实践理性法则行动,人成为道德自由的存在。"意志是有生命东西的一种因果性,如若这些东西是有理性的,那么,自由就是这种因果性所固有的性质,它不受外来原因的限制,而独立地起作用;正如自然必然性是一切无理性东西的因果性所固有的性质,它们的活动在外来原因的影响下被规定。"① 这就将自由意志提升到外在必然性之上。在《实践理性批判》中,康德的自由意志又包含着两层含义。一层是选择的能力,理性是人自发性的能力,会受到感性的影响,可能用来满足感性的欲望,但是不能成为行为的直接动机,动机只有纳入准则才能起作用,这是规定意志的主观依据;另一层是意志自律,自由意志作为普遍的理性法则来规定行为,这是将自由理解为道德自主性的主要原因,即实践理性自己规定自己的能力。这两层含义推动康德继续区分跟自由相关的两种法则,因为人的意志有选择的能力,具有指向外在的行为,而且是合乎法律的,被称为法律原则,法律原则规定了人们意志行为的外在表现。另一种行为的决定依据来自意志的内在运用,被称为伦理法则。这种区分源于由道德良知确立的责任和国家外在立法的责任之间的差异。康德意识到人本性所具有的缺陷,伦理原则不可能无条件地维持社会生活的道德秩序,这就意味着个体自愿接受权威的正义原则,内在的良知也体现了正义的法律原则。因此,康德认为在经验世界中,正义原则虽然规定了人自由的范围,但是这是伦理特征构成的行动动机,因为这是在普遍法则支配下的一种约束,符合道德的绝对命令:"要只按照你同时认为也能成为普遍法则的准则去行动"。② 在法律规定的权限下,个体有决定自己行为的自由权利,并不与他人自由相抵触。这样的对法律的服从,实际是个体对普遍命令的一种服从,

---

① [德]康德:《道德形而上学原理》,苗力田译,上海:上海人民出版社1982年版,第63页。
② [德]康德:《道德形而上学原理》,苗力田译,上海:上海人民出版社1982年版,第72页。

"为个人的道德自律或自主创造了一种可能性",① 同时就促使人们做合法的事而言,也符合道德的要求,能实现道德的目标。对康德而言,政治就是为道德创造和平稳定的条件。

因此人们从自然状态进入社会状态时,形成社会契约论这种普遍意志,是人们的理性设定的绝对命令。康德认为的自然状态与霍布斯相似,是一种普遍的敌对状态,"人类总是以暴力和恶意的方式行事,他们有彼此对抗的倾向",这会形成对人们自由财产的掠夺。② 但这种不正义不是来源于人性的恶,而是由于缺乏保障个人权利的机制。这种无序只会让社会充满敌意和冲突,人是不能够在其中得到发展的,因此个体就需要与其他人一起形成一个统一的普遍意志,结合形成一个政治共同体,由它来提供一系列的制度安排。所形成的普遍意志是一种理性设定的绝对道德命令。在自然状态中,我们有义务促使每个人一起进入社会状态。人们缔结的社会契约是一个纯粹实践理性的先天概念,这种理性的概念可以帮助我们认识到共同生活的可能。在康德看来,人在自然状态下的自由并不是真正的自由,因为无序混乱不会促进文明的进步,通过法律对人们任意自由的限制是完全合法与正当的,"国家形式就是绝对意义上的国家形式,也就是说,国家就是它根据纯粹的权利原则应当成为的那个样子"。③ 社会状态代表的是人的道德、理性的状态,这种自由被认为是高于原始的、无政府状态的自由,这是理性所规定的行为方向。社会状态既可以促使人发挥自己自由的各种形式,比如追求利益、独立自主等,也可以在良好的社会秩序下保持这种以自由为基础的相互竞争。国家的建立具有目的,个体放弃所谓的天然外在自由,实际是服从普遍原则所支配的绝对命令,法律的强迫实则是这种道德原则的外化,对于个体而言这也是发展道德自主性的一个必要条件。徐向东认为,康德所理解的政府合法性,不在于促进人民福利,而是在于促进人民的道德权利。康德所理解的社会契约具有的先验性,包含了三个规范性原则:"每个成员的自由,每个人作为臣民与所有其他人的平等,国民整体的每个成员

---

① 李梅:《权利与正义——康德政治哲学研究》,北京:社会科学文献出版社2007年版,第145页。
② [英] H. S. 赖斯编:《康德政治著作选》,金威译,北京:中国政法大学出版社2013年版,第140页。
③ [英] H. S. 赖斯编:《康德政治著作选》,金威译,北京:中国政法大学出版社2013年版,第142页。

作为公民的独立性。"政治生活与社会秩序都成为促进道德进步的工具。①

康德实际是将现实中各种自由的表现，都抽象为人对道德法则的遵循意识，都变成了纯思维、纯道德的理性自由，这种理性规定的个体自由也深刻地影响了费希特。他与康德都涉及与实践自由相关的两个主观方面——认知和意志：第一，主体如何能意识到自己作为自由且理性行动者的真正目的；第二，主体如何能自觉被引导去做理性所规定的事。康德将自由和道德规律视为同一层次的对象，自由是遵循道德原则的一种初始状态。而费希特认为这种初始状态应该是一种绝对的东西，不需要借助思维，是自我对其自身的一种设定。这不再是个体的一种行动表现，而是体现普遍意识的绝对自我自己设定自己的体现，"自我的由它自己所作的设定活动，是自我的纯粹活动。——自我设定自己，并且是凭着这种由它自己所作的单纯设定存在的；反过来说，自我存在着，并且是凭着它的单纯存在设定它的存在的。——它同时是行动者，又是行动的产物；既是活着的东西，又是创造出来的东西"。② 这就将康德所分离的理性形式与行动内容，统一为绝对自我具有的自己运动的能力，自由概念成为"绝对的第一因"。③ 在费希特看来，自由不仅是一种行动力量，也是人们之间相互确认给予自由的关系。个体实现自由的行动应当以其他自由效用性为前提，这不是为自己的自由范围划界限，而是"社会意向属于人的基本意向"。④ 自身的自我意识是在社会中个体与他人的关系中形成的，是个体能够获得自我意识的先决条件，是其他个人也意识到其自身的自我意识。个体与其他人都是普遍理性的手段，"一个自由存在者的合乎目的的做法对于所有其他自由存在者就会同时也是合乎目的的，一个自由存在者的解放就会同时也是所有其他自由存在者的解放"。⑤ 以类本质理解自由，使得费希特在理解人们进入社会状态所订立的契约时，就不再将其只看作个体的理性规定，而是认为个体只有作为共同体的成员，才能意识到相互依赖的共同目标，才能成为有自由意识

---

① 徐向东：《自由主义、社会契约与政治辩护》，北京：北京大学出版社2005年版，第71—72页。
② 梁志学主编：《费希特著作选集》第1卷，北京：商务印书馆1994年版，第505—506页。
③ 梁志学主编：《费希特著作选集》第2卷，北京：商务印书馆1994年版，第374页。
④ 梁志学主编：《费希特著作选集》第2卷，北京：商务印书馆1994年版，第296—297页。
⑤ ［德］费希特：《伦理学体系》，梁志学译，北京：商务印书馆2009年版，第241页。

的理性行动者。

费希特突破了之前康德的理性是个体的特征的观点，认为道德规律并不是以自身为客体，而应该是一种普遍理性。这是一种内在于自身、内在于他人、为社会所要求的理性原则。康德所要求的普遍立法原则是不包含实质内容的、纯粹的形式，而费希特的普遍立法原则是从"自我、主体间、社会和国家四个方面的相互依存和作用关系中构造起来的"。① 契约所形成的国家体现个人意志和共同意志相一致。国家的形成体现了普遍理性所要求的共同权利的协议，"与其他人结为一个国家，是绝对的道德职责"。② 费希特的重心不再是个体的自律性选择，而是个体根据理性的统一性原则实现全体的和谐。个体被迫和其他人在国家中结合，以及被迫服从国家意志中的集体理性，同时也是实现和成就自身的过程，因为在这个过程中，个体就会意识到自己在社会有机体中的位置，认识到自己在理性秩序中的功能，而且自愿履行义务。这样国家不再是一种服从于个体及其私人意志的法律机构，而是精神扩展的外化，是个体相互之间追求"人性目的"的一种体现，是人类集体进步的主体。正如贝克所说，费希特"从作为对国家可以正当地做什么进行边际约束的自然权利观，到作为个体追求人类作为对个体追求人类完善之发展进行边际约束的自然权利权"，将作为理性的自我支配的自由，转换成了共同的"我们"和个体性的"我"之间的冲突，"针对外在自由的权利被转换成了实现自由的权利"。③ 这正是积极自由的一种深化。费希特强调的是人只有将其作为理性存在者的交互主体性构建起来，才能够履行道德自由的义务，道德的前提是要确保人们最低限度的社会条件。

康德和费希特都是在积极意义上理解自由，将其视为理性的自我支配，他们都是从内在于个体的日常道德意识之中来发现自由，而且都承认理性在某种程度上能使人类摆脱物理世界中机械原则的支配，获得某种实质意义上的自由。他们在实践能力方面提出一系列目的的理性，可以说赋予了自由实践能动的含义。这种积极能动性的思想对黑格尔影响

---

① 崔文奎:《政治哲学的第一哲学论证——费希特政治哲学思想评析》，北京:中国社会科学出版社，2010年，第201页。
② [德]费希特:《伦理学体系》，梁志学译，北京:商务印书馆2009年版，第248页。
③ [英]古纳尔·贝克:《费希特和康德论自由、权利和法律》，黄涛译，北京:商务印书馆2015年版，第167页。

较为深刻，但黑格尔并不满足于此。

黑格尔认为康德所规定的道德律令，强调的是当人遵循某种道德义务的时候，是不考虑义务的内容的，人遵循义务只是像使用某种标尺和准则一样，而不去考虑这种标尺和准则适用的对象。黑格尔认为康德的"实践理性的绝对的法则是把那个规定性提高到纯粹的统一性的形式，也是被吸收到形式中的规定性的表达。如果有可能把规定性吸收到纯粹的概念的形式中，如果它本身没有因此而被取消，那么，它是正当的，并且通过否定的绝对性如法则和权利或义务而成为绝对的"。① 也就是说康德的绝对命令是以无限的形式，来与有规定性的内容相结合，这样，要么就是形成内容的规定性被暗中消除，要么就是形式不再是无限的规定了。这并不是一种合理地调和形式与内容的方法。康德的实践理性形成了具有无限特征的形式与有限内容的对立，康德认为自由是在永恒的理性法则否定掉具体内容的规定性中所实现的，但在黑格尔看来这只会引起不断地冲突，形式只有将规定性吸收到自身中，才能推动统一性。如果主体的社会环境所提供的规范性尺度不能保证普遍原则的合理性，那么个人自由就会与现存的一切规范保持距离。同时，如果这些制度化实践和规范没有与理性发生任何联系，那么个体就会丧失在无根基的自我确证中，这种道德反思在一定程度上就是空虚的。按照霍耐特的理解，黑格尔划定了道德自由领域的界限，一旦跨越这个界限就会表现为心灵空虚和行动匮乏。

费希特关于自我设定非我及其从与他人互动关系中来理解理性的能动性的思想，在黑格尔的著作中或多或少都有体现。但黑格尔认为费希特以普遍的理性去强迫个体活动的动机，就"预先规定了个别的意志与普遍的意志对立。因而，与普遍的意志的合一不能被理解和被设置为内在的绝对的威严，而是作为应该通过外在的关系或强迫被产生的东西"。② 但是黑格尔认为这种强迫并不是外在关系，在某个事物直接作用于个体时，这个事物也是会被反作用所影响，强迫和被强迫是完全相同的，某种对自由来说外在的东西实际已经被设置了。比如费希特曾认为

---

① [德]黑格尔：《论自然法的科学探讨方式》，程志民译，载《哲学译丛》，1999年第二部分，第3页。
② [德]黑格尔：《论自然法的科学探讨方式》，程志民译，载《哲学译丛》，1999年第二部分，第8页。

个体不需要将自己的某些东西奉献给国家，是完全自由的，但无法说明作为普遍意志外在形式的国家如何形成与最高意志的一致性，费希特设定了普遍意志与个体意志的对立，但在黑格尔看来个体的各种规定性已经在国家中被设置好了，个体诸多的差别性在抽离之后，就成为与普遍意志相联系的绝对无差别，这也是黑格尔伦理的本性。

四、黑格尔伦理体系的特点

在黑格尔看来，人的自由并不是像经验主义者认为的，将自我实现看作是各种需要、倾向的集合，将社会状态中的机构看作是满足个体需要的一种工具性措施，为个体自由划出边界界限的消极意涵。他也不赞同在康德的绝对命令下，人根据理性的生活准则在感性冲动中进行选择，这种纯粹的理性自我决定是超越于历史经验之上的，是空洞无力的，只会造成道德责任与行为动机的分裂。费希特试图通过普遍理性来强调个人自由的同一，但却并没有阐释清楚二者如何内在地统一起来。以上形成了种种分裂与对立，因此需要一个实体包含这些对立。这样，黑格尔引入了"伦理"这个概念。麦金太尔指出黑格尔引入"伦理"概念的问题意识："黑格尔想要回答的一个问题，现代德国人不同于希腊人的原因，个人与国家分离，个人所追求超验的标准，而不寻求蕴涵在他自己的政治共同体实践中的标准。希腊伦理学的先决条件是希腊政治体的共享结构，其结果是共享目的和欲望，现代的共同体是个人的集合。"①

在黑格尔体系中，伦理是客观精神的现实存在，也是最高阶段，所指向的是具有自由意志精神的人的存在及其活动。伦理体现的是"自由理念"的辩证发展运动，即先从抽象法的外在化到道德反思的主体意志，最后到伦理状态的调和，这种辩证运动发展内部包含着历史发展的次序，反映了当时的等级制度瓦解之后，个体意识觉醒，市民身份认同和利益关系出现颠覆性改变，形成了一个由各种私利构成的领域即市民社会。黑格尔试图通过伦理将伴随现代性兴起所出现的主体纳入新的共同体之中，其目的是解决作为绝对精神在有限的个体中获得无限的问题。所用的方法是假设人类是一种有限的存在，而这种存在是作为精神体现在无限漫长的人类历史中。也就是说将个体看作理性精神所支配的现实生活

---

① [美] 阿拉斯代尔·麦金太尔：《伦理学简史》，龚群译，北京：商务印书馆2003年版，第264页。

中的客观存在，而这种客观存在正是绝对精神在每个个体身上的具体映照，有限的个体与绝对的精神在历史中实现同一。人在这个秩序中并没有丧失自由，而当精神实质能够通过秩序中的个体行动所表现出来时，自我就实现了绝对自由。因此伦理所要表达的是，人类自我同一性如何在这个社会秩序中被实现出来，如何将个体自由的特殊性与伦理秩序的普遍性结合起来，这就是黑格尔阐发的重点。

契约论所重视的对个人权利的维护，在黑格尔体系中就是抽象法，这是自由意志的定在，是以人本身以及属于他的自由的定在和领域的特殊物为对象的，体现在抽象个体身上就是人格，主体意识到自身作为法权的直接定在。这表明主体意识到"我"作为个体的存在以及"我"作为个体所具有的普遍权利存在，也就是说人格不仅指人意识到与动物的差别，也是指主体意识觉醒之后生成的意义上的人，渴望被尊为平等身份的人，"成为一个人，并尊敬他人为人"。① 这种平等自由权利的独立人格就是法权人格。人格给予自己的直接定在，使其从纯粹抽象性、主观性走出来，必须通过外在客观事物使自己成为现实，首先体现在给予自由的外部领域，即所有权的确立。所有权使个体得以成为自由的现实存在，它不在于满足主体对物的直接需要，而在于表明主体的意志，"人格有权把他的意志置入任何事物中，凭此该物是我的，达到其实体的目的，因为物在自己本身之中不具有这样一种目的以及包含我的意志的它的规定与灵魂"。② 人对物的占有是一种对象化的存在过程，将自己的意志变成物，同时又可以随心所欲地改造物，体现自己的自由意志。这里可以看出黑格尔对近代以来出现的平等人格基础上个人所有权的肯定，值得注意的是黑格尔所肯定的是人对物占有权利的自由意志的形式普遍性，而非肯定人出于个人私欲无限膨胀占有物。在某种程度上私人所有权的出现可能会形成对共同体的分离，但黑格尔认为，私人所有权的出现使得共同所有权获得新的内在规定性，即包含着个体自由意志的有机共同体。私人所有权通过占有、使用、转让三个环节确立。作为自由意志的占有具有一种排他性，但这种占有现实中表现为社会关系，即对某

---

① [德]黑格尔：《黑格尔著作集·第7卷·法哲学原理》，邓安庆译，北京：人民出版社2016年版，第85页。
② [德]黑格尔：《黑格尔著作集·第7卷·法哲学原理》，邓安庆译，北京：人民出版社2016年版，第96页。

物占有的合理性、合法化需要得到他人的承认。占有是自由意志的内在要求，目的是使用物，这样才能将物的纯粹自在性与"我"的主观意志结合，实现统一。不过现实中占有权与使用权是分开的，虽然个体意志体现在所有物上，但个体可以抛弃物或者委由他人去占有，自己成为"空虚的主人"。面对这种分离，黑格尔认为不管是物的所有权意志还是使用权者的意志，都通过转让组合成一个新的实体，共同占有与使用此物。所有权转让的形式可以通过"契约"来交换，但转让的过程中自由意志、自由人格不能作为物来交换，否则就会出现"不法"对自由权利的侵犯。在抽象法中黑格尔通过所有权的人格确立了人所拥有权利的一方面，人作为自由的存在者存在，主体性精神自由也是黑格尔非常重视的一个方面。"在抽象法中，意志的定在是在外在的东西中，但在下一个阶段，意志的定在是在意志本身即某种内在的东西中：它必须是为了它自身的，是主观性，且必须把自身当作与自身相对的对象。"①

在抽象法阶段，自由意志是通过外在法权确立的；在道德阶段，自由意志是以主体的内在精神自由方式存在的，这是主体自由意志冲动行为选择的内在法度。这包含两个层面，第一，道德以具有自由意志能力的个人存在为前提，第二，道德是主体的自我规定、自我立法。前者主要是跟抽象法中一般意义上的个体相区分，抽象法的"我"还没有意识到什么是原则与意图，道德领域中的主体包含了"我"的意图、动机、自我规定以及目的等，是对"我"自身独特利益的自觉。后者则强调主体在信念、意志内心世界中是自由的。可以看出道德自我立法概念受康德的影响，但又不同于康德。康德的绝对命令是普遍立法方式，缺乏具体的感性内容，而黑格尔则是将个体的"意图""目的""冲动"等感性经验纳入自我立法中。人不是受动物类动机冲动控制的存在，要使自己精神、善的目的成为现实，就要尊重外部因果必然性。道德的目的是使个人自由地活动，这种自由活动是"主观的或者个人的意志和普遍的意志的统一"。② 黑格尔将道德称为"主观意志的法"，人不是简单地服从于主观意志活动，如果个体任由自然冲动支配，那么就缺乏自由意志。个体自由意志是扬弃纯我的主观性，将自觉意识的自由

---

① ［德］黑格尔：《黑格尔著作集·第7卷·法哲学原理》，邓安庆译，北京：人民出版社2016年版，第193页。
② ［德］黑格尔：《历史哲学》，王造时译，上海：上海书店1999年版，第52页。

理念转化为自己的内在自觉追求，实现个体意志与普遍意志的统一。也就是说个体主观自以为是善的、正义的标准，尽管可以通过主体性获得自由的形式，但是缺乏相应的现实客观性内容，作为价值标准的东西应当具有人自身以及历史的深刻性，因此必须扬弃主观的任意性，成为普遍客观的意志。

　　黑格尔并不满足于使个体自由精神具有自我立法的普遍性，他更关注的是普遍精神自我立法的现实化，道德自由不是主观内在的修养，而是具有生活实践的特征，因此黑格尔进一步考察了道德领域中"故意和责任""意图和福利""善和良心"等主体目的性的道德活动。"故意和责任"所要强调的是"我"的道德行为的确定性问题，只有自身自觉、意愿的目的性行为，才是自由意志行为。这种自由意志行为不仅包括主观自由的意图动机，也包括客观世界的必然规律，其行为结果是主体自由与必然的统一。因为面对自然世界对自由世界的作用，人们就会面对选择问题，对应的就是"我"的自由意志行为所引出对自己行为的责任问题。"我"的行为中有属于"我"的东西，就是指行为中自觉、意愿这一类"故意"内容，这是属于自由方面，黑格尔认为"我"只对行为中属于"我"的东西负责，并不是说"我"对自身愿望中的善良动机或目的本身负责，而是"我"对自身目的及其实现负责，是以负责任的态度从事自由意志活动，而且要有对行为后果责任的担当意识。事实上，"我"不可能摆脱偶然性，但是其行为后果所包含的每一种直接东西的普遍物是存在的。意图是贯穿行为环节的一种普遍物。"故意"是行为主体自觉活动的具体指向性，贯穿行为的每一个具体方面，使行为成为具体而非抽象，这样具体化了的目的性就是意图，是有了实体性的目的，具体行为都是围绕着意图而言的。意图侧重于行为结果作为整体性目的的意义，不能因为个别具体的行动而回避对活动整体的行为后果的考量。意图实现之后的完满状态就是幸福，这仍然是个体一般意义上的最高目的，而这种状态又离不开现实生活中的福利。黑格尔这里的福利概念依然是从个体道德自由意志所实现的特殊福利，个体对特殊利益的追求中应当具有普遍自由的精神，这种普遍精神就体现为"善和良心"。黑格尔认为善是某种由法和福利所构成的、内容充实的东西，它之所以能够成为价值标准，是基于自由理念的存在与实现。个体自由意志以善为最终目的，实际是以自由为内容，这种善是要体现普遍自由意志的善，个体使这种自觉认识的善成为内部自我规定，就是良心。成为内在主观法的良心，对于"我"的自由意志而言是唯一有效的约束力，良心是自我确信的精神自由。但道德阶段的良心并没有克服主观任意性与客观规定性的鸿沟，使得善的目的实现依旧是形式上的，存在主观上的任意性，会出现被个别性、个体性、特殊性支配的情况，真正"主观的善和客观的、自在自为存在着的善的统一就是伦理"。① 真正自由的实现，需要客观的伦理关系及其秩序。

正如高兆明所说，"黑格尔在道德阶段所要做的任务，就是要找出道德主观性背后的客观性内容"，而这种客观伦理规定的指向是社会正义的关系及其秩序②。黑格尔区分道德与伦理，意在强调作为主体的个体内在美德、良心需要上升为社会关系结构的维度，黑格尔的伦理的含义并不是像康德一样将"善"理解为能够认识和决定的东西，不需要寻求自己的良知来决定自己的责任，而是认为伦理基础的共同的生活方式已经作为前提，使个体成为有社会性构成的存在者。这样，伦理生活就包含两个方面的含义。"首先，这个概念指的是某种类型的社会秩序，这种秩序以一种理性的方式被分化为家庭、市民社会、国家等社会机构。其次，这个概念指的是个体对待他们的社会生活的某种态度，例如对他们所承担的各种社会角色的态度。"③ 黑格尔的伦理生活一方面以社会秩序的形式体现，另一方面以客观伦理秩序在个体自我意识的形式彰显。黑格尔之所以将伦理称为实体，是要表明对法律制度关系的伦理态度是自然习惯，它并未因主体反思性的质疑而复杂化。伦理生活包含着主观态度与制度方面，二者存在着紧密联系，制度可能对个体产生特定的影响，反过来社会制度也有赖于个体的具体现实。更进一步而言，个体的自我意识在内容上包含着深刻社会性的内容，个体抽象观念只有通过现代的社会制度才能得到实在的表达。伦理精神渗透在人们的生活环境中，是主观精神在现实中所实现的"活的善"，是由具有独立人格的主体在追求平等自由权利、实现自由目的的实践过程中所创造的，具有道德内在规

---

① [德]黑格尔:《法哲学原理》，范扬、张企泰译，北京：商务印书馆2013年版，第162页。
② 高兆明:《心灵秩序与生活秩序：黑格尔〈法哲学原理〉释义》，北京：商务印书馆2014年版，第181页。
③ 徐向东:《自由主义、社会契约与政治辩护》，北京：北京大学出版社2005年版，第296页。

定性,使得权利与义务结合起来。

在黑格尔体系中,伦理实体包含着三个螺旋运动的环节:家庭、市民社会、国家,它们分别对应于伦理实体的"直接自然""形式普遍""有机统一"三个发展阶段,其中国家是真理性伦理精神的最高环节。在家庭环节中,成员以情感为基础的、还没有区分任何特殊利益以及冲突的自然统一体,到了市民社会中,每个个体在各自利益需求的驱动下,通过契约交换得到了形式上具有普遍性的合作社会;而市民社会得以维系的普遍的基础就是国家,"以公共理性为基础的公共理性共同体"。[①]在黑格尔的逻辑结构中国家最后出现,但他强调的是国家作为普遍理念的实体已经存在于个体家庭与社会中,家庭血亲的伦理特征、市民社会中个体诚信互惠的特点,都是国家平等自由伦理精神的合目的和合理性的体现,这是个体自由意志在具体伦理秩序中的展开运动。

黑格尔伦理的现实性克服了道德的抽象形式,转而在现实环境中找到道德可能实现的要素,在伦理体系逐渐成熟和完善之后,美德的诉求都能在公共空间内获得承诺和实现,在某种意义上挑战了启蒙精神所推崇的理性能力。道德则认为现存的法律制度和社会实践都需要经过个体的理性审视,将个体的理性原则抽离出现存既定习惯、传统之外,来评价某种特定的实践。黑格尔的伦理是将绝对精神理念作为普遍性存在自在自为的"神",具体现实生活体现或分有这样的理念,而伦理普遍性也是通过现实具体的个人才能体现出来,伦理共同体的价值精神是无数个体生成的价值精神,伦理共同体的历史由个体承担又由个体创造,在这个意义上黑格尔囊括了抽象个体权利的需求,同时又扬弃了道德领域中主观个体自由的任意性,使其统一于体现绝对精神本质的国家理念中。

五、黑格尔伦理体系的局限性

黑格尔在"国家"部分所讨论的人的自由权利在公共政治生活中的实现问题,往往被看作保守思想的体现,似乎个人自由权利只有置于国家伦理权威之下才能得到实现,在一些自由主义者看来这体现了个体自由的保守倾向。黑格尔对政治体的看法基于一套精神存在学的逻辑论证,即伦理精神的现实化构成了绝对精神运动的一部分,形而上学的色彩使

---

① [加]查尔斯·泰勒:《黑格尔》,张国清、朱进东译,南京:译林出版社2002年版,第675页。

得伦理精神的普遍主义与个体特殊性结合。如果服从于黑格尔一贯的逻辑推演，就很难解决经验主义和形式主义从个体原子论的前提出发的理论问题。① 当然，黑格尔的出发点是市民社会中现代私人性的主观任意特征与功利主义思想倾向，他认为伦理理性的结构可以让市民社会中分散的力量凝聚在新的"伦理"理念之中，但"果真黑格尔是正确的，那么人必在理性的国家结构中认识到自己，而工业社会也不会走上今天这样的路子"。② 绝对精神的伦理理念试图在今日日益扩张和分歧的科学知识中寻找一个有意义的基础性结构，这似乎是没有着落的。尤其是面对当前多元分化的社会，民族主义、身份政治都在瓦解以国家为理念的同质内容，使主体自由融入理性之中的主张不再具有说服力。

除了黑格尔伦理体系的精神逻辑推导结构的缺陷之外，霍耐特还指出黑格尔以认知方式来对伦理进行规范性重构时，存在一种伦理的过度制度化现象。③ 黑格尔潜在地规定了个人是共同体的成员，共同体要照顾和保护所有个体，因此他要挖掘家庭、市民社会中能够构成伦理中的互动领域的部分。在家庭中，自然的需求以相互之间爱的形式得到满足，爱代表了一种相互依赖的主体，既共同属于统一体，又包含在情感形式之中。家庭中的每个人通过他人对自己的爱，获得本能满足的同时也满足个体偏好所产生的愿望，这种依据道德前提的相互承认，是个人部分自我实现的领域。但是黑格尔认为家庭中的爱需要在一种既定交往关系的结构中确立，这种互动领域只能作为伦理的社会要素来把握，即要在国家权力中被组织起来，通过实证法来制度化。在黑格尔看来只有建立在婚姻契约基础上的家庭才具有伦理特征，因为它通过制度化的方式确立了可靠性的基础。霍耐特认为黑格尔的这种理解方式过于制度化，这种理解是将伦理设想为完全稳定的东西，并将其等同于惯常化的行动习惯，在家庭中伦理领域所表现的社会互动关系，要想得到社会性的再生产、再发生，就需要借助于国家实证立法的方式。霍耐特认为现代交往的领域并不是完全固定的。社会现代化过程中所产生的交往关系，一方

---

① 黑格尔在精神现象学中，就将伦理生活概括为具有现实性的精神，见［德］黑格尔：《精神现象学》，先刚译，北京：人民出版社 2013 年版，第 269—271 页。
② ［加］查尔斯·泰勒：《黑格尔与现代社会》，徐文瑞译，长春：吉林出版集团有限责任公司 2009 年版，第 209 页。
③ 黑格尔在伦理实体领域中注重教化、教育的方式，只有提高个体意图、认知水平，才能使得理性体系从低级向高级领域过渡。

面既有动机被充分固化的制度特征，另一方面又能够开放地进行内在转变与适应。黑格尔混淆了这两方面，因此在爱的理解上，他并没有将原本也体现互动意义的友谊关系引入伦理的第一个领域，而且他还消除了具有肯定性情感与激情的情爱关系。

黑格尔认为市民社会领域代表了一种间接普遍性，很多无约束的独立主体基于需求与渴望的动机，借各自的手段达成契约，实现成员之间的利益。当主体把对方当作契约伙伴来承认时，就能够实现自己的特殊利益。这种社会交换也需要通过教育观念来表达需求，一方面要用话语这一社会机制的行为来表达，另一方面需要培养目的理性，即对自身需求的某种合理克制。但是黑格尔依旧关注市民社会中伦理的普遍化，他将目光转向了同业公会，并认为同业公会不是以交换的间接方式，而是以主体间共同确立目的的直接方式具有了普遍性。这在霍耐特看来，黑格尔不过是想要借助旧时代的模式来对资本主义市场发挥道德原则，而且还将道德原则理解为类似于国家的某种机构。这种路径反而消除了人们凸显互动模式特征的可能性，同时还混淆了总体上把握制度结构与各种社会实践活动的特殊集合体。黑格尔的问题就在于"他想对现代社会进行规范性的结构分析，以便把历史地形成的个人自由的条件辨识出来，然而他同时又努力进行制度分析，以便把已经形成的、法律化的组织结构合法化"。[1]

黑格尔认为，国家领域的伦理意义在于其社会成员都处于这样一种互动领域，每个人从他人活动中发现对共同追求目标的贡献，这些活动密切地相互交织在一起，形成的共同作用有助于实现普遍性。这也是要使社会成员从市民社会的间接普遍性走向一种更高层次的普遍性。也就是说社会成员以相互承认方式合作时，是一起为共同善的生产发挥作用，通过共同的活动实现普遍物，而这些普遍物作为某种实体性的东西已经存在了，这就蕴含着自下而上的确认："国家的领域允许许许多多个人自身从主体间共同的信念和目的中认识到（或者承认）一种基础，这个基础构成了相互协作地追求共同目的的前提。"[2] 但是黑格尔在很多方面却

---

[1] ［德］霍耐特：《不确定性之痛——黑格尔法哲学的再现实化》，王晓升译，上海：华东师范大学出版社2016年版，第125页。
[2] ［德］霍耐特：《不确定性之痛——黑格尔法哲学的再现实化》，王晓升译，上海：华东师范大学出版社2016年版，第128页。

表现出了威权自由主义色彩，即主体相互之间形成了对政治利益的确认，主体虽被允许有个人自主意义上的一切权利，但却没有政治参与的机会。

尽管黑格尔伦理体系存在着逻辑学的泛形而上学主义以及伦理过分制度化的缺陷，但霍耐特认为《法哲学原理》扩展了社会关系中有关自由的理解，可以抛弃概念化、逻辑化的概念体系，重新挖掘黑格尔伦理领域中使个体自由现实化与具体化的内容。

第二节 霍耐特对黑格尔自由理念的改造

个体自由在现代社会中具有重要的价值，一些其他价值的引入都为自由提供必要的和可能的前提，哲学虽然对不同形式和方面的自由做了区分，比如政治自由、经济自由等，但是对什么是社会整体中的个体自由的含义，哲学没有从自我理解的角度对自由做出区分。黑格尔伦理体系能够从概念上厘清自由的不同形式，使得自由意志的主体"能在功能分化的现代社会的组织结构中保持适合自己的位置"。[①] 而要想重新证明黑格尔《法哲学原理》的现实性，霍耐特试图通过对黑格尔体系去形而上学的设定、改变黑格尔逻辑体系的三分结构，来重构相互承认的规范理论领域，进而提出他的社会自由思想。

一、剥离形而上学的绝对精神特征

早在耶拿时期，黑格尔就开始质疑以霍布斯为代表的自我持存斗争观点以及康德道德理论的个人主义前提，黑格尔反对将自然法经验研究下孤立的主体看作是自然演化的结果，同时也反对自然法形式研究下强调人的主体行为与道德意志存在鸿沟的观点，自然法的经验研究与形式研究只把人类自然行为看作是个体的单独行为过程，个体的共同体"从外部加在上面"。[②] 黑格尔试图摆脱现代社会哲学原子论前提的困扰，想要论证社会的伦理凝聚力量内在于以个体自由为基础的团结形式。这样的伦理共同体包含着四个主要前提：第一，主体已经通过主体间的互动

[①] ［德］霍耐特：《论我们自由的贫乏——黑格尔伦理学说的伟大与局限》，王歌译，载《世界哲学》，2013年第5期。

[②] ［德］霍耐特：《为承认而斗争》，胡继华译，上海：上海人民出版社2005年版，第17页。

关系结合起来了，正义原则就不能够再从原子论的假设前提出发，认为个人自由在本质上是一种不受他人干扰、能够自由实现自己的意志；第二，普遍正义原则的构想，要维护这样一种社会条件，即主体之间把他人自由看作是自我实现的前提；第三，这种交往自由的规范原则不是以外在行为准则的形式或者纯粹强制性的法律形式被纳入现代社会中，而是在实践过程中转化为习惯了的行为模式和习俗；第四，黑格尔所认为的"伦理"是一种行动领域，是预先设定好了交往自由的文化。这里黑格尔试图将主体间的社会关系视为人社会化过程的准自然前提，也就是说人性中具有一种与共同体联系的根基。伦理领域是社会化与个体化的互动过程，这个过程可以通过承认来描述。耶拿时期的黑格尔注意到了费希特的承认理论，但费希特是将伦理关系预先设定为一种具有先验色彩的自然法基础，即把伦理关系看作是人类相互承认的某种设定的状态。黑格尔则认为社会伦理是主体间的一种实践方式，主体自我认识到自身的能力和品质需要得到另一主体的承认，同时自己也要认识自我认同的特殊性。这样，承认不仅是主体间关系结构的一种外在推动力，同时也是个体内部隐含的动力，即个体要求更为苛刻形式的承认。人的道德潜能不再是来自人的本性，而是基于人与人之间的关系，社会伦理的发展不是个体理性与感性的一种和解，而是主体间关系与个体之间的和解。但后期黑格尔在探索主体间交往行为的基本机制时，却逐渐放弃人类生活中这种原始的主体间性概念，"伦理政治理论完全失去了'社会史'的特征，不再分析发生变化的社会关系，而逐渐采取了一种分析个体如何构成社会的形式"，转向了构建绝对精神体系的意识哲学。①

很显然，《法哲学原理》的构思正是体现了这一点。在该著作中，黑格尔将伦理视为自由意志绝对普遍的实存，是绝对精神的客观化表现。伦理理论所反映的"客观精神"一方面指精神以理性的社会秩序为基本形式来塑造客观世界，另一方面也指"构成此一世界的义务、法律和制度的客观有效性"。② 也就是说黑格尔是从理性自我反思的过程来考虑理性在制度和实践的外在现象中的现实化问题，精神所具有的反思特征似

---

① ［德］霍耐特：《为承认而斗争》，胡继华译，上海：上海人民出版社2005年版，第33页。
② ［美］伍德：《黑格尔的伦理思想》，黄涛译，北京：知识产权出版社2016年版，第19页。

乎是实践的。但是霍耐特认为，黑格尔的《法哲学原理》并没有离开他在耶拿时期所提出的伦理的四个前提，而且没有全面关注到如何使原初的相互承认关系结构纳入这一框架中这一问题。因此霍耐特的目的是想要重新揭示出黑格尔《法哲学原理》结构中所蕴含着的早期构思的伦理内容。这里，与其说霍耐特拒斥了黑格尔后期形而上学的表述，倒不如说他是利用黑格尔早期的思路来赋予法哲学现实意义。

黑格尔认为精神在客观世界现实化，具有"一般的自由意志形式"，将一般自由意志看作是法哲学的原则，以自由的视角来描述"自由意志的定在"就是法的领域如何体现客观精神的规定。霍耐特要想重新使黑格尔伦理精神现实化，必须重新解释黑格尔的"一般自由意志"的定义，它不再是绝对精神这种形而上学的规定，而是已经具有现实社会条件的自由意志。

在霍耐特看来，黑格尔阐释自由意志的方式成为他与其他学者的重要理论区别。黑格尔认为之前理解的自由意志规范的观念方面，存在着两个角度的不完善。一种是个人自律（自决）（autonomy），强调的是人的自我规定是一种能力，就是借助于意志来使自己跟属于自然本性的如需求、欲望、冲动等划清界限，是一种消极的自由意志。另外一种，是自我规定，即个人意志对规定的内容能够进行反思性选择或者决断。康德和费希特的道德哲学就是属于这一种，而黑格尔的自由意志不同于康德和费希特的自由理论。黑格尔曾经指出康德要在自我规定的行动与个体感性偏好中进行选择，这就造成道德义务与自然本能的二元。黑格尔想要追求一种更加综合性的自由意志模式，他律的规定内容不是自由的前提，而是自由的结果，个人自我规定是意志作为自身所需要发生的作用。哈利·法兰克福①的研究可以帮助我们理解什么是黑格尔所说的"把自身作为对象"的意志以及"自身愿望着的"的意志。法兰克福认为人的意志活动所体现的层序结构特征是人类独一无二的本质。当意志表达某个行为冲动是一阶欲望，而当意志所表达的对象是一个一阶欲望或冲动时候就是二阶欲望，二阶欲望是人所独有的对一阶欲望可欲性进

---

① 哈利·法兰克福（Harry Gordon Frankfurt），当今讨论意志自由及相容性问题中最有影响的美国哲学家。主要著作有 *The Importance of What We Care About*: *Philosophical Essays*, Cambridge University Press, 1988。

行的评价或者选择①。按照法兰克福的理解，意志可以根据表达与评价分为两个序列，第一序列就是"自身愿望着的"意志，是自由的一种可能性，第二序列是"把自身作为对象"的意志，是自为的自由。而黑格尔所设想的综合的自由意志，强调的是个人行为冲动或偏好中的质料本身就是自由的内容，在自己限制自身特定偏好的时候，也意味着他人能够完成一种自由的自我实现，"主体从他者的自由中能够看到他自己自我规定得以实现的前提②"。

按照霍耐特的理解，黑格尔的自由意志大致就是这样的思路，意志首先对"第一序列的意志"即需要、欲望、本能等进行限制，这是意志有规定性与限制的状态，而这第一序列的意志要想实现，只有通过与他人的交往，才能使这一意志被当作它自己的自由而表达与确证，只有在他者之中才能使意志体验到自由。可以看出自由意志的第一种状态——自律，是具有无限制的自我体验形式，第二状态是自我决定，这是有规定性与限制的状态，第三种是所谓交往的自由，就是在他者中确证自由的方式。因此黑格尔想要通过描述"自由意志的定在"来阐明主体之间建立的交往性联系，而且这种联系能够体现为主体自身自由的表达。当主体参与到社会联系中，就能够实现自己的自由。

而伦理领域所包含的互主体特征就是承认。承认在主体性的互动关系中，包含着两个方面的语法结构：主动语态的"我承认"和被动语态的"我被承认"。③ 两个语法结构要在互主体的行为过程中统一在个体身上，从主体对自身行为能力的承认过渡到在相互关系中调整自身行为的力度，说明承认的实践不仅仅是一种自我肯定行为，在道德要求上要以相应的承认形式来对待他人。黑格尔的伦理领域可以看作是不同承认形式所构成的等级秩序，而这些形式共同的特征是以现实化的方式呈现出来的。互主体行动的伦理领域要求主体借助一定道德规范来采取某种行动时，要能够实现主体对他者的承认，这种规范既是实践模式的要求也是内在于主体的前提，是行动内在必然的组成部分。只有在与其他主体

---

① 参看段素革：《认同与自主性：H. G. 法兰克福意志自由概念探析》，载《河北师范大学学报》（哲学社会科学版），2011 年第 4 期。
② ［德］霍耐特：《不确定性之痛——黑格尔法哲学的再现实化》，王晓升译，上海：华东师范大学出版社 2016 年版，第 32 页。
③ ［法］保罗·利科：《承认的过程》，汪堂家、李之喆译，北京：中国人民大学出版社 2011 年版，第 213 页。

的关联中，第一序列的意志（需求、欲望等）才能够摆脱他律特征，通过他人的潜在反对来表达出自由。也就是说人的第一序列的意志是一种被塑造的即经历了社会化过程的自然潜能，不能像康德和费希特所设想的，将需求看作是道德检验的给定材料。这种要实现的过程具有某种弹性与可矫正性的特点，因此教育成为伦理领域的前提。在黑格尔看来，道德领域具有一种可以在每一代人中重新塑造行动取向的能力，这是互动领域中所包含的学习过程，形成了自我实现、相互承认和相应的教育过程。需要指出的是，按照霍耐特的理解，黑格尔并非先建构了这些规范性要求，然后再付诸实践，去追问如何达成能够实现这些的社会条件，他想要强调的是在社会生活已经包含充分根据的道德规范，这些道德规范如何以可普遍化的理由被理性来付诸实践。"在这样一个自由意志的模式中，个体自由的交往模式被如此清晰地勾勒出来，以至于黑格尔所谋求的规划在他的《法哲学原理》中被最准确地展示了出来。"①

这样霍耐特就将黑格尔自由实现的可能性从绝对精神的逻辑演绎分离出来，从承认的主体间交往性联系中来探讨自由实现的现实性。

二、改变黑格尔逻辑体系的三分结构

霍耐特从相互承认的交往联系来理解黑格尔的"自由意志定在"，并认为黑格尔的这种交往关系是一种基本善，据此来构思一种以自我实现的互主体为形式的社会正义理论，从"自由意志"实现的完整条件和不完整条件来改变黑格尔逻辑体系的三分结构。

首先，霍耐特认为黑格尔法哲学所研究的"定在"就是法，这种法的含义已经远远超出在社会角色中所扮演的规范地位的法，而是个人自我实现的社会条件的一种伦理表述，并具有时代诊断的特征。不同于往常理解的调节共同体的秩序的"法"，黑格尔的"法"是个体自我实现的一种伦理表述，其内容是以社会诸领域为载体的法，它提出了把社会作为整体而加以维护和发展的正当要求。社会现实的合理性结构如规范、价值等制度，为个体自由的实现提供条件。法哲学的中心目的就是要论证一种社会条件是"主体从他者的自由中能够看到他自己自我规定得以

---

① ［德］霍耐特：《不确定性之痛——黑格尔法哲学的再现实化》，王晓升译，上海：华东师范大学出版社 2016 年版，第 25 页。

实现的前提"。① 也就是说，在霍耐特看来，黑格尔不仅要为社会领域"定在要求"的正当性或确证性提供理性依据，而且还需要重构个人自律的必要条件，以此说明现代社会必须包含或者提供可以使社会成员能够实现"在他者中实现自我"的相关领域。从主体间关系理解的个体自由实现出发，就可以将现代社会中的自由观念所需要的制度划分为完整与不完整条件。即说明某种实践自由实现的条件时，必然存在一些不完整的自由概念作为其必要前提。在现代社会结构中，在自由实现的可能性问题中，这些不完整的自由依旧占据着一定的位置。这样黑格尔法哲学文本就可以看作是以抽象法、道德所代表的自由可能性条件与"伦理"代表的自由实现条件这两部分了。② 这就将三段式的理解方式转化为自由意志实现所可能面临的三种模式，系统地将《法哲学原理》分为三大部分：首先，阐述现代世界的各种自由模式；其次，需要考虑基本自由模式所包括的社会实践；再次，这些自由模式不仅仅是抽象的观念，而且还对现实产生重要影响。黑格尔虽然与康德、费希特都认为现代社会的规范性正义都依赖于主体平等个人自由的原则，但他所强调的自由是一种有社会互动内涵的反思性的自由。因而黑格尔所强调的正义观念，是现代社会能够在多大程度上平等地为所有成员提供交往条件的保障。按照霍耐特的理解，黑格尔先阐明了交往本身构成了个人自由的前提，并从自我实现所需要的条件推导出现代法所面临的任务。法哲学从抽象法、道德再到伦理的固有结构的发展，表明了主体在伦理中实现自我的两个前提预设条件，一方面主体作为法律的承担者，另一方面主体作为个人良心的承担者。抽象法和道德所包含的自由是并列关系，即自由可以被看作是主观权利，也可以被看作是道德自律。而这两个方面的自由实际上是不完整的自由概念，在现实生活世界中却以独立化的形态呈现，并且产生了副作用。

霍耐特认为从自我实现角度来看，抽象法所代表的个人主体权利具有的伦理价值，是自我意识通过跟权利相联系得到发展，并在此前提下

---

① ［德］霍耐特：《不确定性之痛——黑格尔法哲学的再现实化》，王晓升译，上海：华东师范大学出版社2016年版，第32页。
② 需要指出的是，二分法的划分只是为了论述清楚个人自我实现的充分必要条件，霍耐特的理解很大程度上是为了消除法哲学中的内在逻辑结构对黑格尔整体体系的依赖，这样抽象法与道德之间就不存在自由意志逐渐推进的过程，这两个都是自由不完整表述的方面。

恰当地运用法，这就蕴含了个人作为自身法的承担者的纯粹意识，使人能够在一定的具体条件与社会角色中，坚持自身的不确定性和开放性，使自己有可能在伦理领域得到承认。可是一旦个体将自己的一切欲望和目的在形式法的范畴内加以现实化，就会遭受"不确定性之痛"。① 这是抽象法的限度。而道德自由的伦理价值在于，当人们有根据对制度化实践的合理性提出质疑时，他们诉诸自己的良心是可取的，不过如果主体的社会环境所提供的规范性尺度不能保证普遍原则的合理性，那么个人自由就会与现存的一切规范保持距离。同时，如果这些制度化实践和规范没有与理性发生任何联系，那么个体就会迷失在无根基的自我确证中，这种道德反思在一定程度上就是空虚的。这就是道德自由的界限。一旦跨越这个界限主体就会表现出心灵空虚和行动匮乏。

在这个意义上，伦理就具有一种解放的意味，不但能从这两种不完整自由方式摆脱出来，而且还能实现真正自由的积极效果。《法哲学原理》所蕴含的方法论启示也在于此。在霍耐特那里，黑格尔法哲学的出发点并不是要构建一种新的正义理论，而是要"感受生活世界的缺陷或者自己当前的痛苦"。② 这种社会痛苦是由哲学概念上的混乱所形成的，因而要采取转换视角的治疗方法，重新熟悉现实生活的理性。

其次，霍耐特将黑格尔伦理实体垂直结构做了相互承认的水平结构理解。在《法哲学原理》伦理篇中，黑格尔对伦理实体"家庭、市民社会、国家"三个领域进行了一种等级结构的划分，即家庭依靠自然情感为媒介，家庭成员抛弃了纯粹的自然性，形成独立性和自由的人格，进入了以市场为媒介的市民社会，这里能够为个体呈现更高程度的个体化以及提供实现自我利益的机会，最后使个体在国家伦理实体中实现特殊性与普遍性的统一。在霍耐特看来，黑格尔对于伦理领域分为这前后相继的三个阶段时，"似乎是对需要、利益、尊严进行了排序"，③ 个人在家庭中因为通过爱来满足需要，市民社会的成员按照自身目的的合理性获得利益，当个体理性地发挥自身才能适用于共同体的福利，个人利益就

---

① [德]霍耐特：《不确定性之痛——黑格尔法哲学的再现实化》，王晓升译，上海：华东师范大学出版社2016年版，第58页。
② [德]霍耐特：《不确定性之痛——黑格尔法哲学的再现实化》，王晓升译，上海：华东师范大学出版社2016年版，第72页。
③ [德]霍耐特：《不确定性之痛——黑格尔法哲学的再现实化》，王晓升译，上海：华东师范大学出版社2016年版，第100页。

统一在国家这个伦理实体上。这三个阶段如果抽象成个体成长过程，可以对应主体认知发展阶段的不断提高，这也是黑格尔精神发展的历史图景，理性依次出现情感、目的合理性和普遍与特殊的统一，才能达到最高阶段的理念世界。这样黑格尔就将整个伦理领域看作是一个理性自我教育、自我发展的过程，"好像要把他的《法哲学》引向体系终点的倾向"。① 在霍耐特看来，存在主体个体化的可能性与内在趋向普遍能力是并驾齐驱的，即可以从相互承认的主体间关系来理解这三个领域，"迫切需要解决的难题不是这些领域之间的等级秩序，而是它们各自是否能够成为伦理在社会中的具体化"。②

在家庭领域中，霍耐特意识到黑格尔所处的时代，会存在着夫妻关系的不对称结构，但是现在的核心家庭成员关系可以被理解为一种相互爱的基础上所确立的社会关系。黑格尔对爱的描述可以理解为个体自我实现，爱是个体的一种欲望，是个体不愿成为孤立单个的，是意识个体与他者的统一，"我在另一个人身上找到了自己，即获得了他人对自己的承认"。③ 家庭关系中通过承认他者的不可替代性表达出来，才能达到自我实现。而人类另一种情感——友谊，在情感表现上与爱有相似之处，朋友之间的互惠构成了相互承认。因此霍耐特认为友谊也应该被包括在伦理生活的第一领域中，这样可以克服黑格尔从社会制度化的形式只看到婚姻家庭的自我关系的缺陷，补充了人们在友谊情感中所表现出的互动关系。在市民社会中，霍耐特认为黑格尔并不关心成员之间相互承认的形式以及自我实现的程度，只强调在这个领域中个体特殊利益只有通过订立契约才能得以实现，其承认只在确立双方的特性时才有价值，"两个人相互承认自己是自由人的这种统一性——本身包含定在，——过程——承认只是这种抽象的统一性——取得、占有——内在于和借助于这种承认。承认究其自身而言是形式的。"④ 黑格尔的承认意涵旨在强调

---

① [德]霍耐特、[美]弗雷泽：《再分配，还是承认？一个政治哲学对话》，周穗明译，上海：上海人民出版社2009年版，第111页。
② [德]霍耐特：《不确定性之痛——黑格尔法哲学的再现实化》，王晓升译，上海：华东师范大学出版社2016年版，第102页。
③ [德]黑格尔：《法哲学原理》，范扬、张企泰译，北京：商务印书馆2013年版，第175页。
④ [德]黑格尔：《黑格尔著作集·第7卷·法哲学原理》，邓安庆译，北京：人民出版社2016年版，第145页。

承认市民社会成员作为人格对财产价值维护的法律角色，霍耐特则进一步深入分析个体在社会交往中广泛存在的被他人肯定的社会角色，劳动的分工就扮演着主体在劳动过程中扩展目标的角色，并使彼此互相补充。本来黑格尔在该领域所突出的社会主体互动的机制正是霍耐特所感兴趣的地方，但黑格尔为了服从伦理体系最高阶段，"突然以垂直维度替代了水平的相互承认"，① 试图以中世纪的同业公会现代化，来消除市民社会的特殊利益与普遍利益之间的对立，使其转变成为一种致力于共同目标的活动来实现普遍性——国家。在霍耐特看来，国家领域是相互承认的第三个领域，国家应该是由相互承认、具有合作能力的主体共同定义的，即个体平等地参与到政治合法化过程中，使得个体特性权利要求与一般的普遍特征结合起来，国家领域在许多个体相互承认确立的主体间共同信念中获得规范性基础，这个基础构成了个体与国家追求共同善目标的前提。

三、社会自由的正义构想

前面霍耐特从消除黑格尔形而上学的色彩、改变逻辑体系来重构黑格尔的伦理体系，其主要目的是将黑格尔伦理内容从绝对精神的能动实践中摆脱出来，形成一种建立在相互承认基础上的社会实践。黑格尔法哲学中自由的现实性本是服从于精神的自我实现的现实性，而霍耐特将这种自由的现实性赋予了社会制度对承认关系的保障，在此基础上将黑格尔自由的现实性理解为社会自由。

霍耐特的社会自由概念主要来自弗雷德里克·诺豪泽尔（Frederick Neuhouser）对黑格尔伦理生活自由的概括。诺豪泽尔认为黑格尔在《法哲学原理》中所阐发的自由思想，就是一种"独特的社会的"自由。② 这种自由并不是随心所欲的自由，而是社会制度的规范原则对个体行动的一种指导的自由。诺豪泽尔指出黑格尔在《法哲学原理》中所划分的三个领域：家庭、社会、国家，这个划分试图要阐述的是个体自由是如何在合理制度范围下得到认可，从而实现个体性与普遍性的统一。同诺

---

① Axel Honneth, *The Pathologies of Individual Freedom: Hegel's Social Thought*, Ladislaus Löb (trans.), Princeton & Oxford: Princeton University Press, 2010, p. 78.
② Frederick Neuhouser, *Foundations of Hegel's Social Theory*, *Actualizing Freedom*, Cambridge/M. 2000, p. 6.

第二章　社会自由的理论内容：霍耐特对黑格尔法哲学的扬弃

豪泽尔思想类似，霍耐特也强调社会自由的主观与客观的成分，如果自由的概念只局限于主观意图的任意性或者对法权的无反思性地遵守，那么这就不是真正自由的实现。社会自由要求行动中的社会制度必须来自自由意志的自愿与自律，即社会制度不应该被理解为一种外在的结构，而应被理解为个人已经进入社会的一种选择，社会制度要保证构建成员之间的主体间性，要保证个体自身能力能够发展与被认同。个体价值与社会成员的价值，并不是互相竞争的或者互相排斥的，社会成员所扮演的角色，并不是通过占有他人自由的可能性来为自己获取自由的源泉，而是可以通过社会实践和理性实现全体社会成员的自由。

霍耐特所发掘的黑格尔伦理体系中"相互承认"的范畴被理解为意志自由所需要的社会条件。作为反思自由的主体在现实生活的体验，就不应该是与外界隔绝的、限定自己行动的一种自由理解。相反，作为主体的自我在现实活动中，可以在互动合作伙伴的努力中看到另一个主体的目标与自己目标的互补性。这种相互承认的互惠经验，实际就是自我愿望和目标实现的一种条件。在这种互惠理解的形式下所制定的行为习惯规范，就是个体自由的真实愿望体现。

之所以将相互承认作为意志自由所需要的社会条件，是因为承认是霍耐特所一直深入研究的社会成员行动的基本规范。这里规范的含义并非对某个具体行动服从命令的某种描述，而是来自这样的行动事实："人们不仅对刺激做出反应，而且在某种意义上力求使他们的行动符合行动者和同一集体其他成员认为可取的模式。"[①] 霍耐特认为相互承认的形式本身在社会现实中就是制度化的，是人们深层诉求的社会形成的产物，证明在历史上承认秩序的原则已经被确立。在霍耐特看来，资本主义社会已经是一个制度化的承认秩序。霍耐特的目的就是指出资本主义社会已经形成的承认的制度化分区。在情感层面，就是爱的承认，从两性之间的关系到父母与孩子的关怀责任，婚姻就是主体间一种特殊制度化表达；个体的法律承认，使得人们从等级制的价值秩序中分离，平等的规范理念制度化，使得"个人成就"成为新的价值模型，也就是说法律所形成的规范承认改变了之前以荣誉为根据的成员资格，个人根据自己所作出的成就，享受社会尊敬。对于资产阶级社会的分配资源领域，就可

---

① [美] 帕森斯：《社会行动的结构》，张明德、夏遇南等译，南京：译林出版社2012年版，第83页。

以通过价值原则给予进一步的解释。这样在资本主义社会的道德发展过程中，主体间建立了社会关系的三种独特形式。互爱的私密关系可看作是彼此相互需要；互相认可的平等权利的法律关系可看作是作为社会成员具有的法律身份；社会关系中可看作是对社会有价值的主体。霍耐特从爱、法律关系和成就原则三个领域来建构承认，试图说明黑格尔伦理实体的三个制度性综合体作为承认领域的内在构造，允许主体通过积极参与来获得个人自由。承认原则在黑格尔家庭、市民社会和国家中以肯定性的方式存在，而且这三个领域中的承认制度是相互补充与相互影响的，家庭中爱的原则，逐渐被法律原则所引进，社会尊敬的成就原则，被法律原则所补足。个人成就原则，从社会成员对社会的贡献来衡量其成就，废除以政治身份为基础的社会尊敬形式，而且个人成就原则也可以从道德上证明利益的极端不平等分配，从而提供规范资源。

霍耐特以相互承认为原则来阐释黑格尔的社会自由，其主要目的是将自由的机制构成包括进去，来"展现一种正义的社会秩序的轮廓"。① 关于自由的哲学话语讨论不仅倾向于反思性，更是要求一种与正义理论相联系的概念。从抽象法引出的消极自由，只会形成私人利己的系统，缺乏自我反思的能力。从道德自由引出的积极自由，将个人的意志自由剔除了社会文化机制与伦理习惯，使原本自由的前提成为外在的、使用程序之前出现的结果。霍耐特要将正义秩序等同于主体互动自由所必要的社会机制的综合，确保个人只能在共同互惠的情况下实现那些目标。也就是说，个人应当理性反思现代社会中所需要的经验性现实，通过修正和比较，逐渐揭示出主体在现存条件下以现实的方式去追踪实现的目标。这个过程是可以通过脱离精神形而上学的背景来描述，即在现代主体个人自由的框架内，设定承认机制与总体机制，以互惠的实践来满足人们主体互动的需求。

在霍耐特看来，如果正义只是一种虚构的社会契约，或是民主决策的沉淀，它就不是一种现代的社会秩序。现代的社会秩序既具有外在的限制，也需要主体以反思的标准去行动，它不是设定一个外在正义标准来规范主体行动方式，而是主体首先内在于社会结构中，在保障自由的时候能维护社会秩序的合法性。具体表述为：首先承认关系体现在主体

---

① ［德］霍耐特：《自由的权利》，王旭译，北京：社会科学文献出版社 2013 年版，第 92 页。

对于自由的概念认知中,然后以此出发去反思社会结构中如何能够保证主体承认关系,即检验现存的机制能否满足承认机制。在霍耐特看来,单靠法的机制和良心的机制,都不能将其放入道德结构来理解。个人自由只能在承认机制中才能展开,但这种共识并不是通过签订契约或者合同达成,而是需要以下几个步骤:第一,在承认机制中构思社会自由,这是寻求主体认可现存环境中对于自由概念的某些一致性;第二,阐明那些现存的机制原则是可以被认同的,这就涉及个人自由话语权利的使用;第三,在现实机制的职能上,去检验个人合法性,这是一个历史的过程,是对于道德秩序的一种重建,在历史进步中能够不断形成对于自由的理解。在霍耐特看来,黑格尔在他那个时代试图探索自由的社会形式,使得正义不能再退缩到普遍原则的构建过程,我们当前所要做的就是重建自由所需要的外部机制,即在主体相互承认的实践中实现个人自由,保障主体参与承认机制的互动的伦理机制的机会,这需要法律保障、政治和社会公众分工的共同合作。"伦理机制使得个人自主成为可能,同时个人自主又带动了这些机制的修正。伦理机制在个人主体互动中不断运动发展,而非停滞不前。"①

四、简要的评价与总结

当前政治哲学研究中,人们一方面试图回避黑格尔伦理体系的保守与泛逻辑主义,另一方面普遍地从康德传统中的理性法来寻求现实社会正义的理论资源。在霍耐特看来,这种康德主义的正义论构思的主要特点是设计一套寄托于人们理性的独立的正义原则,然后再将其应用到社会现实中去,并没有考虑社会现实本身可能具有的一种关于正义规范的独立结构,这种原则具有道德合理性却缺乏现实性。正是出于将理论规范与现实实践内在结合的目的,霍耐特认为黑格尔的《法哲学原理》能够为抽象道德和法律原则提供构建制度框架的方法论,这有利于构想现代正义原则。霍耐特以一种谨慎的态度,以间接现实化的方式重新挖掘该文本自身的理论结构,找出现代正义原则的社会条件——相互承认。

霍耐特对黑格尔体系去形而上学、改变递进的逻辑结构,形成以社会自由为核心的正义内容,可以说是一种全新的正义理论视角。他以帕

---

① Alex Honneth, *Freedom's Right-The Social Foundations of Democratic Life*, Joseph Ganahl (trans), Cambridge: Polity Press, p. 61.

森斯社会行动理论为方法论,认为家庭、市民社会、国家三个领域的承认机制是相互补充相互影响的,这构成了均衡和变迁的社会系统。但是,如何看待霍耐特对黑格尔体系的运用与再阐释?

首先,从文本角度而言,霍耐特认为黑格尔《法哲学原理》的工作是为了勾勒出相互承认在现代社会各领域的活动,但与其说霍耐特的观点是黑格尔文本思想的再解读,倒不如说是霍耐特用自己既有的理论框架来盛放黑格尔的内容。霍耐特从黑格尔早期的耶拿手稿中挖掘了黑格尔的相互承认的伦理思想,但黑格尔一直试图解决的是市民社会私人利益与国家整体利益的分裂问题,市民社会中人们追逐价值和货币的趋同行为,使得黑格尔放弃用自然法中共同体的伦理体系使个体向整体转变。黑格尔试图用一种成熟的伦理体系以理性的方式在特殊与普遍、个人与国家之间达到平衡和统一,也就是说黑格尔法哲学并不试图提供建国理论,而是提供了反思现代国家统一性的思辨体系。霍耐特以相互承认的水平结构来替代黑格尔的垂直结构,在比利时学者卡琳·德波尔(Karin de Boer)看来,霍耐特所发现的黑格尔相互承认的对称结构并不能体现法哲学的整体结构,黑格尔在法哲学体系中不对称的承认结构服从于普遍性与特殊性关系的内在逻辑,霍耐特的解读更侧重于自身理论出发,从个体自由的现实实现所需要的社会条件来分析黑格尔的政治哲学,可能会使读者产生误解,即霍耐特的解读究竟是黑格尔的相互承认理论,还是霍耐特自己的承认理论。[①]

其次,从现实意义而言,霍耐特分析社会自由的相互承认的社会条件时,将其看作是历史上已经确立起来的承认秩序原则。资本主义社会的结构已经是制度化的承认秩序,社会成员在受到道德规范时采取行动取向,在不同的社会子系统的作用下,构成了社会的进步,而其间的社会冲突是由于合法的承认原则没有被正确地使用,道德期望与规范价值出现了脱节。因此霍耐特社会自由的正义价值就体现在从主体互动的实践习惯中寻找到社会中已经实现的普遍价值规范,并以此构成检验社会机制条件的合法标准。这实际就蕴含着"承认机制(社会前提)——主体学习(实践手段)——互补机制(检验标准)"这样的反思平衡与解

---

① Karin de Boer, "Beyond Recognition? Critical Reflections on Honneth's Reading of Hegel's Philosophy of Right", *International Journal of Philosophical Studies*, 2013, Vol. 21, No. 4, pp. 534 – 558.

释性的循环论证。另外霍耐特将社会自由的条件概念化为一种整体的承认秩序，在爱的领域中，承认被个体独特的需要所支配；在法律领域中，承认被个体自主性的平等尊重原则支配；在国家领域中，承认被社会成员以参与共同体的成就所支配，进而将资本主义社会所有的服从关系都植根于个体"在他者身上的自我存在"的关系属性。这很大程度上是将所有社会不满足于基本道德期望——相互承认中，反而可能会弱化批判理论承担的经验世界的批判力度。从相互承认的伦理规范来构建社会制度的原则与标准，在推动个体自由实现的路上究竟能走多远，值得我们进一步分析与探讨。

第三节 社会自由的解放意涵：对现代两种自由的时弊诊断

霍耐特以相互承认为原则将自由的机制纳入黑格尔伦理思想中，一方面试图消除黑格尔的形而上学色彩，另一方面给它赋予了社会自由的解放意涵。在阐述了社会自由的基本意义（即从互主体承认的行为结构中，构思自由的社会形式）之外，霍耐特认为社会自由还有另外一重意涵：从现实自由的片面方式走出的积极意义。这就意味着社会生活中存在着自由片面所带来的弊端与痛苦，以时代诊断的分析视角为切入点，能够进一步地廓清现代自由的问题。这种诊断并不是从对理性原则的偏离来衡量，而是从现存机制结构中分析行为者对于规范的错误理解。这种错误理解实际是来自社会结构的错误发展。

一、社会病理学：时代诊断的方法论

在霍耐特看来，以一种否定意义的状态分析对社会现状的批判，尤其是对有缺陷的或紊乱的社会发展过程的揭示，可以被理解为社会病理学。雅思贝尔斯将社会病理学看作是对个人社会疾病现象形式原因的揭示，其内容包含着个人生存状态的扭曲、对于良知信任的破坏等。[①] 不过霍耐特不是从狭隘意义上以社会正义原则来衡量该现象，而是从它对好的或成功的生活条件的损害的角度，揭示其妨碍了个人自由实现的可

---

① ［德］G. 申克：《从精神病理学到社会病理学——雅斯贝尔斯的哲学逻辑学概念》，金寿铁译，载《世界哲学》，2009 年第 4 期。

能，即"这种社会病态限制或扭曲了规范的或健康的生活可能性",① 从社会状态中理论性的诉求来诊断社会病态。霍耐特之所以从黑格尔法哲学分析入手，就在于黑格尔对他所处的时代理性的匮乏做了具体的阐释。黑格尔注意到他所处的时代出现了市民社会与国家的分离，市民社会包含的各种利益的冲突，对于传统意义上的伦理共同体是一种瓦解，黑格尔认为这个时代是未能充分实现理性的年代，个人应该要按照客观精神的普遍理性主义维度来更新新的伦理制度，才能够实现自身，反之就会"感受生活世界的缺陷或者自己当前的痛苦"。② 从社会理性缺失这种预设的角度来审视社会，其实体现出一种人类学思维，即要从人的行为方式中发现一种未实现出来的潜能。早期批判理论家们都是沿着黑格尔社会现实性符合理性的角度进行分析，比如霍克海默对人劳动的分析，马尔库塞指出人审美维度被压制，哈贝马斯将这种普遍的理性致力于交往沟通的概念等，旨在说明主体的自我实现需要寻找一种普遍的社会合理性。批判理论家对于理性持有一种怀念与信仰的状态，从理性的角度提出对社会病理学的诊断，就是看主体自我实现的机会如何在社会现实中丧失。

不过在霍耐特看来，社会批判理论面临着社会公众冷漠，其本质是方法论上的问题，即从可信的价值或规范来揭示出社会病症时，社会成员对此采取某种冷漠的态度，即他们自身不去揭示或者质疑这种道德上的罪恶，这表明社会病症的存在与公众反应之间缺少一种因果关系，也就是说社会病症是直接体现在公众反应的冷漠中的。批判理论家们从马克思的拜物教或物化理论那里，揭示了社会各种病理的特征，如"虚假意识""单向度性"等，这些都基于普遍理性的合理性的否定方面，但这并没有对个人主体能动性实践起到任何作用。霍耐特认为要使批判理论与实践结合起来，需要借助于经验性社会研究工具，分析主体的行动意图，向实践的转化"只能指望那种被社会病理学扭曲了但并没有被清除的理性能力。对此，原则上来说，所有主体都同样具有动机上

---

① 王凤才：《社会病理学：霍耐特视阈中的社会哲学》，载《中国社会科学》，2010 年第 5 期。

② [德]霍耐特：《不确定性之痛——黑格尔法哲学的再现实化》，王晓升译，上海：华东师范大学出版社 2016 年版，第 72 页，这里霍耐特就指出黑格尔的《法哲学》并不是要构建一种新的正义理论，而是用心理学的表达方式来说明现代人的这种非哲学性痛苦。

的禀赋"。① 霍耐特在具体分析现实社会中所表现出来的社会病症时，一直在两种路径中徘徊，一种是源自批判理论的传统，从人类学的角度，对人类原初行为方式所蕴含着的社会合理性进行考察。《为承认而斗争》中突出承认在人行为中的规范性，强调普遍的理性需要与现实中体现人最初行为方式的实践结合起来，能够寻得一种在相互合作中实现自我的途径。另一种路径是从社会再生产的分析入手，认为社会原因的结构造成了个体自由实现的障碍。

社会病理学在关于社会病症的诊断上，其基本思路是从"确定社会事件所偏离的某种理想"来讨论，因此就会有对人类生活理想状态的某种设定。如果说霍耐特早期作品中还延续着这一思路的话，那么在《自由的权利》中，霍耐特方法论的新颖之处就在于"避开了人类学角度，而是从形成规范的历史具体中进行叙述。"② 在导论中，霍耐特就批判了以纯粹的规范性原则去调整现存机制结构的思路，认为社会秩序道德合法性根据纯粹规范的原则来衡量现实机制，这种衡量与现实自身的发展状况存在着脱节。霍耐特认为"批判理论必须将对社会弊病的批判与对遮蔽这种缺陷的过程的解释结合起来"，使群体相信在接受社会条件的真实性问题上是受到阻碍的。③ 结合精神分析与道德心理学的内容，揭示出主体在社会状态中的痛苦，而且这种自我不能实现的障碍，不仅是个人行为动机所受到的阻碍方式，而且这种阻碍方式跟社会结构息息相关，这里霍耐特吸取了祖恩将社会病症看作是"二阶失范（second-order disorder）"④ 的观点，认为社会成员对自己社会行为反思采取了错误的立场。社会的"一阶内容（first-order contents）"就是社会行动者对社会功能、结构、秩序等的认知，认为社会行为者患有社会病症，表现为行为者并不了解理性，表现出种种不合乎理性的行为，这是早期批判理论家早已描述的社会现状。霍耐特从"二阶失范"的角度来理解社会病理，

---

① ［德］霍耐特：《理性的社会病理学——论批判理论的思想遗产》，侯振武译，载《天津社会科学》，2016年第4期。
② Fabian Freyenhagen, "Honneth on Social Pathologies: A Critique", *Critical Horizons*, Vol. 16, No. 2.
③ ［德］霍耐特：《理性的社会病理学——论批判理论的思想遗产》，侯振武译，载《天津社会科学》，2016年第4期。
④ Christopher F. Zurn, "Social Pathologies as Second-Order Disorders, Forthcoming in the Critical Theory of Axel Honneth", *Brill Academic Publishers*, pp. 345–370.

认为社会病态问题与人们对参与到社会过程所遵守的规范的"反思途径"有关,也就是说人们在理解社会规范的认知结构、知识信念上出现问题,主体无法反思地把握一阶内容与规范的要求,失去对社会制度化实践的信心,就会出现个体自由实现上的病症,因此霍耐特主要考察了法定自由与道德自由的病态特征。

二、社会病理的现实特征

(一)法定自由存在的根据以及病态表现

霍耐特指出在现代自由社会中,个人作为主体的权利拥有受国家保护的空间,个体在这个空间可以根据自己的喜好来表现出意志的个人自主,这一自由的内涵得到普遍认可的社会共识,表现为受法律保护的自由,这是一种对主体权利的维护。从历史上看,这种法定自由的根据来自资本主义社会形成初始的对于私人财产权的维护。

黑格尔在《法哲学原理》中就指出"财产之为自由最初的定在,是它自为的本质目的",① 主体的意志客观化表现在对物的占有转让上。私有财产权利的意义在于保证每一个人都有机会,从外部得到对他意志特性合法性的保障。即每个人有机会获得对物的占有,实际这将人格本身所具有的能力与品质与对物的支配联系起来,凸显财产的人格意义。这种占有即"财产和占有性行为必须得到社会的承认",② 在霍耐特看来,这是理性在自由主义国家中所形成的公共秩序的基本规范:"阻止对他人的损害。"主观的自由意志能够成为真实的意志,在于国家对于每个同等权利下个人自由领域的尊重,即使个体有独自支配对象的权利。个人可以通过拥有的财产,对自己生命中所拥有的责任、关系和义务进行考察,意识到自己以怎样的方式生活,这是对于法律保护自己空间的一种反思,从这个意义来说,自由主义为之努力奋斗的扩大主体的权利都沿着这一思路出发。社会成员在彼此交流沟通中不断开放自己的消极自由的领域,逐渐形成了现在自由主义法律体系的核心部分:信仰自由、言论自由、表达意见的自由等。这里我们注意到,法定自由的不断进步伴随着主体基于善的信念既要求国家保障自己权利、又期待着能够不受阻碍地表达

---

① [德]黑格尔:《黑格尔著作集·第7卷·法哲学原理》,邓安庆译,北京:人民出版社2016年版,第97页。

② 肖厚国:《所有权的兴起与衰落》,济南:山东人民出版社2003年版,第169页。

自己良好构想的意愿。这就意味着法定自由包含着受保护的消极意义和自己意愿表达的积极意义。

真正揭示出法定自由权利的积极内涵的是马歇尔对公民资格的界定，他将公民权利（法定自由）、政治权利和社会权利联系起来，分别阐述了法定自由所需要的物质基础与积极的社会意义。社会权利是主体享用法定自由的物质基础。法定自由的社会意涵是在物质上使每个人都可能行使自由权利来保障的私人自治，个人与别人同等地支配着一些物质条件。换句话说，只有通过对社会权利的补充来保证个人一定程度的经济安全和物质富裕，个人才有可能将社会共同合作与自己人生目标的探索联系起来。这要求个人不要妨碍他人去追求物质过程。而政治权利所包含的参与权，则意味着公民从被动地要求国家保障，转向了积极参与政治的实践活动。政治权利在构思上实际就引入了号召公民参与活动，从而形成一种共同的意志，自己在私人领域中是执行者，但是离开这个领域进入实践政治权利的领域中，就成为制订者。在扮演制订者的角色时就不能只考虑自己私人领域的活动，而是需要参与到共同决策的信息交流中。

法律规范所形成的行动领域需要一种普遍意义的纯粹目的的承认，即个体在任何情况下都期望同被法律所承认的其他成员出于义务感而遵守法律，这种期望就意味着法律秩序使得所有人出于对法律的尊重而服从规则。看起来积极自由与消极自由在立法机关中呈现了一种严格的互补关系，即国家建立起来的法律自由的体制不仅是对消极自由的制度化，也是一种积极自由自我立法的行动，公民都可以在法律执行者中看到理性自我的普遍实现，"公民在参与这种结合所要求的立法过程时，不能仅仅以取向于成功的法律主体的身份，只要政治的参与权和交往权对于合法的立法程序来说是构成性的，这些主观的权利就不应该仅仅是按照单个私法主体的方式来行使的，而相反必须按照取向于理解的行动主体之间的理解过程的参与者的态度来行使"。[①] 但在霍耐特看来，这并不能被置放在社会正义条件范畴之中，因为执行者可能会将权利为私人利用，

[①] [德] 哈贝马斯：《在事实与规范之间：关于法律和民主法治国的商谈理论》，童世骏译，北京：生活·读书·新知三联书店2003年版，第39页。

或者呈现出俯察众生的家长主义作风。① 从这个意义上,霍耐特更加关注的是,法律所形成的规范实际是基于所有制基础上的自我保护的自由,这引入了机制化形成的要求主体互动的自由,这就要求在民主国家法律关系下,主体不能光待在自己的保护墙之中,而是要积极参与一种共同的实践,使得一种应用性自由喷薄而出,即这种自由是建构在它对别的主体的依存性上的。具体而言:主体要实现自己的政治自由,就要依赖于别的主体相应的共同行动,它不是已经存在于单纯地对主体权利的支配之中,而是取决于主体的主动性以及其他法律主体对实现它的努力程度。法律规范的遵守者把自己理解为规范的理性创制者,这是以公民角色为核心、内涵着社会互动的承认与理解。

根据帕森斯的社会系统理论,参与者带着对别人的期待来反思与调整自己的行动,根据对其他行动者被期待的期待来做出自己的决策,但是从众多的利益立场和相互博弈的结果来看,整个社会秩序是不确定的,这与现实社会秩序、行为模式的稳定特征是不相符合的,那就说明,存在着一些既定的价值前提,已经对参与者起了作用,因此就要说明"自由地做决定的行动者们是怎么居然会受规范约束的,也就是说,是如何因规范而有义务去实现相应价值的"。② 在法律系统中,霍耐特指出主体间相互承认的要求,每个参与者都默许法律对个体的规定与约束,在所有参与者都有同等权利的时候,蕴含着个体对对方的道德期望,即把对方设想为有能力并且自愿承担所有他应负有的责任的个体,这样就可以自愿地遵循法律规则。在对法律规范原则的承认机制下,个体就形成了一种特殊的自我关系结构。一方面要求主体自身具有学习法律领域规范的意识,并自觉运用法律规范对自己的某些道德规则或伦理秩序做出不加个人主观意志的判断,另一方面要求对他人有一种绝对信任,接受别人的合法行动。这就要求法律个体具有一种分辨能力。现实社会中法律个体的学习能力就可以不断构建一种新的社会结构,即基于相互承认的前提对法律规范的不断调整,构成社会再生产的动力。这样的法律自由,

---

① 福利国家模式的出现是对之前单纯地维护私人财产所有权的消极自由的一种调整,但是管控社会将确保个人自主的形成归结为国家提供保障和关怀,反而又影响了法定自由所要求的对个人权利空间的一种保护。

② [德] 哈贝马斯:《在事实与规范之间:关于法律和民主法治国的商谈理论》,童世骏译,北京:生活·读书·新知三联书店 2003 年版,第 81 页。

蕴含着与既有伦理实践保持距离的自身系统语境，同时在行动中要求个体反思自身并"依赖于非法律合作主体的社会互动"的需求。①

但以法律角色为行动规范要求的个体在主体互动中，可能会出现过度追求策略性目标的行动，黑格尔在揭示个人自由的抽象性中就指出现代自然法所要求的个人能够得到相互承认领域的原则，使得"其他人的自由在这里似乎只是满足自己利益的工具，是保留尽可能多的交易机会的工具"。② 霍耐特指出，在法定自由中私人自治领域有一种纯粹个体化的倾向，当一个人退出基本社会交往领域，将自己的欲望和目的在法的规定性下加以现实化，就会出现病态特征。即主体只在法律形式的意义上来理解自由，并不考虑主体互动的行动义务，并将这种消极自由看作是自我理解的唯一基准点。现代社会法制化的趋势已经成为共识，过去黑格尔看到的个体自由的片面性特征，现在具有了社会化的表现。霍耐特认为现代法定自由的病态体现为两种特征。

第一种，双方都强调自己作为法律实体的角色，而忽视信息交流行为的调节潜能，把主体关注和需求转型为纯粹法律要求的形式。在霍耐特看来，以前依靠信息交流的生活领域，现在有了不断增强的法制化趋势，并且深刻影响了其他不需要法律监管的生活领域，主体之前所习惯的对价值、规范、习俗的理解，都依赖法律策略的角度。参与者只能按照利益分类的方式提出自己的需求，不考虑具体的生活经验。这就是将法律可行性的行为方式直接反映到日常生活中。结果，主体丧失了与互动伙伴做出判断的能力，使主体认为自己与别人的自由都是与法律的抽象要求相符合的，不能提出个性化的需求，只能去实现法律所确定的普遍利益。换句话说，就是主体想得到自己所要求的权利，就必须将自己的一切行动都按法院未来判决的可能性去思考，这样就把本来可以通过日常生活世界沟通交流的方式逐渐抹去了。比如过度诉讼，将诉讼视为牟利的手段。奥菲也指出如果社会中每一件事情都转化为法律的语言，将不可避免地导致社会失范。法律效力依赖于消极或积极的刺激，个体被看作是理性化的特征，在法律所规定的内容下，个体通过理性的计算来达到最大化目标。"正是这种交换式的、理性计算式的刺激自身破坏了

---

① 洪楼：《个体自由的社会病症》，载《马克思主义与现实》，2017年第4期。
② ［德］霍耐特：《不确定性之痛——黑格尔法哲学的再现实化》，王晓升译，上海：华东师范大学出版社2016年版，第56页。

主体间非正式交往过程中共享的规范。"① 当法律规范进入人们的私人生活领域中，管理能力也就失效了，私人生活领域中更需要一种"通情达理的人际关系"。当法律语言与制度成为解决冲突的最有效手段时，个体就失去了伦理互动的实践需求。

第二种，对于承担法律义务的延迟。个人不能形成努力与持久的信念，出现犹豫不决和被迫的特性。霍耐特从当前文学作品中所表现的虚无主义分析得出，认为个体在躲到法律保护墙之后的个体反思，呈现出一种不做决定、不采取行动的延宕性格，既不表现为对法律机制的确信也不表现为对人生意义的追求，个体随时都想从承担法律义务中逃离出来。

（二）道德自由的存在根据以及病态表现

如果说法定自由侧重于人要寻求一个外在的行动领域，那么道德自由主要侧重于个体遵循自己意志的内在领域。

历史上最初指出自主行动与受外界支配行动区别的思想家就是卢梭。他指出"一种不能仅仅因为它没有受到主体内在的抵抗，就把它看成是一种自由的行动。只有当主体实施这一行动的意图，确实是出于他自己的意志的时候，那一刻，这种行动才能被看作是自由的"。② 如何界定主体的自由意图成为卢梭理解自由的重点，但这里卢梭只是指出欲望的驱使并不是自由，但并没有明确为什么主体能感受到自己要做的事情是自己本来就要做的事情。在霍耐特看来，卢梭只是指出外界支配的行动与行动自主性的区别，但却将主体内心的驱动概括为一种谜一样的意志，并指出这种意志的两个特征，一方面这种意志构成了行动的动因，另一方面，只有主体才具备践行意志的能力。卢梭所概括的"意志"的两种特征，为现代反思自由提供了两种路径。一种是康德所思考的道德律令的自主决定思想，即考虑理性的作用，将个人的自我决定与理性道德法则相结合，所谓自由就是自己给予自己的行动法则，并按法则去行动。另一种是早期浪漫派以赫尔德为首所注重的非理性因素，认为个人自由的反思性体现在把自己真实的意志内在化并清楚地表达出来。这是将卢

---

① ［德］克劳斯·奥菲：《福利国家的矛盾》，郭忠华等译，长春：吉林人民出版社2011年版，第227页。
② ［德］霍耐特：《自由的权利》，王旭译，北京：社会科学文献出版社2013年版，第50页。

梭难以描述的意志，发展为属于主体自身的"无法替换的灵魂"，并通过语言将自己所有内在的力量和感知表达出来。康德与赫尔德将卢梭所发现的意志自由，加入主体意愿的思考中，即主体不仅要关心外在条件对于自由的限制，更要关心意志中任何强制要素的制约。康德诉诸理性自律的方式解决，而赫尔德诉诸语言来表达真实愿望，这种反问主体自身意志的驱使力形成了对主体意志的考察。

在霍耐特看来，康德与赫尔德的不同路径实际是对意志自由中自我的划分。对康德而言，自我的自主是"纯粹理性实现自己的能力"，① 赫尔德寻求个人自我的实现。但霍耐特更关注的是以道德原则为取向的自我认同，对自己行为方式的一种箴言式的道德自主。个体遵循的道德法则需要经过理性的审视以及他人的承认。康德道德自主在社会现实性的表现，就是提出承担义务的绝对思想，个人有权拒绝那些无法证明自身得到普遍赞同的规则。R. 福斯特将其称为"辩护的权利"。也就是说个体道德自主不仅要从自身的非理性中解放出来，而且个体所遵循的普遍原则需要经过社会的内在化，让自己从无知中解放出来，同时自己还有权利思考普遍原则的合理性。

康德之后的学者克里斯蒂娜·科斯加特（Christine M. Korsgaard）进一步指出不能将康德所诉诸的绝对命令看作是道德自由所普遍遵循的源泉，因为这无疑有一种先验性的色彩。需要关注的是行为者在与外在行动者联系的实践中，能否提升自身的自律能力，按道德普遍性原则区分出错误和正确；行动者为自己确立一种规则，允许行动理由有超越实践的可能性；主体有自己的反思行动；尊重他人，认为他人有自律的能力；有义务尊重所有其他主体的人性。而除了以道德规范为原则的自主意志外，还有哈贝马斯所阐释的"自我指导"，即认为这种道德自律并不是原始的普遍意义，而是主体通过受教育所要经历的某个过程。这个过程从孩童时代开始，分成三个阶段：在早期道德意识阶段，逐渐接受和适应周边环境的规则；在道德期待阶段，将普遍的道德原则内化为自己道德应然概念，对他人具体的道德行为也充满期待，同样按照期待调整自己的行为；在寻求共识阶段，发生道德行动冲突时，人们通过商讨与交往达成共识。

---

① ［德］康德：《法的形而上学原理——权利的科学》，沈书平译，北京：商务印书馆1991年版，第13页。

霍耐特指出科斯加特与哈贝马斯虽然在分析道德原则的确立上有差异，即前者将普遍的道德原则看作是道德自我确认的理性强制，后者则将其归纳为社会文化学习过程的结果。但霍耐特更看重的是他们二者都是从道德责任角度来理解个人自由，在出现道德冲突的情况下，人们可以脱离一切现有的依附和义务，以便根据普遍的理由重新确定我们的行动。"这一方面既有摆脱现有义务寻求普遍理由的意识，另一方面又在普遍共识的规范下指导行动，看似相互矛盾的价值思想，构成了现代社会自由的思想价值。"① 道德自由使个体能够在遵循普遍道德原则的基础上，使自己具有道德理性的自由意识，在道德自由领域中主体首先遵守生活世界的具体道德，然后随着道德的自我立法感觉到自己的权利；其后以自由的名义，从一种新的角度，对现存的规范进行批判驳斥，对新的规范体系提出建设性意见。这就意味着道德自由不仅仅是个体用道德理性原则指导自己的行动，更重要的是这种行动具有社会性交往中所需要的承担正确的道德义务。

这里霍耐特指出道德自主的规范性基础：在尊重既定法规的前提下，个人可以凭借文化效应规范的理论，使他的行为只需遵守那些经过普遍性检验而被他认为是正确的基本法则。这样的行动领域，是没有法律决策者约束的生活领域，道德自由的机制发生在互动主体的日常生活中，这意味着互动的前提不是国家法律规定的调控方式，该前提建立在道德罪恶与羞耻这样的文化制度构架中，需要考虑道德规则和相互承认原则。道德自由为主体规定的行动方式是普遍沟通型的模式，如果主体间发生了冲突又没有什么法律规则可以解决的时候，就会期待对方能够承担起属于自己的那一份义务与规范。这需要主体与既有的规范原则保持距离，以一种审视的眼光来评定对方是否应该承担他自身的义务。但是在主体互动的平台上，个人是不太可能脱离既定角色与现实规范的。当主体以自己认为正确的原则去论证普遍性理由时，有可能将自己的原则看作是合理正当的，而缺乏对他人陈述方式的认可。个人行为的辩护与能否得到承认之间存在着阶梯差。这就要求主体解决道德冲突时，不应把自己个人利益置放在一种特权的位置上，同时主体也要放弃所生活在其中的有意义的社会关系。当主体以独自的方式或者商谈的方式来实施道德自

---

① Alex Honneth, *Freedom's Right-The Social Foundations of Democratic Life*, Joseph Ganahl (trans), Cambridge: Polity Press, pp. 103 – 104.

律时,一方面需要回应主体间的探讨,另一方面也要考虑普遍的道德规范。此时的道德规范就扮演着调节人与人之间社会规则的角色。当面临道德冲突的时候。人们就不能从自身出发决定某些道德原则,而是要接受社会共同生活中已经存在的规则。这样就使得个人在遵循既定的道德规范原则的时候,又会以自己所认为的原则审视对方,缺乏在主体互动基础上对既有前提规范的反思。在道德商谈交往自由的规范性论证上,该原则只能为有争议的问题提供一个程序,但无法标出规范的等级排序。在道德领域中出现争议的问题,超出日常互动经验时,需要对最抽象的事例进行具体决定,这就需要复杂的讨论,"论证与运用上对个人认知能力提出苛刻要求",一旦在道德认知上出现偏差就会出现道德自由的病态特征。[①]

在霍耐特看来,社会成员如果因其他主体以错误的方式解释社会规则产生了错乱,就会使得那些没有能力对社会规范机制进行解释的成员被其他成员孤立。作为当事者的主体按照自己认为是正确的原则去行动,个人无法充分明白自身行动原则与社会现存道德的联系。人们会认为,这个活动者能够摆脱所有与角色相关联的义务,就会形成两种病态特征。

第一种是冷淡的、不受约束的道德类型。类似于法定自由,它将道德自由当作是自由的全部,完全是以道德规范要求个人行动。主体为自己戴上道德信念的面罩,试图用普遍性的角度来决定自己的行动,形成一种冷冰冰的"道德卫道士"形象。中国封建社会时期所形成的祖宗宗法道德礼节,就体现了这种特征。当事人从道德规范普遍性角度出发来决定自己行动与他人的行动,完全以恪守道德规范的标准来要求别人,自己成为这种道德规范的捍卫者。主体为不带任何个人色彩的道德抽象所驱动,却并不考虑其他主体先前就承担起来的义务,主体就很难感受到社会关系和责任在其生活中的意义。

第二种是以道德为理由的恐怖主义。单个主体可以从没有社会立法者的角度来实现自己的道德自由,但现在一些社会团体认为现存的社会秩序伤害了相互认可的普遍性原则,认为自己能够站在道德立场上,将所有可能遭遇不公正的人的利益最大限度普遍化。当群体建立自己行动的理由不是既有的行动规则,而是抽象的受压迫的、被匿名起来的利益

[①] [德]哈贝马斯:《在事实与规范之间:关于法律和民主法治国的商谈理论》,童世骏译,北京:生活·读书·新知三联书店2003年版,第140页。

时，就会成为一种革命的暴力。"一旦道德慎思脱离现存社会的制度基础，那么它就仅仅是一种自我立法的虚构，并且使得参与者把抨击现存秩序的一切手段（哪怕是恐怖主义行动）都视为道德上得到辩护的。"①对此，伯林对消极自由的维护和对积极自由的谨慎也是出于这样的考虑。伯林认为，如果以理性为导向的积极自由，出现群体民族对个人行动的强制的话，就需要每个现代人对之保持高度警惕。正如教育是使社会生活变得理性的一个必要条件，这样就会出现一些掌握着真理话语权的人以理性引导者自居，来规定其他人的道德生活，因为这种来自理性的道德自由可能会导致一种"规定好了的生活成为暴政的华丽伪装"。②

三、社会病理学所蕴含的未来指向

法定自由和道德自由，实际是消极自由和反思自由在现实生活中所形成的现实状态。法律自由制度给予个人在法治上规定的机会，在受保护的范围内做出自己的决策；而道德自由的制度赋予了他们在正当理由的基础上反思，可以拒绝某些要求的机会。这两种自由都要依靠社会生活实践，才有其存在的可能性。在这两个领域中社会主体所表现出来的病理学特征的主要原因在于社会成员对社会制度规范化的片面理解。即在资本主义条件下法定自由和道德自由很容易让主体从抽象的自由假设出发，陷入对自由的片面理解，忽视社会实践中主体互动的可能性。它之所以是社会病理特征，是因为资本主义社会机制的现实决定了其所表现出的意识形态特征抽象的假定。因此，霍耐特想要揭示的是社会发展中主体互动的规范作为人的社会属性在当前社会中不能充分实现的原因。

主体在日常生活中对主体互动领域保持着一定的距离，将不同领域所表达出来的自由"可能性"当作了现实性。事实上，在霍耐特看来，主体自由的实现，在于"都能够将他们对自己行动的实施看作是对方行动目标实现的条件"，在法律和道德自由的现实图景中所包含着的主体互动的行为方式，依赖于相互承认的规范来调节。③ 具体分析社会主体的行为时，人们都希望根据一个共同的规范来形成对他人角色的期待，这

---

① 洪楼：《个体自由的社会病症》，载《马克思主义与现实》，2017 年第 4 期。
② ［英］伯林：《自由论》，胡传胜译，南京：译林出版社 2003 年版，第 193 页。
③ ［德］霍耐特：《自由的权利》，王旭译，北京：社会科学文献出版社 2013 年版，第 195 页。

包含着两种行为规范体系，一种是调节社会成员，使其意识到相互承认的规范，采取某些行动方式；另一种类型是构成主体相互合作的行为，这就形成黑格尔的"伦理领域"，即社会自由领域——自由的现实性。霍耐特认为在"伦理领域"中，"主体对彼此的行为期望形成机制化了的社会角色……以个体自我决定的目标来实现对待他人的方式"。[①] 而主体彼此关联的行动方式被主体理解为具有反思性的、在彼此补充中实现各自的自由，即主体是自愿建立在与他人互动的关系中的，这就形成社会自由的行动领域。人的本质可以视作关系的存在，马克思恩格斯曾经在人与动物的比较中也提到了这一点，"凡是有某种关系存在的地方，这种关系都是为我而存在的；动物不对什么东西发生'关系'，而且根本没有'关系'；对于动物来说，它对他物的关系不是作为关系存在的"。[②] 霍耐特指出马克思对劳动的分析以及对自由的追求，都侧重于强调主体互动的因素。早期马克思有强调先验个体自由的表述，即认为人的个性只有充分表达出来，才是自由的。在《1844年经济学哲学手稿》和《穆勒笔记》中，马克思谈到劳动过程是自我和他人的双重肯定，就是说个人在劳动中既可以将自我劳动的能力体现在劳动对象上，又可以通过劳动产品对他人的作用，来表明自己与他人的互动关系。因此在这个理论前提下，马克思理解的资本主义是一种摧毁以劳动为中介的个人之间承认关系的社会制度。青年马克思将劳动概念理解为人的内在本质力量外化的体现，形成了一种似乎个体特性能力先存于内心，并通过生产活动表现出来的错觉。在霍耐特看来，青年马克思意识到劳动对个体自由实现的意义，但对资本主义的批判建立在妨碍自我实现这个意义上，而之后进入资本主义生产领域批判时，马克思就已经超越了试图追求保障机制的思想。马克思发现个体劳动实际上就是一种自我实现的过程，每个人在其需求的满足中，从一开始就要顾忌他人的需求，依赖别人为其生产的产品，这样他的劳动以别人的需求为方向，反过来他又期待别人的产品来满足他自己的需求。"这种每个人都得以自我实现的方式中，主体通过他们各自的劳动而扩展了他们各自的目标，从而得到了互相补充。这种各自目标的互补需要，也就是他们需求满足目标的互

[①] Alex Honneth, *Freedom's Right-The Social Foundations of Democratic Life*, Joseph Ganahl (trans), Cambridge: Polity Press, p.125.

[②] 《马克思恩格斯文集》（第1卷），北京：人民出版社2009年版，第533页。

补需要。"① 正是从主体间生产合作对彼此的需要出发，马克思批判了《穆勒评注》里所表现出的以金钱为主的中介关系以及《资本论》中的拜物教，因为社会现实中的以货币和资本为中介的关系掩盖了人与人之间的合作关系，造成了市场上孤立的自我，从而使人看不到自由的主体互动因素，当一个人不能通过别人的自我实现而达到他自己的生产性的自我实现时，他就不可能实现自由。这样霍耐特就将马克思对资本主义的批判维度延伸到社会关系层面，提出资本主义社会中拜物教的社会关系掩盖了人与人互补需要的社会性诉求。

随着社会的发展，主体互动领域使得行为者在行动系统中的角色并不那么清晰与固定。明确哪些规范、哪些行动需要阐明，就需要通过社会协商。正是在社会合作的行动中，主体能直观感受到规范与规则在他的生活世界中所发挥的作用。霍耐特想要强调个体自由以互补的形式出现在现实生活中，如果未能以反思性的状态体现在法律自由与道德自由领域中，那么就会出现病态特征。相互补充的角色义务在人们生活世界的历史中曾经出现在私人关系领域机制、市场经济行动机制以及公众政治的机制领域中，只不过由于社会发展使得这种相互承认、相互补充的行为规范未能充分地发展出来，霍耐特将其视为"错误发展（misdevelopments）"。这种"错误发展"与社会病态之间存在着差别，前者并不包含主体所属的行动体系导致的偏差，这是社会发展结构的问题，资本主义社会发展方式使其历史进程中所存在过的主体相互承认以及交流的方式未能在现代社会中充分实现出来。而法律自由与道德自由中的病态表现，是由于主体对行为规则所作出的错误的理解，将这种自由纯粹的"可能性"当作了自由的"真实性"。

因此霍耐特正是从这个意义上分析了资本主义形成过程中所包含着的主体相互承认的行为体系，并从社会现实的多样性中梳理这种相互承认的行为体系如何在历史中发挥作用，同时在新的历史条件下又应该扮演着什么样的角色。从这样的主体互动行为中霍耐特也逐渐勾勒出社会主义的发展要义，即如何将社会各个领域的相互承认的互惠机构实现出来，届时革命的主体是否还是无产阶级，这些都成为霍耐特反思资本主义现实发展的应有之义。

---

① ［德］霍耐特：《自由的权利》，王旭译，北京：社会科学文献出版社2013年版，第83页。

第三章　社会自由的历史考察与规范重建：霍耐特对资本主义社会现实的反思

　　从个体主体意识需求的最小空间以及表达意愿的可能性出发，法定自由与道德自由在现实生活中呈现出病态的特征。在霍耐特看来，法定自由与道德自由在不同程度上都表现出了主体互动的可能性，但如果从抽象的规范意义而言，并不能由此展开描述社会世界内部主体相互承认互惠互动的现实性。在现实中的各个领域中，主体将自己行动的实施看作是对方行动目标实现的条件，能够体验到真实的自由，这种对自由的理解在现实生活中，对家庭领域、市场领域以及政治领域中基本规则与现代机制的形成都产生了一定的影响。但是这种真实的自由，在资本主义社会发展过程中，却偏离了历史上曾出现过的互惠互动的行为规范，呈现错误发展状态。本章通过追溯资本主义形成的历史过程中曾出现的社会自由的机制，来试图展现霍耐特理解的社会自由互惠的行动机制是如何在历史过程中确立下来，又如何出现错误的发展。

第一节　家庭——社会自由的起点

　　霍耐特分析私人关系主要是从个人的情感体验分析入手。个体的情感从过去封建的经济特权与社会联盟的桎梏中解脱出来，人们只有在放开自己情感体验的过程中，才能切实感受到"个人在彼此互动的行为方式中，看到自我实现的机会与条件"，[①] 在个人关系形式中，友谊的行为规则、异性亲密关系的行为规则都体现了行为主体互补的角色义务，但资本主义社会历史进程对个人关系的社会结构造成了很多的改变，比如

[①] Alex Honneth, *Freedom's Right-The Social Foundations of Democratic Life*, Joseph Ganahl (trans), Cambridge: Polity Press, p. 132.

性别认同的重新定位、婚姻家庭机制的变化，这些都可能会形成对个人关系片面化的压制。在当前社会中，霍耐特的意图是在这些个人关系行为方式快速转变的情况下，确定一种更稳定的互惠互补的角色，可以使个体体验到主体互动的形式。因此霍耐特首先从较少受到社会规范影响的友谊入手，进而分析亲密关系，而现代家庭建立在情感维系的基础上，在从父权制家庭关系向伙伴型家庭关系转变中，建立在情感依赖上的主体互动规范行为有可能成为构成现代生活领域的基本规范。

一、亲密关系与主体互动行为

人是社会性存在的生物，从原始人结群的欲望中可以看出人对统一的渴望。人向往统一，是寻求自我同一到向外寻求他人与自身的统一。人在自爱的同时，也要跟周边的人发生一系列的关系，源自血缘、性或者是兴趣等内在动机的关系构成了最原初的亲密关系。

自爱包含着爱他人。爱的情感最直接自然的莫过于母爱，但是母爱的个体意志原则上仍然是一种超出了固执自利和赤裸自爱的表现，包含着某个无意识的自然目的，并不涉及基本的伦常。母爱与性爱结合起来，造就出家庭爱的生活，以家庭为单位构成了人与人交往的伦常，"在更高程度上，较宽泛意义上的亲属之爱需要依据于友谊和其他伦常基础（义务感、家庭凝聚的意识等等）的共同作用"，① 也就是说友谊是人从自然关系中推导出来的，成为强化对行为和生活的某种规定性因素。

友谊最初基于共同的兴趣，从结群的欲望出发逐渐上升到伦常以及相互信任。从结群而言，友谊与本能（母）爱相比，更少地具有排他性，母亲会针对其爱的对象表现出非常明显的自利的狭隘心，但是友谊是宽容的，建立在共同的兴趣行为之上，不排斥其他并列的友谊。因此"只有在友谊中，人才作为自为存在的人格性进行活动"②。友谊能够在兴趣的凝聚中，不断丰富其精神特性。友谊自古以来被哲学家赞美为人联合的最好形式，亚里士多德赋予友谊无私和美德为基础的特征。但是在中世纪男人之间的友谊具有一种礼节性的，"以维护特权联盟为

---

① [德]爱德华·封·哈特曼：《道德意识现象学：情感道德篇》，倪梁康译，北京：商务印书馆2012年版，第137页。
② [德]爱德华·封·哈特曼：《道德意识现象学：情感道德篇》，倪梁康译，北京：商务印书馆2012年版，第139页。

目的特征",① 即在传统文化中，自己和外来者或者陌生人之间存在着非常清晰的界限，不存在与那些非敌意的与自己并不认识的人所形成交往领域，因为传统社会中社会关系主要是发生在小范围的具体的时间点。友谊形成的条件是该地区内的亲缘关系，吉登斯认为前现代的友谊是"被制度化"的。② 这种制度化的友谊所形成的伙伴关系，建立在真诚与荣誉的价值基础之上，也就是说当面对社会的某种恶行、战争或要建立经济联系时，友谊就能用上了，这是区分朋友与敌人之间界限的品质，这也成为群体间联盟反对外部威胁的手段。霍耐特认为传统社会下的友谊有着严格的阶层限制，不能将其看成一种社会自由的领域，毕竟这种"制度化"的友谊是建立在互惠的利益基础上的，隐含着互相尊重的意味。而随着市民社会的逐渐发展，社会关系脱离了传统中具体的时空限制，可以在更广阔的范围内进行选择，个体与陌生人的接触也更为频繁，所谓的本社区与外来者的界限也变得模糊，友谊逐渐去"制度化"。从群体建立联盟反对他者演变为个体间稳固的亲密关系开始，朋友的对应词不再是"敌人""陌生人"，而是"熟人"。早期的市民社会，人们开始寻求一种排除了经济算计，以公开的情感和相互补充为基础的关系。友谊的工具成分降低，情感成分增多，并且人们通过社会行为者教育自己，督促自己积极参与生活，调整对待别人态度的角色，形成两人关系的新的形式，影响了社会各个群体。现代友谊从早期同性友谊发展到异性友谊，表达了人们以一种充满信任的不抱任何私利的态度参与到另一个人的生活命运中，这样的私人关系成为人们的共识。

霍耐特认为在友谊中，主体自觉地把握规范性规则，自觉承担起友情中相互倾诉、相互信任的角色。主体在与朋友交谈的过程中，"可以体验到意志的解放"，③ 自然而然到不需要用自由这个词。但霍耐特强调只有自由才能准确描述这种状态，这是主体相互间的一种信任和安全感，构成了道德自我的一个开放性空间。要想在这样一种私人关系中感受到自由，就要保障主体间互补的角色义务。现代社会存在着对友谊社会形

---

① [德] 霍耐特：《自由的权利》，王旭译，北京：社会科学文献出版社2013年版，第210页。
② [英] 安东尼·吉登斯：《现代性的后果》，田禾译，南京：译林出版社2000年版，第103页。
③ [德] 霍耐特：《自由的权利》，王旭译，北京：社会科学文献出版社2013年版，第218页。

式产生威胁的行为,比如将这种亲密稳固情感纽带的关系变成商场利益的勾心斗角,当然这些行为在原初意义上违反了友谊的规范实践,只是成为人与人关系的另一种表述,比如"裙带关系""酒肉朋友"等。这里霍耐特想要说明,在所有私人关系中,真正建立在友谊基础上的私人关系是最为稳定和持久的关系,是"最具有民主要素的道德关系"。① 现代友谊从传统社会工具性发展到以情感性为纽带,霍耐特对友谊的肯定旨在说明友谊最初所形成的主体互动自由的形式,能够成为社会成员之间普遍的交往规范。

友谊是一种相互关系,来自彼此互惠的需要以及对善的意愿,实现一种恒久亲密的最佳形式需要通过婚姻或者其他类型的长期伙伴关系,"只有这种关系才能容纳给予双方生命意义的灵感和价值"。② 婚姻的出现,实际是以制度化的方式对人与人之间的亲密关系进行了确认。在现代社会,我们会将爱情视为奠定婚姻的基础。霍耐特指出我们所体会的爱情形成于18世纪中叶,是"机制化的形态中唯一的一种以性的欲望和相互的情感为基础建立的个人关系形式"。③ 这个时期的市民婚姻要求夫妇双方要有精神上的共同性与兴趣。以卢梭为代表的浪漫主义学者探讨了爱的对象,关注在爱中获得真实的自我,这是源自对自我情感的认可,在另一半中实现自己的本性。浪漫主义学者用爱来探索人类内在的冲动,要用理性与情感结合,就需要一种广泛的自然秩序,"而婚姻正是这种结合的核心"。④ 婚姻制度是建立在纯粹感情基础上的男女关系,从过去父母利益算计中解放出来,使情感在与另一人的紧密联系中获得满足。随着制度内容的历史发展,婚姻制度逐渐包含女性追求自身地位的提高、女性要求在法律上获得与男人同等的权利等,这体现了社会性分工对两性家庭分工的冲击,是来自制度自身的内化。在霍耐特看来,建立在情感基础上的亲密关系不断制度化的进程,实际上是来自性和情感动机的

---

① [德]霍耐特:《自由的权利》,王旭译,北京:社会科学文献出版社2013年版,第221页。
② [英]西蒙·梅:《爱的历史》,孙海玉译,北京:中国人民大学出版社2013年版,第74页。
③ [德]霍耐特:《自由的权利》,王旭译,北京:社会科学文献出版社2013年版,第221页。
④ [英]西蒙·梅:《爱的历史》,孙海玉译,北京:中国人民大学出版社2013年版,第193页。

主体互动关系，使行为者意识到彼此要遵守某些规范性规则，同时婚姻中的责任与义务以无意识的实践形式确立了家庭中角色互补的义务，这就为社会自由的一种特殊模式提供了可能，即两个相爱的人之间构成了非强制性的互惠基础。

霍耐特认为爱情的亲密关系在各自身体的相互补充中得到了认同，柏拉图的《会饮篇》也指出爱能让人感到完整，"目标是找到情投意合的另一半，超越生命的脆弱和不完整"。① 当主体因为身体的结合而进入"我们"状态中，就能够体会到不受限制的自由，隐含在亲密关系中的道德原则，成为相互互动的充分理由。然而在现代社会中个体的自我实现越来越以自我为中心，一方面个体不愿承担两人关系中的规范规则所确立的义务，另一方面个体从自己欲望出发，以消费主义的观念对待爱。当排除亲密关系中的规范与角色期待时，个体情感的稳定性与持久性就更加脆弱了。

不管是友情还是爱情，这样的亲密关系中都能够体现出以情感为基础的主体间互惠的行为方式，以及对制度化所形成的规范的遵循，但这种能够体现社会自由主体互动的特殊形式，正在被资本主义市场的逐渐扩大所削弱。霍耐特指出社会劳动的分化迫使社会成员越来越难以接受与维护建立在彼此依赖上的情感基础，社会自由就从最初人们的私密关系被排除出去了，这样依靠不同形式的社会自由的相互作用的民主伦理生活的结构就不再具备同一的基础了，因此就要确定社会自由经济领域的规范性限制，来防止对其他领域的侵犯，使得最能体现人原初相互补充的行为方式能够在现代社会的基本领域中所表现出来。

二、主体互动的规范在家庭中的体现

恩格斯曾经说过："个体婚制是文明社会的细胞形态，根据这种形态，我们就可以研究文明社会内部充分发展着的对立和矛盾的本质。"② 建立在婚姻基础上的家庭，是社会有机体的组成细胞，社会的性质和形态决定了家庭的性质和形态。作为以婚姻血缘关系为纽带的社会生活组织，其行为方式具有社会性的规范，这就意味着家庭在其历史发展过程

---

① [英]西蒙·梅：《爱的历史》，孙海玉译，北京：中国人民大学出版社2013年，第50页。
② 《马克思恩格斯文集》（第4卷），北京：人民出版社2009年版，第78页。

中所形成的一些规范体系以及成员的角色方式，既要满足家庭再生产的需要，也要满足社会化再生产的需要，因此在霍耐特看来家庭成为现代社会主体间互动的首要场所。

家庭发展的历史与社会生产方式的发展息息相关。在前资本主义社会中，家庭与群体的共同体并没有结构与功能上的区别，即在以集体大户为特征的村庄或者等级行会中，伴侣的选择以及个人在劳动组织中的角色都是由集体所决定的，个体服从于传统权威的父权结构，由于旧式行会的手工业的师傅、贵族等级中维护既定的血缘身份等，传统婚姻只有家族的安排，不是建立在情感自愿的基础上。而随着资本主义经济的发展，出现了拥有财产和拥有文化学识的人的混合体——市民阶层，他们以声望作为分类标准被提出来。西德尔认为，"这是有史以来，既不由于亲属和血缘关系，也不由于统一的占有土地或耕地或者由于垄断某种资格、技能形成一个社会阶级，而是由于广义理解的基于不同物质及精神原因的社会声望而形成一个社会阶级。"[1] 市民阶层来自于自由贸易的兴起，来自于他们自身在经济和智力领域所取得的成就，这使得他们与其他阶级划清了界限，出现新的家庭观念：私人化和情感化的家庭生活，即夫妻双方的关系建立在以情感交流为基础的沟通上。同时，新兴的经济方式与交往方式使得家庭生活在时间与地点上与工作领域分离，不同于之前家庭成员根植于集体经济中，现在男人承担起家庭养育的责任，女性在经济方面更依赖于男人，因此承担家庭中家务劳动的责任，保持了传统中对男性的从属地位。斯梅塞指出"由于家庭不再是一个生产性的经济单位，家庭成员便可以走出家庭到劳动力市场上寻求雇主……家庭活动更多地集中于情感上的满足和对子女的社会化"。[2] 家庭承担着使孩子更加社会化的角色，传统社会下，孩子被扯进繁忙的劳动生活或者成为贵族等级的象征，这些都妨碍父母与孩子之间建立一种强烈的感情的纽带。而市民社会初期，夫妻之间的结合被看作是个体之间的结合，作为爱情结晶的子女也逐渐享有不断扩大的个体行为的范围。在霍耐特看来，家庭感情纽带是家庭关系形式的特征，家庭成员的自由是在其他

---

[1] [奥地利] 赖因哈德·西德尔：《家庭的社会演变》，王志乐等译，北京：商务印书馆1996年版，第107页。

[2] [美] 马克·赫特尔：《变动中的家庭——跨文化的透视》，宋践、李茹等译，杭州：浙江人民出版社1988年版，第37页。

家庭成员的自由中得到确认和满足的,这就形成了基本的家庭机制,同时以相互补充角色的义务构成了社会自由的起点:女性作为母亲的角色,情感需要在自己的丈夫与孩子中得到满足,男性作为父亲,以自己的工作收入承担起养育家庭的责任,赢得孩子与妻子的认可,同时也满足社会公众对他所承担义务角色的认可。需要指出的是此时家庭情感依赖的增加,伴随着个人对社区的脱离。工业化使得男性的工作与家庭分离,妇女儿童形成了一种仅仅以家庭和学校为中心的生活,丧失了原来富有意义的社区关系和邻里关系。大工业的迅速发展逐渐动摇了维系家庭的经济基础,妇女和儿童都被迫参与到工场手工业中,马克思在《资本论》中就描述了现代工业生产过程分解成的各个组成阶段,"分工的计划总是把基点放在使用妇女劳动、各种年龄的儿童劳动和非熟练工人劳动上……这种所谓的现代家庭工业……已经转化为工厂、手工工场或商店的外部分支机构"。①

资本主义发展早期在利润的追逐中,将市民社会早期形成的彼此情感依赖的关系转变成了为生计的关系、工业关系以及科层制的社会关系,滕尼斯认为"家庭成为满足物质需要的非本质的形式,邻里和友谊被特殊的利益群体和日常的社会生活所取代"②。工业化早期所形成的社会资源单向流动的局面使得广大劳动者陷入贫困之中,两次世界大战与世界性经济危机又带来了集体性的收入下降。战后主要资本主义国家在推动民主化、保障基本社会权利方面作出了很多努力,家庭所承担的教育与照顾孩童功能逐渐被社会机构所取代,家庭基本收入也在稳步增加,越来越多的妇女意识到家庭主妇与母亲角色的单一,更希望通过参加工作增加与社会的联系。这就极大地促进了"父亲"角色的义务改变,使得男性也开始参与到家庭事务活动以及教育孩子的角色中。孩子的角色也在发生变化,之前孩子同父母的关系是父母代表社会威严和父母在孩子身上投射的情感关怀相结合,形成一种以驯服和情感相结合的互补角色,这种命令式的教育方式逐渐被废除了,现在更强调的是平等的合作伙伴关系,让孩子作为平等的伙伴参加到家庭内部的信息交流中。现代家庭内部关系结构中有了巨大的改变,每一个成员都具有主体互动性话语和

---

① 《马克思恩格斯文集》(第5卷),北京:人民出版社2009年版,第531页。
② 转引自[美]马克·赫特尔:《变动中的家庭——跨文化的透视》,宋践、李茹等译,杭州:浙江人民出版社1988年版,第68页。

平等的地位。

家庭关系结构的变化,导致的第一个结果是离婚率的迅速增长。对于离婚的原因,人们也不再从传统意义上认为一定是有哪一方出现过错,而是普遍认为在多元化的社会中,婚姻不可能有一种完全评价个体行为好坏的准则,来衡量婚姻双方的行为,比如婚姻的破裂不仅仅是因为伴侣出轨等违背婚姻基本义务的行为,还可能存在三观不合等变量,而且后者逐渐成为影响婚姻能否持续的重要因素。婚姻不再是一种保障基本生存的经济结合,而是建立在对婚姻伴侣要求上的爱情关系,人们逐渐接受存在爱情消失的婚姻。第二个结果是,父母与孩子的关系,是夫妻关系与父母与孩子的关系的结合,也就是说孩子的社会化过程,不再是过去母亲单独的责任,而是夫妻双方共同的责任,就算是二人离婚之后,夫妻双方仍应承担抚养孩子的义务。

随着生产的扩大与生产者劳动的集约化,家庭消费能力也逐渐提高,对劳动市场、产品市场和服务市场的依赖程度也在逐渐增加,这使得个人自主选择能力大大增加。由于大众传媒对于浪漫爱情关系的宣扬,人们更多地强调对象选择中的性欲与情爱因素,一旦进入婚姻,这份浪漫的爱情就会变成伴侣关系,浪漫爱情对于婚姻的约束能力就下降了,离婚率的上升、私生子的增加以及婚外情的增多,造成了现代化进程中的家庭危机。家庭婚姻本应为成员提供一个富有意义的世界,但不稳定的家庭并不能克服现代多元化的社会生活领域所带来的风险。①

马克思对于资本主义社会分工下的家庭关系忧心忡忡,社会化大生产"为家庭和两性关系的更高级形式创造了新的经济基础",② 但屈从于资本主义生产逻辑下的家庭,包含着对物的依赖关系,并掺杂着情爱的依恋,马克思寄托于未来革命的变革可以去除"资产阶级温情脉脉的面纱",减少人对物的依赖性,以实现真正平等自由的家庭生活。

霍耐特在分析跟爱有关的友谊关系与两性关系之后,认为现代家庭尽管会逐渐失去传统家庭的一些特征,但从浪漫主义爱情历史阶段形成的初期,家庭成员(父母与孩子)之间就一直保持着独特的主体特性。以同等权利和角色互补的形式形成互相交流的基本规范原则,在当前家

---

① 潘允康:《社会变迁中的家庭:家庭社会学》,天津:天津社会科学院出版社 2002 年版,第 9—11 页。
② 《马克思恩格斯文集》(第 5 卷),北京:人民出版社 2009 年版,第 563 页、第 563 页。

庭成员关系中依然存在着潜在的需求。霍耐特吸收了帕森斯关于家庭功能的观点，认为核心家庭能更好地满足工业城市社会需要的职业流动与地域流动的需要，家庭是更专业化的群体，满足了两种主要的社会需要，即"儿童的社会化和满足丈夫、妻子、孩子的情感需要"。① 因此现代家庭成员建立起对称照顾和参与的构想，成员可以不受制约地表达与实现自己的个性，这构成了主体互动的核心。伯吉斯称之为"友伴型家庭"，② 他认为这种新的家庭结合方式，以情感为其赖以存在的基础，配偶双方享有平等的地位以及权威的平等决策权，并根据各自的兴趣分工合作处理家务。霍耐特指出现代家庭结构发生的变化，去除了传统僵硬陈旧的特征，从而形成一种与时代相适应的形态：父母与孩子的关系不再是一种恒常不变的关系形式，而是以家庭成员各年龄段的需要来衡量相互关系中非契约性义务的内容，即父母在孩子早期承担着养育孩子的责任，孩子在年龄增长的过程中，也扮演着照顾弟弟妹妹以及赡养父母的责任，随着父母寿命的增长，由孩子反过来承担赡养父母的责任，这就意味着孩子与父母之间的互惠模式具有一种长期性。在霍耐特看来，"家庭在今天比以往越来越被看成是一个互助团体"。③ 家庭内部义务的变化，随着成员各自能力与需求的变化而变化，不能停留在对角色规定的义务上，而是应当以团结互助原则，促进家庭成员之间的情感交流。因此家庭成员情感不是出于角色规定，而是出于其能够自由地表达的可能，情感是构成家庭成员规范义务的必要条件。这样，现代家庭构成了主体间互动自由的一种特殊形式，父母与孩子间互补的角色义务，使得家庭自由进入更高的层次：每个人都以他特殊的活动在家庭内部得以互相补充，以共同的方式来实现个人自然规定的目的，"通过家庭内部责任的交叉互补，而使得主体有机会，以一种完全特殊的自然形式，去实现他的社会自由"。④

---

① ［美］马克·赫特尔：《变动中的家庭——跨文化的透视》，宋践、李茹等译，杭州：浙江人民出版社1988年版，第76页。
② ［美］马克·赫特尔：《变动中的家庭——跨文化的透视》，宋践、李茹等译，杭州：浙江人民出版社1988年版，第32页。
③ ［德］霍耐特：《自由的权利》，王旭译，北京：社会科学文献出版社2013年版，第261页。
④ ［德］霍耐特：《自由的权利》，王旭译，北京：社会科学文献出版社2013年版，第266页。

需要注意的是，现在谈论家庭中的社会自由时，孩子不仅仅是父母爱情的结晶，因为有很多小孩是被领养的。当孩子不再是黑格尔时期所理解的父母性关系的结果时，霍耐特指出家庭中的社会自由，是从抚养孩子的人生阶段中反映父母之间的相互承认关系，这正是对黑格尔家庭关系的一种修正。这里霍耐特将家庭看作是社会自由的一种特殊形式，从存在主义方式来理解，家庭成员之间情感的交流体现在彼此生命过程的演进。家庭内部情感关系在人类的各种人际关系形成的历史长河中，是最为稳定与持续的，父母在抚养孩子的历程中感受到自己转变为人父母的角色，对于父母而言也是一种成长，而孩子在成长过程中，会受到父母行为价值观以及情感的影响，双方相互都是对方人生阶段的镜子。霍耐特进一步指出家庭中社会自由的形式可以通过两种方式来实现。第一种，在父母与孩子游戏互动中，形成消融代际的可能。因为在游戏中，父母可以暂时忘却自己年龄的负重，在与孩童的玩乐中实现自由自在地放松。家庭成员在类似这样的主体互动中达成代际的缓解，以镜像的方式消除年龄跨度的障碍。第二种，以时间跨度来看待社会自由在家庭中的一种递增（increase of freedom）。家庭成员之间的平等是根据家庭成员在不同人生阶段所扮演的职能与角色而发生变化的，孩子幼年时是父母照顾，而父母晚年时又依赖于孩子，这就意味着家庭成员彼此平等的关系是随着时间的变化而得以实现。对此，霍耐特认为家庭团结互助的这种方式，存在着内在关系平等与跨越时间的可能性，如果再结合社会实践的支持，这些新的规范内容可以在家庭实践中得以实现。显然现代社会缺乏相应的社会政策来保障家庭这种特殊社会自由的形式。一方面，需要以团结互助的方式来战胜家庭生活中的生存风险，提供家庭以稳定的工资形式，保障家庭有足够的闲暇时间来参与到孩子的成长过程，这就需要社会多关注一些特殊家庭比如单亲家庭的经济压力，以及完善养老医疗保险等；另一方面，当下的社会政策更多地是以人的生物性特征的不同阶段给予补偿，不能够发掘家庭成员结构中跨时间的互惠规范。对此霍耐特提出社会政策的构思需打破传统的以人的成长阶段划分的保障体系，因为在家庭社会自由实现的形式中，并没有时间性和社会性的限制，青年、中年、晚年的人生阶段很多内容是交叉进行的，因此社会政策在构思普通家庭形象时必须把人生平的渐进性结构转换考虑进去，将家庭的三角关系看作是一个互助团体，能够使成员在各自人生不同阶段中来回移动,即成员角色并不是固定不变的,而是在彼此交流互动中得以反映与实现。

霍耐特从爱的亲密关系分析入手,将人们之间这种纯粹的情感关系体现在家庭制度中,在分析现代家庭的社会历史变化时,对民主型的家庭给予了肯定。霍耐特认为当前政治自由主义的错误在于,依然把家庭看作是一种几乎是自发给定的自由民主社会秩序的前提。但事实上,家庭已经成为一种民主协商,是反映社会—经济关系的机制化的实践,家庭成员能够在彼此认同对方为实现自己本质主体上,培养起一种有意识的责任感,这样才能使家庭成员更好地参与公共社会生活中。

第二节 市场——实现社会自由的可能

鉴于资本主义经济的全面市场化正逐渐侵入人们的生活领域,将市场理解为社会自由的领域这一观点似乎有些不合情理,但在霍耐特看来,资本主义经济下的行动体系当前虽然并不满足社会自由相互承认的条件,但这并不意味着社会自由的条件就未曾在历史上出现过。霍耐特通过分析资本主义市场经济形成的历史,在资本组织的经济体系中找到它规范性重构的条件,即在资本主义市场逐渐完善的过程中,市场领域可能蕴含着相互承认互利互惠的机构,以此作为社会自由的规范性基础。承认本身具有一种道德规范的意义,那么经济理论与道德观念是否能够统一,已有学者如亚当·斯密对此提出质疑。而霍耐特认为当前关于现代市场自由的道德问题讨论,并没有阐述清楚是主体基于利益与自身理性之间的博弈,还是基于主体互动的信息交流,即"建立市场为中介的行动,是否有利于在市场领域中扩展消极自由或贯彻社会自由"。[①] 霍耐特认为现代经济的市场现象中,隐含着一种保证和扩展社会自由的规范性基础,这种机构性的结构最初体现在消费领域中,接着在劳动力生产领域中起到保障作用,但是资本主义市场发展中形成了对社会自由发展的种种障碍,使得这种规范性潜力不能够充分发挥出来,构成了一种错误发展(misdevelopment)。

---

① [德]霍耐特:《自由的权利》,王旭译,北京:社会科学文献出版社2013年版,第281页。

一、市场与道德规范能否兼容

市场是多个竞争者竞争交换机会的场所，市场主体在交换中形成讨价还价的共同体行为。资本主义经济体系诞生于这样一个过程：物质再生产所要求的生产和消费过程，借助货币作为普及化的交换媒介，调节供给和需求，即市场交换行为构成一种以交换货币为目的的制度，"人们之所以进入市场共同体，是因为市场只认物，而不顾诸如伦理道德等其他所有的东西"，① 市场交换行为可以不依赖于规范的期望和道德的考虑，在一种脱离道德的氛围中独立进行。资本主义市场主体开展的经济活动，是以纯粹的利益计算，尽可能通过最大努力来为自己的商品获得最大的赢利。市场主体单纯地依赖于策略性行动的市场关系，很容易侵害到社会生活，即社会上醉心于利益算计的人增多，就会侵蚀社会责任。古典经济学致力于将人行为理性追求的效用最大化分析，但是人不可能时时刻刻都会做出理性选择，对市场主体的行为起约束作用的社会规则就显得比较重要。那么当市场经济交换行为完全成为社会生活的重要组成部分时，市场交易行为与人们社会关系的道德规范又如何相容，这成为学者思考的出发点。

亚当·斯密首先从人性的角度出发，分析经济秩序和界限问题，阐述了人们的经济行为。斯密认为市场经济的主体是一种不同于小农经济的新型人格，存在着人性自私与人性利他的内在张力。斯密在《国富论》中描述市场主体成员以利己主义为理论预设，认为市场是以纯粹算计为基本规则的场所，人们的行为都是为满足市场中的经济原则，如最大化效率原则、公平交易原则等，充分的自由竞争下形成最大化效益的动机，人们的市场行为宛如受自然规律指引一样，一往无前地趋向利益。但斯密同时又认为从事经济活动的"经济人"具有道德性，又以利他主义的同情心为价值指向。在《道德情操论》中斯密指出人在拥有自爱利己性的同时又存在着同情的本性，个体需要对自己的行为是否符合公众的审视而进行回应。社会可以在人们缺乏情感的情况下存在下去，而人类社会的所有成员又处在一种互相帮助的状态，"依据一种一致的估价，

---

① [德] 马克斯·韦伯：《经济与社会》，林荣远译，北京：商务印书馆1997年版，第707页。

通过完全着眼于实利的互惠行为而被维持下去"。① 市场经济主体的人格在斯密的不同著作中呈现成利己与利他这种看似相矛盾的面貌,德国历史学派学者认为斯密问题造成了经济人与道德人的分离。其实斯密问题的提出,蕴含着对市场主体经济行为的道德性阐述。斯密看到市场主体成员自私自利的行为,但同时也意识到摆脱早期自给自足的生活方式下的个体通过彼此之间的互惠行为使得市场活动得以持续下去,其中货币起到了很奇妙的平衡作用。市场成员的行为都是为了得到货币而进行交换,利己的同时也是利他,市场"无形的手"调节着商品的生产和交换。只不过在解释经济行为中互惠的因素时,斯密诉诸人性来试图解释这种市场行为,认为这是符合自然法则的一种举动。这种自由经济主义思想类似于莱布尼茨的"先定和谐",隐含着对市场公正制度的诉求。

19世纪德国史学派经济学家则拒斥市场经济行为中依赖于自然法对人的行为的阐释,他们确信市场经济的规律并不是自然规律,经济原则也不是某种自然定律,是人类价值选择行为的合理性权衡。"斯密问题"的内在矛盾意味着人的行为动机并不完全是受某种机械目的论支配的"自然法则",而是会受到外部环境的刺激以及行为主体自己心理变化的影响。市场是具有制度规范意义的交易场所,它类似于人的理性而不仅仅是经济理性,是一种公平合理且运行有效的社会规范安排,因而市场不能仅仅考虑人的经济行为,还应该将社会的政治、文化以及伦理规范囊括在内。市场秩序行为并不完全是主体出于互惠的人性设定的,它包含着人类有意识的行为安排以及无意识中形成的行为规则。有意识的行为安排包含着人们对契约关系的认同和对市场主体公平交易规则的执行,而无意识的行为规则包含着人们的价值信念、道德观念、风俗习性、意识形态等,这些决定人的行为方式。这些行为安排与行为规则在现实经济活动中所发挥的激励和约束作用,使得合作成为市场经济的基础,同自由竞争一样构成经济健康运行的基本条件。

德国史学派经济学家从市场主体的行为方式所符合的某种制度规范入手,分析了市场经济有序运行的条件,这使得基于人性的先验探求转向了实践内容。经济学家致力于寻求市场经济有序进行的制度设计。从价值观念的形成来分析市场主体行为的这一思路开启了伦理学家对市场

---

① [英]亚当·斯密:《道德情操论》,蒋自强等译,北京:商务印书馆2003年版,第106页。

主体遵守制度规范的哲学研究，即研究以利益为主导的社会分化的个体如何通过对制度规范的遵循形成新的社会共同体。在霍耐特看来，19世纪思想家黑格尔和涂尔干都试图寻找一种行动上的义务规则，来确保人们把市场理解为一个社会自由的领域。而这种义务规则，在他们看来，要内在包含着前市场性的、体现各个职业行会的行动规则，他们认为这些道德规则对资本主义市场的再生产条件具有功能性作用，即作为维护资本主义社会的组成部分可以持续稳定地推动社会发展，这就意味着需要一种外在于市场的道德态度。

黑格尔将主体的合理性归结为"绝对精神"，并在契约规则以外，保证市场参与者的"市民"尊严，使个体私利与他利结合起来。而体现这种绝对精神的中介，在市民社会中表现为同业公会。黑格尔也注意到工商业阶级所出现的营私自私所导致的个体的孤立现象，他指出市民社会中的个体只有限制在某一需要的体系中，才能到达现实性，通过本身的活动、勤劳和技能，使自己成为市民社会中的一员，才能获得本行业的等级尊严。因为同业公会可以体现出作为普遍物国家的普遍理性，使得个体在市民社会中为自己忧心的时候，也在为他人工作，"在同业公会中，穷人接受救济的偶然性消失了，同时也就让他们不再感到有什么不当的耻辱，而且富人对他的共同体负有义务，财富就不会引起所有者的骄傲和别人的嫉妒，所以，只有在同业公会中，正直才获得其真实的承认和荣耀"。①

与黑格尔同样看到个人在市民社会团结体中的联合行为，涂尔干则是从社会分化所引起的社会失范出发来进一步分析个体行为。市场经济下，个人越来越工具化，趋向于精心计算的行动，制度与规范的确立实际是为个体更好满足自己的利益，因此仅有契约规范是不够的，还需要存在着一种道德的压力，将预先规定的规范以及可能会出现的规范转变为各种特殊的情形。人们既要承担契约规定的合作关系，也要有责任遵守契约的义务。然而社会中人们之间的关系并不能完全都依赖于契约所规定的条件，当人无止境的欲望摆脱了束缚，社会调节力量不能控制个体的道德需要时，就会出现社会失范与反常，"个体不再有一种足以认识现实的能力。我们没有相当牢固和相当亲近的联系，这一切使我们感到

---

① [德]黑格尔：《黑格尔著作集·第7卷·法哲学原理》，邓安庆译，北京：人民出版社2016年版，第380页。

无所依附,漂浮在空虚之中,成为不真实的和无形态的半肉体"。① 工业化进程中的经济因素并不是涂尔干研究的主要内容,他试图在不断增强的社会分化过程与社会整合机制的关系之间寻找一种平衡。涂尔干反对将社会归结为一系列行为的纯粹结果,着重强调契约中的非契约成分,致力于找到行动者在复杂社会下能够分享共同信念和情感的社会纽带。涂尔干指出,分工不仅是经济生活所特有的情况,它在大多数的社会领域中都产生了广泛影响,分工的趋势在社会现实中是不可逆的,既然作为一种自然发展规律,分工成为社会秩序最重要的基础,那么看似与道德分离的分工,又如何成为人的道德规范?在现代社会中,个体由于分工的不同内在地形成了有机体,功能分配反而产生了团结这样的道德影响,这要比经济作用更重要。"分工超出了纯粹经济利益的范围,构成了社会和道德秩序本身。"② 这是因为分工来自于交换,但分工所形成的一套完整持续的意象系统,使得个体之间的意象相互融合,即他者的存在使我们感受到被需要的状态,只要自己的意象与他者的意象相互结合,就会形成一种团结,彼此独立的意象因为类似而紧密联结在一起,这就构成了社会生活最本质的条件,涂尔干借助孔德的理论阐述人类在具体分工中构成了社会团结,使得社会有机体逐渐壮大,"社会凝聚性是完全依靠,或至少主要依靠劳动分工来维持的,社会构成的本质特性也是由分工决定的……分工需要一种秩序、和谐以及社会团结,所以它是道德"。③

涂尔干为了证明现实中存在社会团结这一整体的道德现象,从分析社会成员之间相互依赖的关系入手。在持续存在的社会生活的限制形式和组织形式中,涂尔干注意到法律作为人们之间相互依赖的最稳固或最明确的形式,能够从反面论证分工基础下的团结这一道德实体的存在。涂尔干首先将法律定义为能够进行制裁的行为规范,并将法规主要区分为两类,一类是有组织的压制性制裁,给犯人带来损失,尤指刑法;另

---

① [法]涂尔干:《社会学方法的准则》(1895年),巴黎:法国大学出版社1987年,第18—19页。转引自[法]达尼洛·马尔图切利:《现代性社会学:二十世纪的历程》,姜志辉译,南京:译林出版社2007年版,第29页。
② [法]涂尔干:《社会分工论》,渠敬东译,北京:生活·读书·新知三联书店2017年版,第24页。
③ [法]涂尔干:《社会分工论》,渠敬东译,北京:生活·读书·新知三联书店2017年版,第27页。

一类是纯粹恢复性制裁,即调整混乱不堪的关系,包括民法、商业法等。涂尔干进一步指出为什么人们会对犯罪行为进行谴责,从而说明谴责犯罪行为的背后蕴含着的是一种集体感情的确立,即人们形成的共同体诉诸传统统治权力树立权威,这种社会的保护意识渗透到每个人头脑里,说明犯罪本质上是由于与人们强烈而明确地维护社会共同意识的行为相违背,所以才会遭到大家一致的反对。从犯罪性质中所提炼的惩罚规则正是社会成员所表现出的个体意识的相似性,这实际上要求个体将自己的人格表现为集体类型,即对于违背集体情感所采取的惩罚方式是维护社会凝聚力的有效方式。这就说明社会成员具有的某些共同意识,是可以通过压制法来表现出来的。越是将个人紧密地系属到群体中,社会凝聚力也就越能产生出来。刑法的作用就是要维护这种个体相似性所产生的社会凝聚力。而对集体情感的践踏激发了人们本能的一种抗拒行为,涂尔干认为这种行为形成的团结是一种类似于无机物分子的机械团结。但社会中这种个体存在的共同意识,会随着分工的出现使其发展到更高阶段,即个人在对自身利益的追逐中所自然而然确立起来的协作,内在构成了人与人之间团结的可能性,这就不是通过压制手段所产生的意识相似性,而是分化职能内部所要求的团结。个体在分工中强烈意识到自己作为整体的一部分,必须为社会而劳动。这就说明分化性的个体依旧可以像黏合物质元素一样凝聚成现代社会的有机团结,因此现代社会整合的源泉在于分工。社会分工作为有机体本质要素所把握的必要条件,形成了一种绝对的行为规范或者责任,分工意味着社会中个体以功能化的方式提高了自己的自由意识,而且这些功能能够紧密地结合在一起,"分工的作用不仅限于改变和完善现有的社会,而是使社会成为可能,也就是说,没有这些功能,社会就不可能存在"。① 分工在形成社会秩序和谐上起到一种有机团结的作用,使个体意识到自身对社会的依赖,同时社会也产生一种牵制个体的力量。个人关系的广度和密度所形成的联合整体,奠定了社会道德观念的本质。分工产生的秩序实际是对传统集体良心的替代,可以看出涂尔干试图在现代分工日渐成为主导地位时,将机械团结的传统集体意识嫁接为分化社会的新道德基础,在新的社会现象下,不同分工领域所形成的职业团体能够更好地保持集体意识。因此

---

① [法]涂尔干:《社会分工论》,渠敬东译,北京:生活·读书·新知三联书店2017年版,第24页。

涂尔干希望通过职业团体的社会协商来形成一种话语商议的道德力量，来解决以市场为中介所出现的社会病态现象问题。

　　黑格尔和涂尔干都试图为市场社会寻找道德防线，而这一思路启发了20世纪中期的学者思考如何对抗市场经济的自由化，其中尤以卡尔·波兰尼与塔尔科特·帕森斯的理论最为著名。他们都认为资本主义经济秩序依赖于一种对规范性规则的遵守，市场交换的成功需要借助于相应的保障制度。波兰尼认为自发调节下的经济系统并不会促进社会关系的整合，相反会给社会整合带来灾难性影响。自由市场的意识形态正在逐渐渗入社会关系之中，市场经济本应是社会关系的某种职能，现在完全独立出来要求社会其他功能领域服从市场模式，即社会要服从于经济的逻辑。在波兰尼看来，一定的财富只有在严格控制下才能进入市场，劳动力、土地和货币是构成市场不可缺少的要素，但它们本身不是商品，即为了出售而生产出来的商品。劳动力是人类活动的一个名称，这个活动不能与生活的其他部分分离而被转移与储存；土地是自然的要素，并非人类创造；货币是购买力的象征，它不是生产出来的，而是一种符号。① 三者的商品形象是完全被虚构出来的，虚构商品为整个社会提供了组织原则，即任何妨碍市场机制的路线行为都是被禁止的。但是虚构商品的机制又不能无限制地扩大，而是需要抑制劳动力、土地和货币本身的市场行为的交换内容，否则就会出现问题。这无疑是想为资本主义市场划定一定的界限。波兰尼指出资本主义市场的过错不在于经济的无效，而在于缺乏从属于某种道德规范的政治形态，因此他致力于国家民主协商的结构来调控市场，使社会通过民主手段来保护自己免于经济性的威胁，同时他还预见了一种拥有高水平的国际贸易合作方式的经济秩序，这建立在政府间所给予的更多的民主机会选择中，这就说明以民主生活为基本的道德规范可以对维持经济秩序起到一定的作用。

　　20世纪初个人主义追求被推崇的时候，帕森斯指出功利主义原子论的社会观、随意而分散的目的与理性观，是无法解决社会秩序问题的，同时他也反对将主体的能动作用完全归因在经济和文化系统中，使主体行为因素深受心理、地理和社会因素的影响，无法为行动者主观有目的的行为留出余地。他吸收了涂尔干关于个人与规范之间的主动意愿作用

---

① ［英］卡尔·波兰尼：《大转型：我们时代的政治与经济起源》，冯钢、刘阳译，杭州：浙江人民出版社2007年版，第63页。

的观点,即重视主体主动认同某些价值观念并将其赋予意义的过程,但在分析作为基本分析单位的行为者时,不仅要注重其主体性,还要以所处的社会性、整体性与系统性为特点,从行动构成的社会系统中进行阐释。一方面根据行动者内化其中的行动规范与价值观来分析人们的社会行为;另一方面以整体社会系统体系的方式来分析个体。事实上,帕森斯将秩序问题转变成为一种将心理学动机形成力量与社会系统结构维持理论连接的问题,在帕森斯看来,资本主义市场依赖于经济外的道德责任,"社会的协调在很大程度上取决于一种共同价值体系,取决于某些社会制度,取决于在人格层次上的动机形成"。[①] 社会秩序要通过一系列的社会协调和文化共识的程序才能实现,因此文化价值系统承担着将个人角色义务规范内在化,并通过制度表现出来的连接任务。这可以在资本主义劳动市场中的两种机制性综合体上寻找答案:第一种,劳动契约的机制性规定,在劳动者签订契约的行为中,就有着一定道德内涵,即不仅个体需要承担自己所签订契约之后的社会价值体系的义务,同时还要求社会对劳动者给予尊敬的认可,契约表示行为者有义务遵守市场所确定的道德行动规则;第二种,职业角色的机制体。要使个体将规范内化到自己的人格中,就需要考察道德价值内化的心理机制。人这个概念不仅是自我建构的过程,也是社会再生产的过程,因此对人格道德价值的考察需要从人格发展阶段中所包含的社会化作用出发。"在日常的家庭生活和市场经济之间,置入一种社会化程序的调节机制。"[②] 从幼儿教育开始到职业教育,都是社会文化心理不断通过教育使每个社会成员得以个体化的过程,将基本道德规范在教育过程中内化为个体的价值取向。个体在受到深刻社会化影响、完成自己的职业义务之后,就会有一种心理上的满足感和自我尊重。帕森斯通过描述经济运行系统与文化价值系统相互渗透的过程,来说明资本主义的经济秩序,只有满足文化价值系统的道德要求,才能将这种规范内容与经济再生产有机结合起来。

可以看出,黑格尔与涂尔干试图通过行业团体或者职业法团在市场经济中寻求一种普遍道德能够得以遵循的可能,而波兰尼与帕森斯已经

[①] [法]达尼洛·马尔图切利:《现代性社会学:二十世纪的历程》,姜志辉译,南京:译林出版社2007年版,第53页。

[②] [德]霍耐特:《自由的权利》,王旭译,北京:社会科学文献出版社2013年版,第301页。

对这种团体不抱任何希望,试图通过市场自身与道德规范的机制体系来践行普遍道德规范。尽管不同学者是从不同的角度来分析市场交换行为如何与道德规范相容这一问题,但他们都注意到从自由民主的道德价值底线来考察市场交易行为,即经济交换的过程依然要符合嵌入市场行为的价值与规范。霍耐特指出市场的竞争条件与生活化世界的行动规则存在着内在关联,但需要对市场各个交换过程依赖于什么样的价值和以怎样的方式来界定进行说明,也就意味着"以纯粹的个人利益为导向的构成市场行为,必须是以能够实现所有参与者都能理解的规范性条件为基础,这种规范性条件是一种能够被参与者认为是为实现他们各自目标所需要的合适与互补的条件"。① 霍耐特进一步指出市场经济交易行为与道德文化规范之间的问题,并不是为经济自由划定界限规定权利,事实上黑格尔与涂尔干将市场经济的存在机制与一种高阶自由(higher-order freedom)的实现联系起来,即认为市场规律不应该在生活世界的必要条件或相邻子系统的价值观上找到其规范的界限,而应该建立在其合法性的承诺上,即交换过程要寻求有助于实现个人目标的互补性。从交换行为本身来考虑"高阶自由"实现的条件,这就是社会自由在市场经济中的表现。将市场化进程和规范性条件结合起来,形成角色的互补义务。从方法上来看,黑格尔和涂尔干更多是从程序上寻找可以帮助行为者超越利己的行动策略,优先考虑合作的责任,因此他们从合作与职业团体所形成的团结互助义务出发,反思市场经济交换的体系中形成的相互承认所需要的重要条件。

不可否认,资本主义市场经济本身就存在着某些结构缺陷,这在马克思那里被披露无遗。霍耐特认为马克思的批判是建立在道德不可能内在于市场机制中这样的前提上的。可是在并没有想到其他取代市场经济措施的情况下,他只能是从市场经济发展的历史中揭示出社会自由的机制化原则,从中可以看到自由民主社会中经济发展所应该遵循的固有的规范性要求。因此霍耐特更倾向于从资本主义市场的历史发展中来探索资本主义市场在社会运动、道德抗议等压力下,如何实现社会自由的原则。霍耐特主要是从两个方面的机制原则来考察资本主义市场经济秩序中内在的规范要求,一方面是行为者与他人建构话语机制的生活世界来

---

① Alex Honneth, *Freedom's Right-The Social Foundations of Democratic Life*, Joseph Ganahl (trans), Cambridge: Polity Press, pp. 191–192.

决定利益的过程，另一方面是从机会均等的法则来展现出资本主义市场经济是如何偏离这种规范性机制的。概括而言，就是在资本主义市场中既要看到话语机制影响下的团结互助原则，又要以此为规范性原则来看待整个社会发展。因此霍耐特主要从消费领域与劳动力领域来审视资本主义市场的社会自由原则。

二、消费领域中的对话机制

资本主义市场的社会合法性，在很大程度上归功于人们的消费需求，企业根据需求制定产品，又不断去刺激私人的消费欲望。在霍耐特看来，黑格尔对市民经济中生产与消费的分析，并不是从需求体系出发，而是认为主体利用商品市场给予了自己以购买商品的方式表达自己的意志自由，从而形成了一种自我认同。这就隐含着一种主体相互承认的关系。消费者和生产者之间的利益是相互满足的，个人自由是通过消费市场中互补行动来实现的。可是消费者表达自己意愿的自由，如何才能不受到生产者的操纵，对此黑格尔并没有找出任何有效的机制，但黑格尔指出这种承认关系，可能会受到两类潜在的威胁，一个是经营者对消费需求操纵的可能性；另一个是自己将自身装扮成贵族的炫耀性消费。显然商品市场的繁荣发展，已经使这两类威胁成为了现实，并且导致了社会需求的分化，形成了基本的物质需要与追求奢侈消费之间的矛盾。这就意味着消费者与生产者市场地位的不平等。在霍耐特看来，抵制奢侈消费的反抗，不仅仅是经济交换所需求的缩减市场，而且要求以市场为中介的消费领域做出道德反映，即消费者与生产者表现出的是更为复杂的主体互动关系，消费者希望通过规范指责、抵制消费等行动来提醒生产者有义务承担承认关系，但是由于资本主义追逐利益的内在驱动性，消费者的行为很少能够实现他们的需求。

消费者对消费市场的道德反映，在历史上首先体现在为强化市场道德所形成的一系列制度化组织中。最早的消费者动员形式当属北美独立运动的发端，众所周知，18世纪北美殖民地移民们的反殖民统治首先是从反英国茶叶运动开始的，这可以看作是发轫于消费领域、从中延伸出的民族解放运动。而自由市场内部消费者纯粹地以反抗某种生产为目的活动在19世纪才真正出现。19世纪初，针对当时自由经济所形成的消费品的两极分化，一些贫穷的阶层采取自救的方式，自发地组成消费合作社，来抵抗资本家的任意定价。罗伯特·欧文领导建立了一些消费合作社，出售价格低廉的消费品，其主要目的是希望贫困家庭也有资格买到优质产品。最著名的合作社是 1844 年由英国纺织工人成立的罗虚代尔公平先锋社（Rochdale Equitable Pioneers Society），该模式的独特性在于社员可以一起共同买入大量日常用品，然后以公平的价格分摊给社员，而且每个社员都享有投票权，能够参与到合作社的管理之中。之后西欧建立了众多的消费合作社，比如 1851 年在法国里尔建立的人道合作社等，这些消费合作社帮助人们运用集体的利益来对抗资本主义企业在市场上追求利润的策略，试图强化市场道德。1891 年在美国形成了美国消费者总联盟（National Consumers League）。该组织曾邀请消费者深入工厂调查，制定符合道德伦理的工厂企业"白色清单"，期望通过消费者向企业官方施压来改善劳动条件，从而形成道德教育。这表明人们通过消费合作社开始运用集体手段来对付资本主义企业，这可以看作是消费领域的社会化例子。然而在彻底市场自由化的 19 世纪，仅仅依靠消费者自发地形成维护合理的基本生活品价格是不够的，资本主义社会的经济危机彰显了供需之间的尖锐矛盾。19 世纪末期到 20 世纪初期一系列国家调整市场价格的举措，可以被理解为对消费者的保护。第一次世界大战期间，消费者协会和国家政权往来密切。前者提醒政府机构保护消费者基本权利的责任，而后者则希望通过协会的力量引导个人积极参战。英国妇女合作社在战前与战后对自由贸易就持不同的态度：战前支持自由贸易，战后则呼吁国家加大对贸易的干预，以防止生产商和供应商弄虚作假。同时，国家成立消费委员会来解决产品匮乏问题。"由此导致的国家角色的增强并没有伴随着消费者运动的削弱，国家和市民社会之间逐渐围绕公民经济权的原则形成了联盟。"① 受到国家保护的消费者协会，可以看作是在生产与消费之间建立起对话沟通的有效机制，在合作社里消费被看成是一种社会行为，蕴含着以下四个规范性问题。第一，哪些物品或服务允许作为商品进入市场交换，这是市场经济基础发展的开端；第二，国家能行使哪些干预价格的措施。这是满足消费者基本利益的规范性要求；第三，一般的商品市场提供的满足需要的商品，应当有多大范围，可以豪华到什么程度，允许有多少私人性，这是内在于消费原则

---

① ［法］索菲·杜布松—奎利埃：《消费者在行动》，李洪峰、沈艳丽译，北京：社会科学文献出版社 2015 年版，第 13 页。

规范的要求和目标；第四，购买和消费那些在市场上供应的商品是怎么进行的。针对消费合作社而言，这种集体性的活动者，想建立一种能够满足普遍需求的基本原则，形成一种社会自由的机制，即"各种利益群体相互补充，行为者不仅可以有这样的普遍期望——消费品市场必须是'公平的'，而且这也是许多消费者合作社的集体意识"。①

但是二战之后，市场消费领域的社会性就逐渐削弱了。随着经济复兴的步伐加快，社会成员的普遍收入得到增加，电力普遍运用到家庭工作中，带来了个体生活的变革，比如泰勒制生产方式，大大提高了产品生产效率；消费市场的不断丰富，满足了不同群体的需求，同时刺激了消费欲望；分期付款方式的普及，使得消费者可以在短时间内购买更多消费品。因此市民阶层都在努力地使自己重新获得以往舒适的生活，根本没心思去考虑限制消费的事情。生产者充分利用了消费者的意愿，不断地推陈出新，将以往只是上层阶级使用的产品大众化，比如汽车、电视机、电影的普及等，通过广告等媒介的传播，不断加强物质产品所标志的特有的生活方式，正像贝尔所说"广告是物质商品的标志，是新生活方式的例示，是新价值观的预报。作为一种时尚，广告强调魅惑。汽车变成'美满生活'的象征，魅惑的吸引力无所不在。也许有人会说，消费经济的现实就在其表象中。人们展示显摆的东西，就是他成功的标志"。② 消费者的消费行为不再注重商品的使用特性，而是寻求个体化的生活追求，人们沉浸在经济的繁荣中。消费者的个性化实际加强了生产商和购买者结构力量的对比，生产者把控了消费者的全部欲望，并依旧在创造欲望。霍克海默和阿多诺就指出当前技术获得支配社会权力的基础，作为文化传播的手段如电影、广播、杂志、音乐等本来能够借助技术更好地发展自己，但反过来被技术控制，服从于资本的商业利益，营造并控制消费者需求。大众文化提供越来越多的娱乐消费与通俗产品，麻醉着消费者大众，使人们逐渐远离批判与反思，"因为人们不需要作出任何努力，就可以快乐下去，他们只要按照老掉牙的程序严格操作下去就行了。不要指望观众能独立思考：产品规定了每一个反应，这种规定

---

① Alex Honneth, *Freedom's Right-The Social Foundations of Democratic Life*, Joseph Ganahl (trans), Cambridge: Polity Press, p. 207.
② [美] 丹尼尔·贝尔：《资本主义文化矛盾》，严蓓雯译，南京：江苏人民出版社 2007 年版，第 68 页。

并不是通过自然结构，而是通过符号作出的，因为一旦进行了反思，这种结构就会瓦解掉"。① 这使得消费者逐渐逃避现实，与总体社会逐渐隔离开来，只要求自我感官的刺激与愉悦。列斐伏尔将这个大众消费的时代概括为"风格丧失的时代"，日常符号主导了生活世界，大众以自由消费者的假象被卷入生产—消费的系统中，彻底沦落为与商品同等地位的商品，"新资本主义社会本质上并非资产阶级所宣扬的'丰裕社会''休闲社会'，而是一个通过尽可能制造并满足人的需要的社会，一个把满足需要作为其合法性依据的社会，一个必须通过不断地制造欲望来约束与引导人的欲望的社会，更是一个让人在消费中越发迷失自我，越发觉得不满足和焦虑的社会"。② 西方马克思主义学者从人的主体异化的角度对消费主义开展的批判，并不能引起人们的重视。另外，再加上意识形态的影响，消费者权益保护运动的机制因过于亲近共产主义团体而被边缘化，联盟放弃了其主要抗争诉求，消费者联合会最后也面临着解体的结局。维护消费者集体化的行动在不断繁荣的大众消费刺激下，面临着新的挑战。

70年代之后，以后现代的物质文化价值观为基础涌现出的新社会运动，使得人们对现存消费需求提出质疑，尤其是在意识到资本主义所带来的环境污染以及不人道的血汗榨取生产方式后，消费者开始有意识地以生态或社会道德作为自己的消费导向。赫尔曼在其著作中将消费者应对企业不当行为的办法概括为"退出"机制，即认为消费者可以通过言语来向企业家表达他们对某个产品的"失望"，除了"退出"这个反应之外，消费者可以通过"呼吁"将一般经济利益行为上升为公共政治活动，意在说明消费者在市场中的经济行为与政治空间的行为存在着某些"强化"作用，消费者的抵制行动处于市场和政治的交叉点，"如果消费者发现他购买的商品不安全，并且这是该产品的共同特征，那么就会涉及公共利益，很可能作出公众呼吁反应"。③ 这就意味着消费者的呼吁与抵制并不是仅仅在经济上约束生产者行为，而是从社会范畴进行谴责。

---

① [德] 马克斯·霍克海默、西奥多·阿道尔诺：《启蒙辩证法：哲学断片》，渠敬东、曹卫东译，上海：上海人民出版社2006年版，第123—124页。
② 胡大平、张亮：《西方马克思主义的资本主义批判理论》，见张一兵主编：《资本主义理解史》（第5卷），南京：江苏人民出版社2009年版，第179—180页。
③ [美] 艾伯特·O.赫希曼：《转变参与：私人利益与公共行动》，李增刚译，上海：上海人民出版社2008年版，第60页。

以环保为主题的抵制行动就体现了这一点。最近几十年，生态团体借助网络形式针对生产行为不符合环保标准的跨国企业开展了多次抗议活动，比如环保组织"地球之友"在70年代开展抵制销售鲸鱼原料制品，80年代，通过散发印有氯氟烃产品的传单倡议消费者抵制含有此物质的产品等。除此之外，消费者行动还会以维护社会公正为目的，披露跨国公司在不发达国家中对劳动力权益的侵犯。这得益于发达国家消费者意识的提高，他们希望提高公众对边缘化生产者的关注，以确保他们能够有公平的收入。比如美国消费者联盟对东南亚的血汗工厂的曝光，多次发起对耐克、阿迪达斯品牌的抵制，发起者通过动员校园里的学生，向大学当局施压，让学校规范校服供应商的行为规范，来引起社会关注。2015年德国环保组织拍摄的《牛仔裤的代价》纪录片，从一条仅售10欧元的牛仔裤入手，揭示出制造低廉服装背后的环境问题，这部纪录片也引发了民众对低廉牛仔裤的抵制。[1]

不管是以环保意识还是社会公正为导向的消费者行动，我们可以看到这些抵抗运动的行动主义既活跃又分散，而且不稳定。从吸纳的成员来看，往往跟一些明确制度化的抗争团体有关，比如生态环保人士组建成的绿党成员，又或者主要是有良好的教育和文化背景的中产阶级与知识分子。从消费者抵制的策略来看，基本是通过择购的行动来实现的，即采取选择性的购买方式来促使那些对环境有负面影响或者违反基本劳动权益法的生产系统做出调整。这一时期消费者的努力在一定范围内还是起到了一定作用的，通过与大公司企业讨价还价，使得某些权益诉求可以进入国家议会或者欧洲议会层面，推动企业承担自身的环保责任，同时又加强了法律对消费者利益的保护。越来越多的法律工作者开始关注一些极端事件，认为可以根据情况授权消费者参与决定价格和生产的决策，来扩大权利，比如加强对广告的监督，产品价格形态的规范等。可以说在一定程度上试图扭转20世纪中叶所形成的生产商在市场中占据着绝对统治地位的局面。但是显然，消费群体的层次分化明显，只有少部分人会真正根据道德理念来决定自己的购买意愿，要想深层次地改变消费习惯来强化消费者的责任意识，这一过程还是相当困难的。一方面

---

[1] 需要指出的是，这部纪录片展现了中国沿海大墩村在生产牛仔裤时以牺牲环境与工人基本健康为代价，在国内引发了种种讨论。号召抵制低廉牛仔裤的行动并没有以某个组织名义的形式发动起来，但在微信朋友圈中引发了热议。

分散的基础成员群体以及网状的组织模式，使得其话语影响力非常有限；另一方面缺乏机制性的鼓励，一些已经建立起来的消费者组织又太像官方组织，不能为消费者利益提供有效协商讨论的空间。分散的消费者几乎没有对消费行为进行一种有效的话语表决的可能。霍耐特指出，现在各国的消费者协会纯粹简单的职能，几乎不可能影响彼此消费者的民意构成，也就不具有社会化的权力来帮助成员以合作性的方式来进行自己的活动。

当前来自消费者方面的市场道德提出的可能性确实比较少，消费者领域缺少一种机制性的互补关系来满足消费者的利益与需求，霍耐特认为只有借助于话语机制和相应的调节机制，可能使消费行为拥有一种规范化普遍化的能力，从而影响供应商。为此法国学者索菲·杜布松提出了两种类型的替代性交易体系，① 使得消费者可以超出消费范畴做出更广义的抗议行动，将消费变成行动空间与吸纳成员空间。一种是社会互助经济，强调以个人为核心，旨在通过协会、合作社和互助会的方式，促进地方发展、扩大再就业和反对边缘化，使得某些社会底层的人们直接参与到符合环保标准的生产行为中，比如为被边缘化的人群提供绿色有机农业菜园，由他们生产并提供给周边消费者有机蔬菜，围绕就业目标，实现消费与生产的某种结合。另外一种是建立生产者和消费间的直接贸易体系，通过缩短生产者与消费者的空间距离，来产生互助共济关系，比如英美国家的农庄市场的复兴，法国意大利消费者以周、半月、月为单位向参与环保活动的农民订购农产品，以自身消费观念来带动生产者的教育活动。

霍耐特通过分析市场消费领域，意在说明消费合作社虽然在当前社会领域中处于边缘性角色，但至少在做这样的努力，来推动社会成员意识到消费领域的机制不应该是为个人，而应是为"普遍的善"所服务的。

现在这些活动正通过网络运动发起，并动员号召广大消费者和公民参与到贸易监督中，但依旧面临着社会互助体系难以扩大到更普遍的阶层中的问题。不过以社会团结为道德出发点所构建的替代市场的交易体系，在某种程度上也佐证了霍耐特反思消费领域中曾经存在的相互承认、

---

① 详细内容参见［法］索菲·杜布松·奎利埃：《消费者在行动》，李洪峰、沈艳丽译，北京：社会科学文献出版社2015年版，第五章。

合作的对话话语机制是如何在资本主义市场发展中逐渐被边缘化的，同时提供了消费领域中规范性可能发展的方向。

三、劳动力市场蕴含着社会自由重构的可能

消费市场中的消费者很少能在其中获得个人自我尊重感，尽管消费者通过各种行动来试图维护自己的权利，但这种尝试在市场经济彻底自由化的境况下，行动力非常有限。相比之下，劳动所能带来的个人自我尊重则蕴含着社会自由重构的可能。

在资本主义发展初期，人的劳动被看作是人唯一能用来增加自然产品价值的事物，国民经济学家认为作为谋生的劳动只需要达到维持基本生活的水平即可。而马克思则对劳动本质给予揭示，认为国民经济学家把工人只当作是劳动的动物，并没有从劳动的社会意义分析它。如果社会财富处于衰落状态，工人遭受的苦难最大；如果社会财富处于增长状态，又会形成对工人工作时间以及工作强度的榨取，而且工人工资的提高又以资本的积累为前提，加剧了资本家之间的无序竞争，使得工人日益依赖于劳动，依赖于资本的使用，这将导致工人陷于贫困直到变为机器。因此不管社会财富是增加还是衰落，工人贫困是不可避免的。"工人的毁灭和贫困化是他的劳动的产物和他生产的财富的产物。也就是说，贫困从现代劳动本身的本质中产生出来。"① 本来应该表现为通过劳动占有对象世界的有意识生命活动，现在却使得人同自己的劳动产品、劳动关系、类本质相异化，社会两极分化越来越严重。

资本的原始积累不仅损害着劳动人民的利益，同时也改变了工人的社会组织形式。在传统农业的封建统治条件下，人身依附性的劳动关系占据主要地位，封建劳役地租逐渐转变为实物地租与货币地租，农民与封建领主的人身依附关系逐渐变成契约关系；而城市里生产方式的基本生产组织是行会手工业作坊，实行的是"师傅—帮工—学徒"的等级制度。随着工业革命的进一步推进，以分工协作为基础的手工工场的组织方式流行起来，被掠夺土地的农民以及城市的无业者成为手工工场的主要劳动力，他们被集中在固定的手工工场中，从事某种片面的局部操作，并在很长时间内反复得以强化，这就使得原本传统行业作坊中个体完整

---

① 《马克思恩格斯文集》（第1卷），北京：人民出版社2009年版，第124页。

的劳动转变成为一定规模下的社会结合劳动，个体之间的劳动是彼此依赖与集中的，这就使得他们能够团结起来试图改善贫困的生活。汤普森提到工业革命并不是一个定型的社会，传统互助会的形式与工厂劳作的现代形式相互交叉。互助会主要以传统的小手工艺人为主，后期又扩大到各行各业的工人，工人以会员制的形式竞相加入保障金的投入，以求在生病、失业或办葬礼等社会保障方面有所依靠。互助会以基督教的博爱精神为团结的纽带，但在约束成员在互助会的行为方面又是以工场中的纪律做保证，这就使得互助会能够将"非常广泛地普及在'浓厚'而'具体'的工人相互关系细节中的互助风气提炼出来"，① 在最贫苦的地区都存在着广泛的互助关系，这也影响着早期社会主义者，使他们从传统互助会、合作社的形式寻求社会团结。欧文所尝试建立的"劳动公社"，正是试图通过生产劳动与教育相结合的途径，实现财产共有、共同劳动、共同分配的理想社会。以互助的道德原则形成劳动者基本的组织出发点，劳动者自觉地遵守着这种集体主义价值观，破除了迷信和顺从，也激发了工人阶级政治意识的增长。劳动人民已经逐渐意识到不同职业和不同文化水平的工人依然有着共同的利益，而且同其他阶级的利益相对立，工人之间的联合也就成为了历史的必然。19世纪20年代，西欧出现了第一批全国性的工人群众组织，比如英国成立的蒸汽机制造工人联合会和木工联合会，后又成立英国和爱尔兰全国大团结公会，会员人数一度发展至五十万人，全国各地掀起了建立工会的高潮。② 联合会主要斗争的目的是反抗资本家依靠延长劳动时间和提高劳动强度来获得超额利润，并且残酷地剥削和压迫工人。很快这种经济领域的诉求使工人意识到仅仅对劳动者契约的内容进行修正是远远不够的，必须争取劳动主体在法律上应得的权利。这里可以看出劳动组织的规范性诉求不再是传统维护契约规则的道德诉求，而是以新的组织形式的规范性责任作为抗议的基准点。法国里昂工人的起义明确提出推翻有钱者政权、建立民主共和国的口号，还有英国宪章运动工人对选举权和民主权利的追求，德国西里西亚工人受贫困所迫要求涨工资的诉求。霍耐特指出这三个国家因各自工业化程度的区别，而形成了各自独特的资本主义劳动斗争形

---

① ［英］E. P. 汤普森：《英国工人阶级的形成》，钱乘旦等译，南京：译林出版社2001年版，第496页。
② 于文霞：《国际工人运动史》，沈阳：辽宁人民出版社1987年版，第10页。

态,但不同斗争诉求与形态都可以包含着一种针对资本主义劳动市场以契约自由为前提所形成的社会性贫困的斗争,要求社会条件能够保护人的劳动能力以及尊严。①

19世纪末20世纪初西欧资本主义国家开始应对风起云涌的工人运动所带来的压力,以及一系列的社会问题,逐渐推行渐进却明显的社会政治改革运动。首先在政治民主化进程中,改革表现为选举范围扩大和选举方式的改变,选举的资格限制逐渐放宽,普选权的观念得以深入人心;另外从法律和事实上承认工会在劳资谈判和其他社会权利谈判方面的地位,对工资、工作条件、社会安全和劳动保护等做出了一定的让步。这些规则以个人法律权利的形式给予确定,同时受到国家的保护,使得劳动者不再只是领取工资的群体,而是获得了社会政治地位的公民。集体或团体的行为方式,为劳动者相互帮助相互协商提供了与政府建立话语机制的可能。在霍耐特看来,工人在协会、合作社和自主团体的社会化,为劳动者成员能够相互影响各自的利益决策以及确定经济活动的合作意义方面迈出了重要一步,"至少在社会的底层那一边起到了防止出于自私策略的行为方式的效用,并且能够唤起普遍的责任感"。② 工会不仅仅是以普遍合作的原则与国家进行谈判,而且还有着积极道德的使命,"为承认——也就是提高所有为工业发展作出成就的劳动的社会价值——而进行着斗争"。③ 虽然后者功能并没有在实际斗争中表现出来。然而霍耐特进一步指出社会福利与社会政策的确立与完善,是劳动者集体行动努力的结果,但因为以个体权利的保护为落脚点,社会福利反而瓦解了劳动者社会化的集体行为。工人在国家那里不断得到的社会权利从结构上涉及单个工人,使得他不得不脱离已形成的工会,主体不得不退回到个人单独交涉的行为,这就抑制了劳动力市场可能形成的社会自由机制。

---

① 霍耐特在《为承认而斗争》中强调对社会冲突的理解,既可以将社会冲突看作是以经济利益诉求而采取的集体行动,也可以看作是这个群体被忽视蔑视的道德情感诉求。需要指出的是,在传统马克思主义理解下,工人阶级之所以作为独立的政治力量登上历史舞台,恰恰是因为开始有了政治诉求,而在霍耐特这里,从对市场经济的契约内容要求到政治权利的诉求,则揭示了社会问题背后的道德动机,即工人群体一旦有了政治的诉求就意味着他们认识到自己作为社会成员应得的权利。

② [德]霍耐特:《自由的权利》,王旭译,北京:社会科学文献出版社2013年版,第379页。

③ [德]霍耐特:《自由的权利》,王旭译,北京:社会科学文献出版社2013年版,第384页。

19世纪80年代在美国形成的以熟练工人为主的工会团体,不再以控制制造业为诉求,而是与资方进行集体谈判,设法保证工人获得高工资以及较好的劳动环境。这就看出了工会诉求的内容不再是反对资本主义经济体制,而是落脚到工人具体利益的增加,这就意味着劳动力市场的社会性在逐渐分化。随着资本主义生产组织方式的进一步革新,比如在装配加工工业部门,逐渐推行的泰勒制科学管理方式;福特制的流水线作业方式等,使得工人抵制这种管理的运动只在局部范围内实施,让工人在得到某些具体利益之后,很容易放弃了对资本主义体制的抵抗。最著名的是1914年福特把工人工资提高到5美元,使得工人放弃了对工作过程的控制,自愿留在工作岗位上。这表明资本主义生产组织方式出现了泰勒制和福特模式,使得劳动阶层进一步分化,大大瓦解了传统以阶级利益为共同体的集体与团结。

企业生产合理化的核心需要将技术变化与规模生产相结合,即市场并不是以众多产品类型的无序竞争为主,而更多的是通过合并众多小企业,以标准化和装配线的生产方式将某个产品的生产过程操作分割,进而提高生产效率。而泰勒制就是将这种先进的生产方法与科学管理结合,进一步提高劳动者效率。具体内容包括:1. 区分管理人员与非管理人员,明确管理人员的职责是收集发展劳动人员劳动过程的知识,使过程与技能分离开来;2. 区分脑力工作与体力工作的工作领域,将劳动知识的总结和执行变成工作的两个独立方面;3. 区分工作计划与工作内容,计算出工人工作操作所耗费的劳动成本,以此来确立标准工作量和工作时。① 泰勒制的科学管理实质是通过管理部门进一步分化控制和指挥具体劳动的操作步骤,使得劳动本身从依赖操作的熟悉程度向科学规划转变,使得劳动人员区分了职业管理人员与操作性的技术工人。福特公司"每天五美元"的工资政策事实上将产业工人分割成享受高工资、具有较高消费能力、对企业忠诚的产业工人,以及大量没有稳定工作或低工资的产业工人,无形中造就了产业工人内部的隔阂。此时工会就面临着特殊的问题,即如何将不同利益群体的工人们在劳动力市场的斗争中统一起来。工会此时主要是以工作环境人性化的要求来统一内部意见,使得工人能够在集体斗争中"内在地与劳动市场实现社会自由的目标交叉

---

① 谢富胜:《分工、技术与生产组织变迁:资本主义生产组织演变的马克思主义经济学阐释》,北京:经济科学出版社2005年版,第190—191页。

在一起"。① 流水线作业方式、泰勒制分权管理方法以及劳资集体谈判制度的实行，标志着福特制这种新型的资本主义生产组织逐步形成，并在二战后成为资本主义国家主要采取的生产组织方式。

随着社会福利在对工人失业、生病等社会事务进行保护方面的逐步完善，消费性商品实现了工业化大规模生产，大多数工人阶级的工资收入与消费收入都有了显著提升，劳动力再生产被彻底资本主义化。但建立在劳动高度紧张又单一无聊的泰勒制生产方式下，工人熟练技术在不断贬值，劳动进一步异化，促成了自发隐蔽的反抗形式的产生。生产系统装备越复杂，这种反抗作用就越大，无聊的工作内容使得工人在工作中并不能感受到荣誉与尊重，"在泰勒制消灭了传统的手工业工人、取消了直接生产者对生产过程的控制以后，由它所创造出的群众性工人已变成资本增值的障碍"。② 20世纪60—70年代西欧各国工会还可以组织进行劳资斗争，使工资结构在某种程度上减少差距，但这并不能改变劳动力市场分割出了两类相对的从业关系的现实，一部分是生产服务型工作的顶层，要求专业技能型更高、更为灵活的产业人员，另一部分是几乎没有什么自主性的、专业技能较低的产业工作者。这就使得劳动力市场出现相互对立分离的方向，集体性的斗争方式反而阻碍了上层产业人员推行灵活就业，福特制的组织方式面临着危机。为了应对福特制所带来的弊端，一种灵活弹性的生产组织方式逐渐被接受，即丰田主义。通过将灵活化的机器设备和具有熟练技术的广泛劳动力相结合，促使就业人员的熟练技术水平普遍提高，以任务一元化来代替之前的零件局部化生产，生产流水线工人的工作变得内容多种多样，工作小组的形式使得工人参与到一个较大的生产阶段，"没有专业工人等级，他们对于整个工人范畴总体上受到更高的教育赋予了更加重要的价值"。③ 但是转变这种管理方式时，企业日益需要一支灵活化的具有熟练技术的职员队伍，而福特制经济下劳动者都是以半熟练技术工人为主，原有的职业身份被剥夺，成为这一体制转型的牺牲品。20世纪70—80年代大量边缘就业人员失去了他们的工作，而挤掉他们的正是那些受过良好教育、容易参加熟练技

---

① ［德］霍耐特：《自由的权利》，王旭译，北京：社会科学文献出版社2013年版，第389页。
② 张世鹏：《当代西欧工人阶级》，北京：北京大学出版社2001年版，第14页。
③ 张世鹏：《当代西欧工人阶级》，北京：北京大学出版社2001年版，第18页。

术培训的中青年人，这些熟练灵活的工人已不再期望遵循传统的专业工人升迁道路，而是热衷于在生产系统中开展企业内的个人竞争。同时随着资本全球化、国际化，资本主义经济去组织化的形式愈演愈烈，资本增值更多是通过利息、期权、期货等金融杠杆的作用，金融市场加快资本增值，资本家不再满足于劳动生产过程中的资本增值。这实际侵蚀了劳动工人的规范地位，造成社会劳动的极大贬值，加大了工人对工作地位的不安全感。当资本主义市场发展到没办法保证工人的基本工资与尊重状态时，所激发的劳动者的无声抗拒，也就只剩下个人化的反抗，即劳动生活的收入和成果都要靠自己努力，工人不再以集体化的行动去共同建构社会规则的范围。现在的资本主义市场所构成的是个人自由的领域。"社会渐渐变成了一个由只顾自己的活动者组成的网络……是一个由自己承担责任的最大限度追求利益的竞争场所"。①

霍耐特指出劳动力市场中曾经出现的以集体合作性的方式参与到企业的决定程序中的现象，取得过一定的成效，尽管这些社会成果是不连续的，但人们普遍接受劳动力市场是逐步改革的。从争取平等参与工作的权利，到废除无聊单调的劳动形式，再到劳动者参与企业事务的可能，这些都使人们相信经济市场有利于所有参与者以相互承认的方式达成规范性的诉求，这就是一种社会自由的机制。然而资本主义市场目前的错误发展，使得市场责任从"我们"退回到了个人责任上，劳动关系和社会福利一直都是民主社会所确立的共同任务，但现在为提高经济效益，社会福利被强制商品化，形成新一轮社会贫困。霍耐特指出要想从劳动力市场中重新寻找出一种替代选择，似乎只有从跨国层面上组织反抗力量来逐步实现劳动力市场的社会化。在重新赢得社会性的过程中，人们民主参与决策形式的规范意义进而凸显。

第三节 民主决策——社会自由的保障

霍耐特指出当前西方社会要保证自由的真实性，实现社会自由，就要从公共意志如何形成政治领域入手。当黑格尔通过"国家"制度来重建现代伦理生活时，并没有考虑在家庭、市场领域中所蕴含的非强制性

---

① ［德］霍耐特:《自由的权利》，王旭译，北京：社会科学文献出版社2013年版，第414页。

的相互承认的规范，在他的构想中，"国家"对于其他两个领域具有集中性和实质性的统摄性，并没有反映出市民社会内部的平衡关系，因此人们就会对黑格尔的民主性产生误解。霍耐特认为民主公共领域是公民通过相互商讨争论，形成普遍的理念，再以法律的程序将理念确定下来。

尽管资本主义市场的形成过程并没有体现出民众参与立法的权利，但是个人关系领域与经济活动领域中的制度形式是根据民主决策的程序确认下来的。因此霍耐特认为政治公共领域不是单纯地决定个人关系领域与经济活动领域自由实现的社会条件，而是与它们彼此依赖，公共领域的社会自由的实现需要人际关系和市场领域的社会自由的实现。一开始，在许多不同的公共领域讨论公民的权利以及社会化的条件，所形成的意志是非常有限的；只有在不断辩论、扩大社会包容的条件下，才使得其他两个领域能够不断丰富满足社会自由所需要的条件，达到其合法性原则。民主的公众性依然建立在角色互补义务的前提下，因此霍耐特关注的是民主的公众性如何在历史的进程中形成一种民主化的机制。

一、民主决策中的公共性参与

在西方政治社会中，当市场调节的经济与前现代政治统治制度相分离的时候，就意味着根据市场规范所形成的市民社会具有了自我调节、自我运行的活动机制，这与国家政治生活是相对立的。早期市民社会依照职业来划分社会地位，根据商品流通和社会劳动领域形成不同的职业团体，私人财产所有者在生产过程中的地位包含着家庭角色和职业领域的角色，这就意味着个体既有作为家庭成员的私人领域，又存在具有共同工作经历的公共性。哈贝马斯认为当等级特权逐渐消失，私有化的经济活动需要依靠公众指导和监督，并且以不断扩大的商品交换为基准，原本与公共政权相对应的私人生活具有了公共性，而以家庭为单位的个体经济成为与这种公共性领域相对应的私人领域。前现代政治模式下市民对集权的依附性，转向了民众自主空间的扩展，公民独立的财富意识与自由政治意识使得他们有机会通过报纸新闻媒体来交换信息。显然，在公共领域形成的初期，能够从报纸新闻媒体中获取信息的人，只局限在"公众"范围内的核心阶层，如政府官员、教师医生等，他们常常聚集在咖啡馆中举办一些有关于文艺作品的批判性讨论，一些上层贵族与行政的大资产阶级都参与其中。按照哈贝马斯的描述，这是一群社会地位显赫但政治影响微弱的人群所聚集与密谋的公域,而随着资产阶级社会交往的扩大,这些私密的会所逐渐成为开放性的结社,他们在合作商谈中形成批判的意见。伴随着印刷技术的改进,人们可以在不同的空间和时间就某些问题达成一致性,这些地方既是集会也是公众舆论形成的出发点,这个介乎国家与个人之间非官方性质的公共领域的兴起,可以说为后来民众争取政治参与权而斗争提供了练习公开商讨的实践机制。最初热衷于经济活动的市民并没有强烈的野心推翻王权及其体制,相反他们所要求的是一个能够保障基本经济生活的国家。而当封建贵族所设置的种种障碍,比如对封建土地的占有、城市行会的支持等已经严重阻碍了资产阶级自由贸易的扩大,前述下层民众组织的互助会、合作社、联合会等都间接形成了在家庭私人范围和国家政府范围之间的底层人民的公众性组织,他们因为贫困问题也会形成对封建国家的不满。在启蒙运动思想所宣扬的"自由""民主""平等""博爱""法治""宪政"等一系列的口号与主张下,所有公众团体都不同程度地围绕争取政治参与权而斗争。从这个时候起,关于理想社会机制的问题形成了新的话语交流形式,比如英国光荣革命之后与王位并存的议会,法国的三级议会等。但在王公贵族掌握绝对权力的情况下,公众所拥有的政治力量依然相当薄弱。法国大革命推动了整个欧洲民主化的趋势,最直接的表现就是选举权的扩大,英国国会议员选举资格有非常高的财产限制,甚至连中小资产阶级也进不了议会大门,在无产阶级宪章运动的动员下,群众提出了六条要求:1. 按人数划分选区,选出代表;2. 国会每年改选一次;3. 普及选举权;4. 废除以财产为根据的选举资格;5. 废除公开投票,实行秘密投票;6. 代表应有酬金。虽然这六条内容没有完全实现,但使得普选权观念得到进一步的普及,资产阶级在议会中占了上风。但是妇女选举权及不平等的选举问题在早期还没有得到重视与解决。不过在争取参与政治权利的行为中,民众深刻意识到参与政治事务对于解决自身生活问题是非常有必要的。

霍耐特指出随着政治权利在民众对公共性的积极争取下得到确立,人们实际创建了一种与自由主义的自由权利完全不同的规范机制。在自由主义者看来,私人自由是一个不受监督的保护空间,选举本身是一种个人自己决定的行为。而在霍耐特看来,选举行为意味着个体的行动需要以整个社会的共同利益为基础,个人作为民主法制社会中的成员进行投票选举。这就意味着个体应当拥有一种商讨性的信息交流能力，与相关的委员代表形成主体互动的体验。在其中互惠的相互承认原则起着重要作用。显然民主社会对于民主观念的认同与接受，主要是通过政治信息交流空间的逐渐扩大以及新闻媒体技术的提高来实现的。随着西欧各国逐渐解除新闻检查制度，"使得理性批判精神有可能进入报刊，并使报刊变成一种工具，从而把政治决策提交给新的公众论坛"。① 政治公众性从空间上被看作是人们进行话语民主决策的领域，这是伴随着19世纪民族国家形成并作为政治制度被确立下来的。但是由于公众对于自己国家权利认同的不确定性，以及民族国家的构成依赖于共同的文化属性，欧洲国家形成了不同的政治公众性：比如英法政治转型是在既定的国家领土中得以过渡实现的，而德国意大利则是通过统一的民族运动来确立起政治公众性，后者很容易将政治公众性与极端的民族主义联合起来，导致出现危险极端的例子。这就引发了关于公民身份的问题，即是从生物学意义上的民族统一还是政治层面来确定公民身份。因此民众公众性不仅仅在于赋予民众参与的权利，而且还需要对公众的行为给予规范性重构。涂尔干认为公民如果以其民主社会的宪法为基础，以自己的历史经验不断认识和完善这些法则所蕴含的普遍道德原则，可以加强公民的政治凝聚力和情感联系。霍耐特指出涂尔干所强调的认知作用，对于民众公众性整个功能而言还是一种弱的道德规范。杜威则看到了新闻媒体在形成民众统一意志中的作用，认为要想解决现实情境中民众的非理性思考，不应怀疑民主，而应更民主。民主是人们对相互依赖的社会本性的认识，这是一种社会和个人的生活方式，"要求每个成熟的人参与和形成用以调节人们共同生活的价值标准，无论从普遍的社会福祉还是从作为个人的人的全面发展来看，这都是必要的"。② 即民众需将民主的理念内化在自己的行为方式中，通过新闻传播过程，使他们运用分享、公开商讨等方式来理解他们彼此互惠依赖的本性，"民主就是一种在自由和充实自己的交流中生活的代名词"。③ 不过显然在资本利润的驱动下，新闻媒

---

① [德] 哈贝马斯：《公共领域的结构转型》，曹卫东等译，上海：学林出版社1999年版，第68—69页。

② 单波、黄泰岩：《新闻传媒如何扮演民主参与的角色》，载《国外社会科学》，2003年第3期。

③ [德] 霍耐特：《自由的权利》，王旭译，北京：社会科学文献出版社2013年版，第453页。

体也不能够完全发挥出民主的作用，只会按照大众想看到的想法而呈现信息，无法完成给公众介绍重要信息的任务，形成一个与社会现实不符的虚幻世界。杜威所处的1930年代并不是一个民主公众性得到很好体现的时代，当时新闻媒体的作用受到两种挑战：一种是集权性，民主决策原则没有得到多少扩展；另一种是一致化的民主公众性，即新闻媒体的政治文化与民众感兴趣的大众文化脱离，民众缺乏参与政治的兴趣。

二战结束后的初期，由媒体强化的只关注自身私人领域的民众表现出对公共领域的冷漠，阻挡了社会自由的继续发展，奉行福利政策的资本主义国家干预主义普遍盛行，整个社会生产和生活都受到了国家的干涉。福利国家的官僚体制建立在战前旧制度精英控制的传统形式下，20世纪60年代关于妇女、少数族裔、移民等的民权斗争进一步扩大了公民参与决策的范围，这些群体的反抗主要是利用了被剥夺了公民权的团体的力量，反对各种形式的等级，使得公共领域有了新的话语内容以及进步价值。从民众决策空间逐渐扩大的斗争中，霍耐特总结了在政治领域中社会自由的基本条件：一个可以使与政治决定相关的团体阶层都能广泛参与的信息交流空间；一个高质量的大众媒体信息咨询系统，可以使民众具有审视与反思的视野；民众积极参与决策的意愿以及能够使所有参与者都坚守民主美德的政治文化。这些条件并不是实现社会自由的全部条件。① 民主公众性所展现的社会自由，要与其他领域所许诺实现的社会自由机制交叉起来，即在资本市场中满足相互自愿的条件。对此，哈贝马斯对资本主义市场经济发展中出现的独立于政治国家的"私人自治领域"充满乐观，认为"组成市民社会的是那些或多或少自发地出现的社团、组织和运动，他们对私人生活领域中形成共鸣的那些问题加以感受、选择、浓缩，并经过放大以后引入公共领域。旨在讨论并解决公众普遍关切之问题的那些商谈，需要在有组织公共领域的框架中加以建制化，而实现这种建制化的那些联合体，就构成了市民社会的核心"。② 但是这些新式斗争产生了分裂性后果，促使人们不断地逃避公共领域，绝大多数人怀着对政治制度的不信任，已经失去了在公共领域能够救治

---

① ［德］霍耐特：《自由的权利》，王旭译，北京：社会科学文献出版社2013年版，第453页。
② ［德］哈贝马斯：《在事实与规范之间：关于法律和民主法治国的商谈理论》，童世骏译，北京：生活·读书·新知三联书店2003年版，第454页。

社会问题的希望，越来越沉迷于私人事务中，或沉溺于电视，或留恋于网络，又或疯狂购物。原子化的个人、异化的个人，并没有承担起公民的责任与义务，曾经大众媒体起到了推进民主意识的积极作用，现在的媒体则完全是在宣扬私人化的虚拟现实，要纠正民主公众性中的错误发展，就需要恢复媒体所曾经扮演过的民主职责。

大众媒体组织在服从公共媒体法的同时，需要以知识分子为首的群体，来承担监督大众媒体遵守职业道德守则的责任，促使民众做一些批判性思考。互联网的兴起与发展，可以说让知识分子、市民团体与普通民众构成在全球范围内去层次化的公众性趋势，各种非政府组织也可以通过大型媒体的信息交流手段，形成国际性组织。尽管由于互联网没有边界，很容易使人们失去理性的制约，但是互联网对于民众公众性的作用体现在：有利于国际问题的决策；有利于形成有主题或思想特性的公众性，以及去区域性力量有助于形成超越国家界限的公众性。需要注意的是，互联网所带来的显著国际化，可能会使得民族国家内部的民主力量分散，造成公众性决策内部失去了团结互助的能量和愿望，尤其是对民主程度高的国家，在这些国家可能会出现以下情况：一方面越来越多的民众被排除在民族国家决策程序之外，另一方面这些民众形成了一个跨国际的决策空间，但这个决策空间却不利于解决区域性民众的窘迫困境。对一些以国际化为兴趣的精英而言，民主自我立法的社会自由空间就会变大，但是对处于挣扎在贫困线附近的民众而言，因为无法进入公众性所讨论的重要主题和信息中，他们的社会自由范围就会变小。在平衡与调节这两种相反的民主立法机制中，民主法制国家则起到不可缺少的作用。

二、民主的法制国家

黑格尔在《法哲学原理》中勾画了一个不可能顾及公众参与方面的君主立宪国家，霍耐特认为近代国家的形成并不是统摄民众意见的绝对精神的体现，而是依赖于公众性决策。这种公众性意见决策并不要求国家机构立马将公众的意见呈现出来，而是以能够满足民众公共性的规范为前提，在不断研究或讨论的决策程序中，形成一种可以修正共识的功能性机构。

从国家形成的职能来看，最初国家权力是统治阶级的争权夺利，以获取对土地、臣民的支配原则。近代以来，随着国家体系确立起来的法律原则逐渐实证化，以此确立起国家合法性的基本规范。政府通过进一步完善政治制度，扩大公众政治参与性，来建构政治国家被认同的理论基础，在这个意义上，霍耐特认为"现代国家起源于一种为承认政治权力而斗争的解放运动"。① 因此他在探讨现代国家规范性基础时，并非从某种道德理想的角度来评判国家的合法性，事实上，在国家合法性形成的历史中，宪政国家在公民意愿形成中的规范性观念已经被制度化了，霍耐特认为这一点可以作为规范重建的方法论基础，即从民主商榷的决策如何转化为实践执行的机构中，寻找实现社会自由的机会。

现代国家是建立在绝对专制主义基础之上的。专制主义的国家通过将弱小的政治单位吸收进统一的政治结构中，为国家行政权力的扩张形成了必备的空间结构，这个过程缩小了国家内部的政治、经济文化差异。君主处于不断集权的统治体系顶峰，而这种行政权力的扩大则是伴随着国家掌控社会的能力的逐步增强，反过来也就意味着国家对各种社会关系协作方式的依赖，即君主要想维护好自己的统治，不再可能只通过强制手段去处理，而需要行政机关听取下层意见，这是一种双向关系。赫尔德就指出"绝对专制主义在其自身内部创造和发展了一种新的国家权力形式，它同时对国家权力也造成了一种限制——宪政和强大的群体对政府过程自身的参与"。② 显然，立法民主性是扩大政治参与的最有效和最可行的手段。在19世纪，作为体现基本公民权的宪法机构只是非常缓慢地赋予公民权利，法国大革命所颁布的人权宣言中提到"所有公民都有权亲自或者通过其代表参与制定法律"。③ 但是对参与立法的民众却有明确的财产资格限制，排斥了中产阶级以及下层民众参与的可能。不过从法律规定内容可以看出，封建等级社会的臣民试图成为民主共同体中具有同等权利的公民。只不过这个时候所建立的宪法国家只是纯粹字面上的"公民"国家。在吸纳市民社会中不同的利益群体时，宪法从字面上规定了公民所享有的基本权利，而真正实现公共利益、使多元利益集

---

① [德]霍耐特：《自由的权利》，王旭译，北京：社会科学文献出版社2013年版，第517页。
② [英]戴维·赫尔德：《民主的模式》，燕继荣等译，北京：中央编译出版社1998年版，第70页。
③ [意]圭多·德·拉吉罗：《欧洲自由主义史》，杨军译，长春：吉林人民出版社2011年版，第50页。

团纳入民主程序中,则是通过议会代表的努力。议会代表要求公民通过组建代表自己利益的政党,有序和有组织地广泛参与公共政策的制定,形成普遍被认可的有效的议会制度。这本身是在立法框架内对社会上不同现实利益进行协调,不过对于19世纪西欧大部分国家而言,尽管确立了政党政治在市民社会与国家之间的中介作用,但政党政治依旧将工人阶级政党排除在外,直到19世纪末在工人运动的压力下,西欧国家在形式上填补了曾经许诺的赋予社会所有男性成员公民权利的空白。

19世纪的现代国家通过立法民主,逐渐将过去专制的、封闭的政治制度转变和改造为一种较为民主、开放的政治制度,赋予了多元化市民利益诉求的民主化制度,使得民主本身不是目的,而是维持自由、个性和多样性的手段,"通过民主立法、选举制度以及使得代表快速流动的短暂的任期,保持了政治的开放性、公开性和流动性,从而适应社会经济发展和各阶层力量格局的变化"。[1] 尽管这个过程在19世纪尚且没有完成它全部的历史使命,但却为共同体的成员建立了情感上的联系,即将自己看成是承担国家义务的公民。从参与议会立法的角度来说,扩大公众性的范围是时间的问题。但现代国家的问题,在于国家管理机构和司法机构中民主的理念并没有得到充分传播,比如行政机构中出现的腐化行为,[2] 对于政治反抗所采取的武断压制的行为,在霍耐特看来,这说明了国家机构工作人员的行为意识落后于基本法所确立的规范要求,法制国家合法性原则和政治实现之间存在一定的鸿沟。因此如果仅仅从民主合法权力扩大的范围,以及审议程序的形成来考虑国家的民主形式,是远远不够的,还需要考虑法律之外的风俗与行为方式,这些都会在国家执行机构中或以民主或以专制的形式出现。

19世纪由民族国家所确立起来的公民,被视为居于固定领域、有权参与国家政治、同属于同质性文化共同体的成员。法制国家在赋予成员民族自我立法的权利而要求扩展国家管辖权时,则会形成民族与民族之

---

[1] 魏建国:《宪法体制形成与近代英国崛起》,北京:法律出版社2006年版,第146页。
[2] 亨廷顿指出,处于变革时期的腐化现象更为普遍,尤其是在社会和经济迅速现代化变革时期,从传统到现代制度确立初期,在缺乏有效监督体系的时候,公职人员缺乏自律、操守等问题。参见[美]塞缪尔·P.亨廷顿:《变化社会中的政治秩序》,王冠华、刘为等译,北京:生活·读书·新知三联书店1989年版,第54页。

间、国家与国家之间的斗争，20世纪出现的法西斯主义等极权主义恰恰说明民主国家中的道德成分，即群体对主权国家所产生的强烈感情投入所引发的政治问题。二战后所发表的《世界人权宣言》就是试图对民族国家无顾忌的主权要求作出规范性限制，国家对其居民保障的基本权利要按照人权的要求，建构一种超越民族的道德机制。这被看作是一种形式性的抽象原则，建立在康德普遍超验的权利与正义原则上，使得国家角色保持中立。但是战后移民的涌入，文化冲突的加剧，使得这个问题再次凸显。多元文化的盛行，传统国家权力的稳定受到严重挑战。另外伴随着社会生活官僚化的增强，政治似乎沦落为利益集团的阴谋，"在鼓励性表象和周期性竞争性竞选的背后，自治的基本意义已经被掏空了。存在于正式的外表背后的是我们称为民主的共同公民价值的系统性崩溃"。[1] 这直接导致了民众对参与政治的冷漠态度。霍耐特指出民众对政治所表现出来的"政治愠怒"并不是通过政治抗议来表达的，而是表现为不信任的政治沉默。当前进入议会中的决策，看似是留给民众代表进行审议，但实际与某个大的经济集团秘密勾结起来，议会和公众的民主监督程序并不能发挥出应有的作用。这就说明最初蕴含着的民主自我立法的社会自由并没有延伸到法制国家的组织中，要克服这一危机，只能依靠协会、社会运动和民众联合起来的公众性力量，使得资本主义市场重新被嵌入社会关系中。对于公众性决策的权力而言，要跳出民族国家范围确立起的公民规范，在超越国家的共同体（欧洲共同体）建立一个包含共同权利的欧洲公民层面上，通过共同文化背景的整合力量来实现公民间政治合作的团结互助精神。

三、作为民主生活方式的政治文化

从民主决策中的自我立法可以看出，在社会领域中存在着个人自由的形式，也有信息交流自由的机制形式。民主程序不仅仅在于不断地完善立法过程，还要依赖于平等和民主的家庭关系、消费领域和劳动力市场的社会化，后者有自愿参与公共性决策的行为机制，并非完全依赖于政治领域中的自我立法。因此霍耐特认为，"只有在个人关系和经济领域

---

[1] 转引自［美］卡尔·博格斯：《政治的终结》，陈家刚译，北京：社会科学文献出版社2001年版，第58页。

中建构了各自领域的社会自由原则,才会在一定程度上提高每个社会成员以同等权利关系进入民主决策程序中的机会"。① 一种民主之所以是正义的,在于它所蕴含着的自我立法决策的原则本身就已体现在社会关系中,而非作为一种结果被人们所接受。"民主伦理"思想只有在各个领域中实现制度化的自由原则,并内化为人们相应的习惯与实践,才能体现真正的民主。

霍耐特指出民主决策中自我立法依赖于其他两个领域(系统)的学习与内化,同时民主决策中民主的伦理内容又是这两个领域的前提,这里可以看出霍耐特对黑格尔伦理思想的吸收,民主的思想作为其他两个领域的潜在内容,通过私人关系与市场领域中的自由原则社会化而表现出来,使得民主决策的内容更加丰富,这从逻辑上就表明公众性民主决策领域的地位会高于其他两个领域。首先,宪法原则会使得社会斗争变革的要求,变成一种法律保障,其次,民主自我决策领域的自由原则体现的是自我主义反思化(reflexive self-thematization)的领域。其他两个领域都有各自对社会化原则的要求,但只有在政治民主领域中才能将主体互动合作的构想变为一种互惠的意见交换,即在私人领域与市场领域中,设置类似于民主公众性决策的话语机制,通过话语机制的民主审视来形成对这两个领域中的自由原则的反思。因而民主程序自身要受到规范性的约束,并鼓励其他两个领域中社会自由原则不断实践,才使得社会成员以更平等自愿的心态参与到公众性决策中。民众要以国家公民的角色一同商讨社会关系,不能因冷漠的行为,而忽略民主规范的意涵,民主程序对于其他两个行动领域具有反思审视的意涵。

霍耐特从公众参与政治决策的私人领域、市场领域与政治领域的民主化、社会化入手,指出民主所包含着的相互承认互惠的合作方式,不仅仅是政治生活中参与立法决策的手段,更是社会各个领域的相互补充与实践。这一点正是吸取了杜威的民主伦理思想。在杜威看来,民主是个人的生活方式,意味着需要持续采取某些态度,这些态度在人们的日常生活中所形成的个人性格,决定了个人的愿望和目的。"我们必须学会把某些制度看作是在人们习惯中占主导地位的某些个人态度的表现、投

---

① [德]霍耐特:《自由的权利》,王旭译,北京:社会科学文献出版社2013年版,第546页。

影和延伸，而不是把我们自己的倾向和习惯看作是对这些制度的适应。"① 民主内化为人们日常行为的生活方式，不仅体现在人与人之间相互平等这样的信念，而且体现在人在适当条件下理智地进行判断和行动，不能由于种族、肤色、财富或文化水平方面的差异而彼此不宽容。另外在秉持民主信念时，个人还需在日常生活中培养与别人协力合作的信念，将可能发生的争吵、冲突作为协作的事情来处理，给予分歧双方表达自己意见的机会。"民主的责任就永远是要创造一种更加自由、更加合乎人性的经验，所有人都分享这种经验，都对这种经验做出自己的贡献。"② 在霍耐特看来，民主不仅是在各个领域内化的行为规范，还需要在民主共同体成员中建立起相互信任和团结互助的情感，这是建立在共同背景文化要素基础上的。在这样集体民主立法的过程中，如果没有归属于"民族"和"国家"的感觉，个体则会承受民主决策的损失。民族共同体属性可以在特定的历史情况下唤醒公众参与的积极性，但这样的情感需要给予个体承担共同责任的认同，这种认同不仅是从民族角色肯定公民，而且也是从社会再生产的贡献给予认同，这样公民才会将这种互助义务从国家公民身份角色贯彻到家庭或劳动进程中。不过当前在欧洲经济统一进程下，一种扩展的政治融合关系也呼之欲出。虽然大家能够意识到一种超越民族国家界限的公众性决策的重要性，能够有力地排斥欧洲单一局限的经济交往危险，但民众依旧在怀疑与审视这种普遍构思。

从各个领域为自由而斗争的历史中，可以看出不同领域中已经取得了自由的成就，但又面临着倒退的危险，这就是社会的一种错误发展。但是随着现代化的进程，社会各个系统之间联系日益紧密，曾经为争取自由确立起的合法性与融合性在行动领域中加以制度化；曾经涌现的超民族、超地域的组织团体在为规范性期望而斗争，在当前主体互动网络的信息交流平台中，还可以唤起民众的"集体记忆"；曾经为扩大参与立法范围的妇女运动以及劳动条件改善的斗争，不仅仅被看作为法律的完善，更是希望从历史记忆中形成一种共同关注、互惠互助、积极努力的公众性参与。事实上国家不仅仅是一个政治实体，同时也是一种文化呈现系统。人们通过参与到国家理念中，来增强对国家的认同感和忠诚

---

① 涂纪亮编：《杜威文选》，北京：社会科学文献出版社2006年版，第415页。
② 涂纪亮编：《杜威文选》，北京：社会科学文献出版社2006年版，第418页。

感,"一种国家文化是一种话语,影响并组织了我们的行动和我们自我的概念,国家文化通过生产我们能够认同的国家的意义来建构个体认同"。① 这正是霍耐特所想要构建的民主政治文化期望。

---

① [英]尼克·史蒂文森编:《文化与公民身份》,陈志杰译,长春:吉林出版集团有限责任公司2007年版,第303页。

第四章 霍耐特社会自由的未来期许：团结互惠的社会主义理念

霍耐特从个人关系、市场领域以及民主决策的领域中来探求社会自由的现实性出发，研究社会领域中有哪些妨碍自由的行动障碍，从社会各个领域中已形成的制度化的规范出发，来分析资本主义社会的发展是如何偏离社会曾经涌现过的某种规范，来指出社会的错误发展影响了社会自由实现的可能性。霍耐特对于黑格尔伦理体系的再现实化，所采取的方法论为"规范性重构"，一方面是对近代以来二元特征的自由观念的一种伦理性调和；另一方面也试图纠正当前政治哲学脱离现实分析的现状。这一维度被很多学者质疑存在改良主义倾向。因而霍耐特在重新反思工业社会中有关社会主义的理想之后，提出社会自由通过将人团结互助的社会性逐渐发展出来，形成一种公民身份下的民主生活方式。霍耐特的重建社会主义理念从法兰克福学派理论发展历史来看，呈现出从革命到探究社会主义规范的话语转变，这种转变究竟是重构社会主义的规范，还是失去革命性对现实的一种妥协？如何理解这种转变，以及如何看待霍耐特所理解下的社会主义理念规范维度，这是本章所要关注的问题。

第一节 批判理论中的社会主义

马克思所处的19世纪是阶级矛盾激化的年代，这使得马克思主义对资本主义的批判能够与工人阶级的实际行动和政治话语有着密切联系，马克思和恩格斯坚信对社会主义的向往与共产主义的描述不是抽象的、乌托邦式的，而是可以依靠无产阶级革命得以实现的。但19世纪末资本主义社会发生了变化，工人阶级中的一部分日益分化为资产阶级的代理人，法兰克福学派批判理论开始思考和调整批判方向，摆脱历史唯物主义中所固有的乐观主义。如果说19世纪的马克思思考的是我们如何依靠理论力量转化为现实革命的物质力量，那么法兰克福学派所面临的问题是我们如何能充分区别批判理论与其他理论话语，能够让我们在这个阶级话语越来越沉默的世界中保持解放的可能性。

面对资本主义发达工业社会下的种种现实问题，法兰克福学派以一种批判性、反省性的精神来揭露现代性的种种病症，形成工业文明自我反思下的一种独特的批判理论。而作为批判之后的出路——"社会主义"，则一直被视为"憧憬着非压抑文明的乌托邦"。但法兰克福学派并不试图确立或者仰仗某种应然的社会理想状况，而是结合资本主义现实发展来探求具有批判向度的社会主义理念是如何能够在发达资本主义现实中埋下成长的可能性的。

一、对历史唯物主义的批判与反思

法兰克福学派研究所最早成立时的宗旨是研究工人运动与社会主义史，但由于外部环境的影响，霍克海默适时调整了研究所的宗旨，确立了以跨学科综合分析的哲学社会的批判理论。研究所宗旨目标的转向，实际是将传统历史唯物主义没有关注到的文化、艺术等学科纳入社会结构的分析中。研究方向之所以转向，主要是由于当时资本主义新变化与马克思主义理论之间出现了反差，资本主义虽然偶有危机和萧条，但并未打断其经济不断增长的趋势，而在政治和意识形态呈现出民主化和法制化的新特征。在这种背景下工人阶级似乎可以通过合法议会斗争而非革命推翻资产阶级的统治。在资本主义依旧具有强劲生命力的背景下，法兰克福学派的第一代思想者试图对资本主义社会的潜在机制进行全面解释，寻求可能的解放出路。

早期批判理论家霍克海默一开始依旧相信马克思的科学判断，认为只要遵循理性的规划来设计未来社会，那种有秩序的和可预测的理性社会是能够带来物质的丰富以及社会的进步的。在他看来，未来社会主义不仅仅是"商品的再分配"，还是个人自由的充分发展与社会苦难的消除，"社会主义社会秩序具有历史可能性……但它不是通过历史内在逻辑实现的。它的实现只能靠经过理论训练的并决意去达到更好的生存条件的人,否则将是不可能的。"① 在他看来计划和经济活动的理性化所形成的不是社会主义,而是一种野蛮制度,资本主义体系的危机会不自主地导致社会主义,但同时也可能会导致法西斯主义。"无产阶级的革命冲动,早就变成了在社会框架内的现实主义行为。至少在人们的心目中,无产阶级已被融合到社会中去了。"② 这就意味着传统历史唯物主义理解下的以经济形式判断未来社会是有问题的,理性社会与历史进步不再具有任何内在的逻辑关系,因此法兰克福学派早期批判理论家开始批判理性,"从无产阶级革命缺席理论研究转向了文明缺陷的研究"。③

需要指出的是,早期批判理论家并没有放弃马克思的历史唯物主义,尽管他们意识到马克思的唯物史观在解释资本主义社会现实上存在着一定的局限性,但他们批判理性、重视资本主义意识形态的研究,实际是从马克思主义经典历史唯物主义原理即从生产力与生产关系的相互作用出发,意图从意识形态的文化工业入手来分析意识形态是如何对整个社会的生活和人们思维进行操纵和控制的。正如卢卡奇在《历史与阶级意识》中提到的"生产关系是历史地了解社会关系的方法论的出发点和钥匙"。④ 资产阶级意识形态并不是单纯的社会存在的反映,而是在主体与客体、社会与自然永无止境的相互矛盾中所形成的理性总体,这是垄断资本主义社会生产所决定的。霍克海默等早期批判理论家认为对社会过程的解释不能忽视历史进程中的作为意识的上层建筑对社会生产所起的作用。在《启蒙辩证法》中,霍克海默和阿多诺对理性的自我否定,并不是单纯地对西方理性传统进行批判,而是充分发展了马克思的政治经济批判,围绕文化工业如何作为物的交换价值而塑造了臣服的个体行为。而对资本主义现实展开批判的。霍克海默、阿多诺不再寄希望于生产力进步能够实现社会主义,而是以工具理性为出发点批判资本主义文化,批判资本主义文明不是把劳动当作是人生存和发展的手段,而是把劳动

---

① Max Horkheimer, *Dawn Decline Notes 1926 – 1931 and 1950 – 1969*, Michael Shaw (trans), New York: Seabury Press, 1978, p. 37. 转引自殷华成:《霍克海默批判理论专题研究》,北京:新华出版社2017年版,第126页。
② [德]霍克海默:《批判理论》,李小兵等译,重庆:重庆出版社1989年版,第2页。
③ [德]魏格豪斯:《法兰克福学派:历史、理论及政治影响(上)》,孟登迎等译,上海:上海人民出版社2010版,第413页。
④ [匈]卢卡奇:《历史与阶级意识》,杜章智、任立、燕宏远译,北京:商务印书馆2017年版,第59页。

本身当作目的，让人们陷入到对科学技术的过度崇拜，丧失了个体自由的真正意义。

因此与其说霍克海默、阿多诺形成了不同于传统马克思主义的阶级分析方法，据此来探究未来社会的革命之路，倒不如说他们将马克思原用于政治经济学领域的概念，扩展延伸到整个资本主义社会的政治、经济、法律、宗教以及文学艺术等所有领域中，既是对资本主义社会寻求解释性的说明也是在追求解放性的道路。因此，他们并不是单纯放弃阶级冲突作为历史动力的唯物主义，而是关注了以往经典马克思主义所忽略的意识形态批判。

二、"后解放时代"的社会主义

霍克海默、阿多诺等人的批判理论尽管不同于传统历史唯物主义寻求经济发展与阶级斗争，但依旧是在批判资本主义意识形态基础上寻求社会主义革命的可能性，依照正统马克思主义所描述的社会公平劳动的社会主义来展现未来社会。而马尔库塞、弗洛姆等人，结合弗洛伊德的精神心理学，以本能革命代替政治经济革命，以意识形态斗争代替阶级斗争，从精神心理学阐明个体解放的方向与意义，呈现出不同于传统社会主义理解的"后解放时代"的社会主义新战略。

马尔库塞对社会主义革命性质的认识发生了移位，不同于以往经济领域的革命，他要深入资本主义意识形态内部，培养人们的革命动机与革命意识。思想意识领域中的变革能在一定程度上促进社会主义革命的深入发展，直指工业文明发展背后的人自身精神层面的解放。工人阶级不再以物质匮乏为革命动因，马尔库塞认为现在资本主义条件下的革命动力源于个体感性功能、欲望的变革，新的革命主体就来自那些还没有被资本主义意识形态完全同化的、具有批判和否定意识的人群中，主要是第三世界的无产阶级以及发达工业社会内部的新左派。要实现这样一场恢复人性的革命，既不能寄希望于传统马克思主义的暴力革命，也不能走伯恩施坦的改良主义之路，而应对资本主义发达工业化来一场"大拒绝"。在他看来，苏联社会主义非但没有使人们从压抑现状中解放出来，反而还成为某种极权的共谋，社会主义在很大程度上不再具有对现实的批判与革命的意义。与其让传统社会主义陷入追求生产力进步、科学技术的实证主义囹圄中，不如通过国际范围的群众运动，实现"总体革命"。原本走向科学的社会主义需要从科学走向乌托邦,"今天的乌托邦终结的概念至少含有探讨社会主义的新定义的必要性的意思"。①

法兰克福学派的早期代表理论家们针对资本主义所发生的新变化,敏锐地意识到现代工业社会生产力的高度发展并没有对应地产生社会主义意识,反而使人的个性自由都被压制,因此他们并没有固守传统历史唯物主义中关于社会主义的设想,而是深刻揭示了资本主义社会的意识形态如何通过生产关系的再生产形成对人的全面压抑。而对于如何看待这种意识形态的全面压抑,法兰克福学派第一代理论家不同程度地放弃了传统的革命主体,试图寻求摆脱工具理性操控的人的解放之路。

三、社会主义与民主的调和:交往理性中的社会主义

伴随着苏联解体、东欧剧变,现实社会主义遭遇了重大挫折。现实社会主义运动的失败直接触动着法兰克福学派批判理论家们关于社会主义的思考,当社会主义运动成为一种历史,现实资本主义批判之后的出路又应该是何处?当面对福山提出的"历史的终结"时,法兰克福学派批判理论家哈贝马斯以及第三期代表人物霍耐特对传统社会主义观进行了重构。不同于早期批判理论家们对资本主义意识形态的强烈抵触,他们则是将资本主义中的理性话语即民主视为实现社会主义的必要条件,从现实中寻找实现社会主义的可能。

哈贝马斯的交往行为理论使得早期批判理论中有关工具理性的批判转向了对交往理性的研究。针对晚期资本主义的历史条件,哈贝马斯区分了技术合理化的系统领域以及日常生活交往的生活世界,认为资本主义的危机在于工具理性的过度膨胀导致交往世界的不正常发展,以金钱和权力为主要目的的体系占据了生活世界的位置。在他看来,要想解决资本主义危机,必须正确处理生活世界中的人与人之间的交往关系。在生活世界中重建一个民众能够自由平等地协商意见、彼此理性交往的公共领域将是解决危机的最好方法。因此哈贝马斯首先反思了传统社会主义理解中的问题。他认为从马克思、恩格斯到列宁、斯大林演化出的一种马克思主义、社会主义观念,是基于对早期资本主义和社会主义所做的分析和批判,仍根植于早期工业化的生产条件和狭小领域,是"将社

---

① 上海社会科学院哲学研究所外国哲学研究室编:《法兰克福学派论著选辑》上册,北京:商务印书馆1998年版,第594页。

会主义理解为一种历史上享有特权的具体的道德性形态的倾向"①。而西欧社会民主党的社会主义观念，则是较早地摆脱忽视市场体系的偏见与阶级斗争的教条主义观念进行改革，但过多地依靠国家权力体系来实施福利，然而各党派却沦为国家官僚机器，放弃了激进民主的主张，沦为资本主义的共谋。哈贝马斯指出要想重新理解社会主义，就不能仅仅把社会主义当成一种观念，将其置于纯粹道德立场，缺乏现实的基准与经验的关联，否则就会使得社会主义成为一种与具体社会实践改造无涉的绝对教条。同时哈贝马斯还认为社会主义不应该做具体的描述，而应该对现实社会进行深刻反省，从而赋予社会主义现实观念。

鉴于现代社会是通过金钱、权力和团结这三种资源来完成控制功能需要，而当前过分突出了金钱和权力的调节手段，压制了团结的调节作用，因此需要从自主的、自我组织的公众中寻找制衡国家的力量，不是对资本主义经济作"社会约束"，而是对资本主义国家本身作"社会约束"。哈贝马斯从致力于探讨当前参与到资本主义生活中的人们如何能够使自身的意见与民主意志，转换到通过法律和行政进行调节的社会关系，以便实现"法律共同体的民主自我组织"。这就是冷战后所要坚持的社会主义理论和实践，"如果把'社会主义'理解为种种解放了的生活方式——关于这些生活方式，参与者自己先得达成理解——的必要条件的话，那么我们就会看到，对法律共同体的民主自我组织，也构成了这种事业的规范性核心"。②哈贝马斯相信，尽管发生了苏联解体、东欧剧变，但是可以将社会主义的理念转变成激进的改良主义来展开对资本主义社会的批判，即通过改革能够表达西方社会公共意见和政治意愿的体制来实现，这是依赖于激进民主的全球化的努力。在这一背景下，哈贝马斯将社会主义理解为一种"必要的乌托邦"，③ 即社会主义传统不应该通过直接诉求一种规范性的理论来解释规范性直觉，而应该成为一种对现实的批判性观察和分析的视角。

哈贝马斯意识到早期法兰克福学派从人的抽象本质诉求革命动力，

---

① 陈学明：《西方马克思主义教程》，北京：高等教育出版社 2001 年版，第 712 页。
② [德] 哈贝马斯：《在事实与规范之间：关于法律和民主法治国的商谈理论》，童世骏译，北京：生活·读书·新知三联书店 2003 年版，第 5 页。
③ Harbermas, "What does Socialism Mean Today? the Rectifying Revolution and the Need for New Thinking on the Left", in *New Left Review*, 1990, 183, Sept/Oct, pp. 10 – 11.

重返艺术、审美领域等非理性领域，探究革命路径，这具有虚幻性。因此哈贝马斯从交往行为理论出发来探究抽象的理论规范与事实程序的合法性，从而在政治公共领域中走出实现个体自由的路径。与其说哈贝马斯提出了一种新的社会主义理念，倒不如说他是将人们对社会主义的美好期待与社会主义的凝聚力量转到了对民主进程的讨论中。哈贝马斯确实是扭转了早期法兰克福学派基于批判资本主义工具理性所设定的社会主义抽象人自由的理论立场，探索了语言媒介的交往理性如何通过民主化程序的共同体来体现社会主义的规范意涵，但哈贝马斯实际是以程序性民主代替了对社会主义应有之义的探讨，在某种意义上使得社会主义替代资本主义的逻辑必然性演变成了政治民主进程的扩大。

第二节　社会自由与社会主义

哈贝马斯的交往共同体为身处发达国家的左翼力量提供了一种可供选择的希望，民主作为程序成为实现社会主义的必要途径。在这个意义上，社会主义不是一种具体的生产方式，而是力图在公共领域中以自由民主的法律结构为个体解放和多元化生活提供依据。这使得法兰克福学派开始从激进的批判理论向温和的现实路径转变，研究进路更多地关注生活世界的规范性理论。这也影响了霍耐特的社会主义观。在《自由的权利》中我们可以看到霍耐特以社会的错误发展来衡量现代资本主义社会，通过规范性重建的方法描述了社会自由潜在的实现可能性，很多学者认为他并没有将批评理论所蕴含的批判社会的维度展现出来，认为霍耐特的思想呈现出"一种以改良主义为导向的内在批判方式，寻求与现实社会中规范的偏离程度，并没有想要彻底改变社会状态"。① 霍耐特面对这些指责，提出了他对于传统社会主义理念的革新，并据此回应这些指责，认为它们都是对自己方法论限制的误解。

一、工业化时期的社会主义理想

面对资本主义市场经济全球化、自由化所带来的种种弊端，人们普遍感到不满。霍耐特指出这种不满似乎没有方向感，即并没有思考超越

---

① Fabian Freyenhagen, "Honneth on Social Pathologies: A Critique", *Critical Horizons*, Vol. 16, No. 2, May 2015, pp. 131 – 152.

当前资本主义社会的某种可能性，对未来乌托邦的美好设想仅仅停留在"乌托邦"，抗议现状脱节于未来的憧憬。霍耐特指出社会主义理念本应是对现状不满的一种具有革命性的愿景，但现实社会将这份憧憬打断了，这是因为社会主义理念在现实具体探索中，缺乏一种具有现实说服力的解释。苏联解体、东欧剧变标志着一种探索社会主义制度的尝试失败了，如果说苏联的社会主义建设是以牺牲个人自由为前提，那么反观资本主义社会，它以维护个体自由为原则却形成了贫富差距越来越大的现实，而个体在承受这种巨大的不公正与不平等的前提下却失去了超越现实憧憬未来的能力，这实际是与资本主义社会结构的复杂性有关。一方面资本主义生产方式的飞速发展，使得人们从现代化进入后现代的社会中，交通的便捷、通信的便利以及大众传媒的迅速发展，打破了人们对过去永恒的目的论的执念，偶然性、不确定性充斥着日常生活，影响着人们对未来美好生活的信心；另一方面资本主义生产关系所决定的物化意识，使人们意识到既然物化是不可以改变的，并且是这个社会所具备的根本性质，那么就应该顺从现实。霍耐特认为"当前人们无法将对财富和权力不公正的分配所表达的愤慨转化为可实现的目标，不是因为实际存在的资本主义替代物的消失，也不是因为我们对历史理解发生了根本转变，而是因为需要对社会关系的重新阐释"。[1]

霍耐特认为基于工业革命的精神的传统社会主义，并没有将社会自由观念的规范力量释放出来，社会主义理念的可能性不能仅仅停留在寄托于社会进步中。关于社会主义的理念不仅要提供充分的社会正义阐述，而且还要提供具有说服力的向未来发展不断运动的现实的可能性，"社会主义的目的必然是通过释放当前社会已经包含的力量或潜力，使现代社会更充分地发挥'社会'的作用"。[2]

17 世纪后半叶，欧洲自然法学者格劳修斯和普芬多夫将"社会主义"引入自己的自然法作品中，其目的是揭示天主教神学家对自然法的误读，他们认为社会的法律秩序应该建立在人的社会性需要上，而不是神的意旨上。19 世纪中叶，英国的"社会主义"和"社会主义者"的意

---

[1] Alex Honneth, *The Idea of Socialism: Towards a Renewal*, Joseph Ganahl (trans), Cambridge: Polity Press, 2017, p. 4.
[2] Alex Honneth, *The Idea of Socialism: Towards a Renewal*, Joseph Ganahl (trans), Cambridge: Polity Press, 2017, p. 52.

涵就不再是之前自然法的理解，而是"面向未来的运动的条件，即通过建立集体组织来达到使现有社会更'社会化'的政治目的"。①

早期的社会主义思想家大多从个体自由在社会的实现程度来理解社会成员的行为方式。但在资本主义早期市场经济体系中，个体往往从自己利益出发，将他人看作是自己的竞争对手，在自由竞争体系下，早期社会主义思想家试图克服自法国大革命以来所形成的"自由"与"博爱"之间的内在矛盾，来调和个体性私利与社会团结。在他们看来，要想实现"博爱"，就要实现经济方式的转型，因为资本主义的经济秩序无法实现个体自由与社会成员的和解，未来的社会主义首先是以实现社会成员间的团结关系为必要条件。欧文的合作社以及当时法国所实行的一些维护底层阶级利益的合作群体等，都可以看作是实践社会主义的尝试。他们强调不让资本渗透到社会生活领域中，经济领域必须被集体性的力量所支配。这不仅是一种更公平的资源分配的经济秩序，而且是协调"博爱"和"自由"的一种尝试。这些社会主义者认为个体自由在社会中的实现蕴藏着以下内容：一是社会自由意味着社会是由已经实现个体自由的个人所组成的整体性社会自由；另一种是个体通过参与到社会合作中，意识到个体自由不是彼此之间的限制，而是社会成员彼此之间的相互补充。

马克思关于社会主义的理解在霍耐特看来正是出于第二种解释。马克思批判资本主义社会不能实现社会自由，主要是从政治经济学角度来论述的。马克思早期的作品指出在资本主义社会中，人与人之间的关系被物与物的交换关系所掩盖，个体行为只看到他人商业行为与自身利益的抽象性，而并没有关注到他们的具体需求和个性。个体之间彼此相互依赖的关系通过生产行为和交换行为被隐藏了起来，在资本主义社会中自由意味着把别人当作纯粹的手段，因此在未来的社会主义社会中每个人都可以将自己的目的看作是他人实现的条件。在霍耐特看来，马克思所设想的替代资本主义社会秩序的基础，就是通过个体之间的相互承认来实现共同目标，即每个人都有这样的需求，根据相互依赖的需求所执行个体的行为，这实际是扩大和重构了个体自由的概念，个人只要表明尊重他人同样具有自由权利的行动，就可以实现共同意图。这就意味着

---

① Alex Honneth, *The Idea of Socialism: Towards a Renewal*, Joseph Ganahl (trans), Cambridge: Polity Press, 2017, p.7.

马克思虽然意识到未来社会成员之间的彼此相互依赖、互补的社会角色，但他将其看作当前每个社会成员都要为之奋斗的目标，是在尊重个体自由权利的基础上形成的整体性自由，而这一理解很大程度上依赖于生产劳动经济领域的革新。①

在霍耐特看来，早期社会主义者只从经济领域出发去理解社会自由，将解决资本主义社会所存在的问题寄托于生产力的不断进步，并没有充分阐明经济领域与政治自由之间的关系，并没有去考虑其他形式的自由是否在政治领域中已经被制度化了，是否可能存在着影响经济领域的规范。尽管早期社会主义者已经注意到自由的"主体间关系"，但显然他们都是出于社会本体论的立场，认为个体能力的实现需要在社会共同的集体中才能够实现，因此从这个角度去理解资本主义市场局限性。早期社会主义者认为狭隘的自私自利的资本主义市场经济是对自由的一种错误理解，而克服资本主义的动机和意愿可以在普遍存在的社会关系中找到，即工人能够通过某种合作经济制度来取代资本主义市场，使经济领域集体化，来抵制资本主义竞争对社会团结的破坏。社会主义理论可以看作工人运动的一种反思性理论。工人通过战略启蒙与教育，形成一种必然导致生产关系合作化的观点的历史过程。霍耐特认为，早期社会主义者在工业社会初期所形成的关于社会自由的理论具有三个显著的缺陷。

第一，早期社会主义者倾向于将自由完全归咎于基于私人财产上的在经济范围内追求自身利益的合法性规定。在合作的生产方式下，主体不再是相互对立，而是相互合作，从而克服私利的自我。像圣西门及其追随者认为社会领域的重组只需要在经济领域内实现，从而不认为政治的权利革新也是必要的。马克思在其著作《论犹太人问题》中也表达了类似的观点。霍耐特认为，马克思指出犹太人所追求的政治解放，固然对实现平等的权利有进步意义，但是鉴于市民社会与国家是分离的两个领域，实现政治解放并不能完全实现人类解放的任务。"政治解放一方面把人归结为市民社会的成员，归结为利己的、独立的个体，另一方面把人归结为公民，归结为法人。只有当现实的个人把抽象的公民复归于自身，并且作为个人，在自己的经验生活、自己的个体劳动、自己的个体

---

① 这里是霍耐特对马克思自由的一种误解，认为马克思的自由实现仅仅依靠生产方式的革新，这种观点也受到国内学者的质疑。具体可参考陈良斌《霍耐特的社会主义观及其批判》，载《国外理论动态》，2018 年第 3 期。

关系中间，成为类存在物的时候，只有当人认识到自身'固有力量'是社会力量，并把这种力量组织起来因而不再把社会力量以政治力量同自身分离的时候，只有到了那个时候，人的解放才能完成。"① 可见，在社会主义理想中政治自由的权利并非独立于经济领域共同意志。早期社会主义者只关心主体参与生产合作过程中的实现互补的方式，并不关心自己的个人自主（self-determination），在霍耐特看来，"这种考虑社会组织方式的视域使他们不能够看到政治领域本身的价值"。② 传统的自由民主理论希望通过对资本主义市场加以限制来解决社会问题，但却没有考虑到自由的权利不仅在经济领域中会成为社会经济自由的必要条件，而且在民主意志的表达中同样也具有这样的必要性。

第二，早期社会主义者将实现社会主义理想的斗争主体寄希望于工人阶级。早期社会主义者在看到资本主义自由时期所带来的贫困与苦难、寻找社会理想的希望时，自然就将目光投向了现实中因苦难而斗争的抵抗群体。他们在为自己的社会主义理想寻找现实证明时，自然就赋予了工人阶级使命，也就是说社会主义理论是因为将社会现实的现状投射到一个社会中的集体行动而有了意义，并没有实际去考虑工人阶级本身是否就有这样的特征。马克思进一步阐释了工人阶级的主体特征，认为工人阶级是人类对自我异化不满想要迫切统一的主体，工人阶级革命性更强，是因为他们能够清楚意识到现实生活的种种障碍阻止了自我实现。在霍耐特看来，这样的方法论预设存在着疑问，这会使得社会主义理论被束缚在已经存在的社会运动中，而且人们也不去怀疑社会现实是否具有这样的力量。事实上，在第二次世界大战之后，主要资本主义国家的工人阶级发生了结构上的分化，中间阶层主宰劳动力市场，无产阶级成为雇佣工人的少数，无法把社会主义理想看作已经存在的革命主体的思想表达。既然社会主义理想是一种从现实出发、面向未来的理论，就应该从已经变化了的事实出发，激发存在于社会中的积极力量。因此社会主义理论首先需要从自身推导出抽象的正义规范原则，以此来寻找到社会群体中共享社会主义目标的利益群体，将其团结起来，为未来而奋斗。

---

① 《马克思恩格斯文集》（第1卷），北京：人民出版社2009年版，第46页。
② Alex Honneth, *The Idea of Socialism: Towards a Renewal*, Joseph Ganahl (trans), Cambridge: Polity Press, 2017, p. 36.

第三,早期社会主义者具有历史进步思想。早期社会主义者深受法国启蒙哲学家孔多塞的影响,认为人类历史是一个不断进步的过程。当前资本主义工业化生产的丰富性之所以不能惠及全社会,是因为传统的财产秩序被掌握在少数资产阶级手中,随着历史的进步,资产阶级的资产将进一步移植到国有中央银行,形成以工人阶级为主导的经济合作社。马克思进一步概括了早期社会主义理论所持有的两种进步观点。一种是阶级斗争推动社会进步,将社会发展的动力定位于社会阶级之间的斗争中。在社会发展的每个阶段都存在着被排除在外的群体利益,社会主义代表着斗争过程中的最后阶段,即代表了大多数被压迫人民的无产阶级,获得了塑造全社会的力量。另一种是科学知识的线性增长过程。社会发展的动力来自于人类不断增强的控制自然的能力,释放自己的潜能,从而推动社会的重组。这就形成了完全不同的进步,就是不断革新落后的生产关系,使之与生产力状况相协调。20世纪初社会民主主义者和共产主义者曾经就马克思社会生产关系的技术进步论展开激烈的讨论,讨论主题就包含了如何解释马克思关于历史进步的必然性的叙述以及是否应该用一种转型行为的伦理来代替等,这些辩论不同程度地造成了关于马克思历史发展理论理解上的混乱,最后倾向于从历史进步的概念理解社会主义理论,忽略了将历史发展看作是一个不断变化的挑战,应通过实验来发现其社会进步的潜力。

霍耐特概括了早期社会主义者在工业化时期理解社会主义的特点,指出他们完全受限于早期资本主义现代化的知识和社会条件,认为社会主义实现的条件只能从经济领域中实现,赋予无产阶级革命的使命,寄托于历史的不断进步来实现社会自由的理想。而面对当前社会功能分化的现状,社会主义对社会的理解就需要做出一定的调整。

二、作为历史实验主义的社会主义理解

前面提到早期社会主义者基于工业化的现实情境预设了资产阶级社会的掘墓人,从历史条件出发,认为集体化的历史合作过程终究会替代私人自主的异化情况。霍耐特认为对于社会自由的理解应该结合当前的现实情况,将社会主义向未来发展的无限潜能发挥出来,"这不是一个已经存在于社会中运动的概念,也不是假设某个历史趋势,而是需要将现代最先进的意识成果补充到早期社会主义理解的思想中,社会主义如果

有未来，一定是后马克思主义的形式"。①

早期社会主义者从合作社的角度来寻求社会合作的可能，实际是想通过价格规范和法律规则来探究市场的道德宽容程度，欧文的合作社可以看作是实践社会主义的尝试。但很快这种尝试就被马克思否决掉了。在霍耐特看来马克思首先将资本主义市场看作一个完整的社会体系，道德思想观念都是由市场交换关系所决定的，而看似平等的交换关系实际掩盖了生产关系的不平等。如果想要改变资本主义这种生产关系，只能通过中央计划经济模式，形成行为主体与上级权力的垂直关系，自上而下地实行经济集体化，才能改变资本主义市场的特质。显然，取缔市场建立高度集中的计划经济已经被历史证明是行不通的，尽管当前资本主义市场覆盖了社会生活的全部，但是在霍耐特看来，市场经济与资本主义可以区别开来，在合理使用市场的前提下，寻求除经济领域之外的其他领域变革的尝试。霍耐特指出横向合作和互补的经济模式有三种：第一种，亚当·斯密诉求的通过公民道德与"看不见的手"的相互调节的方式；第二种，建立一个"自由生产者联合会"，共同体的成员可以通过民主自治的方式，独立地组织和管理他们的经济事务；第三种，在经济领域中行使社会自由的方式，作为公民参与到民主决策中，指导与监督经济再生产过程。霍耐特认为在横向合作的这三种模式中，蕴含着劳动者掌握生产工具、平等地参与合作生产的机会，这就意味着市场本身包含着彼此需要彼此合作的互助关系，这能够成为社会主义实现社会自由的重要要素，但这并不表明我们就需要等待社会的进步，等待社会合作与市场的有机结合。

霍耐特吸收了杜威关于实验主义的立场观点，认为社会进步或者某些期望，是可以从具体生活的情景中探索而得的。杜威指出"知识材料的价值（或'实在'）是根据它对非认识的经验事物的控制以及对后者不断提供的丰富意义加以判断的。即使从知识本身的观点来看，探索不断地增加证实性和稳定性，以致在将来对之做进一步的修正这种前景也是一种附加的价值。"② 社会自由作为未来的期望，其实可以从当下人们的行为方式作出理解。这里杜威认为"联合"或"共同"的行为构成了

---

① Alex Honneth, *The Idea of Socialism: Towards a Renewal*, Joseph Ganahl (trans), Cambridge: Polity Press, 2017, p.53.

② 涂纪亮编：《杜威文选》，北京：社会科学文献出版社2006年版，第178页。

万物的基本特征，随着历史的进步与发展，过去孤立的个人与事物将伴随着共同的生活建立起联系，形成现实中最高阶段的"社会"，社会的形成就是将人所具有的交往潜能不断释放出来，因此，在人类社会的现实中，只有所有人都能自由地参与到共同体有意义的交流中，才能实现社会成员中"社会"的力量。社会群体之所以出现周期性的反抗，是由于某些群体被排除在交往之外。社会群体可以通过斗争使得社会自由所蕴含着的无限交流的可能成为现实。用黑格尔的观点来说，如果一个社会制度的转型，对某个群体的限制变成解放，使其可以参与到社会平等合作交流中，那就意味着社会在这个阶段实现自由，"社会成员逐渐克服被排挤的恐惧而建立在自由沟通的范围内，合理地探索和规定他们共同存在的规则"。① 这里霍耐特是想要说明社会自由是以互惠团结为基本的观念，以此来衡量社会发展的每个阶段，以作为历史实验主义的发展基础与准备。

从团结互助的社会自由来衡量社会现实发展，早期社会主义者也考虑到通过建立经济民主计划、集体组织机构来克服个体自私自利的经济秩序。他们更多是从经济领域中诉求自由个体活动的相互补充的共同体，来试图消除自由与博爱之间的对立，但霍耐特认为早期社会主义的观念专门适用于经济领域中，无法适应当前社会逐渐分化的领域。社会功能的区分，在18世纪晚期就初见端倪，如市民社会与国家领域的区分，公共领域与一般纯粹的私人领域的区分。在黑格尔法哲学中，对不同行动领域做了规范性阐释：法律或权利的任务是维护社会成员的个体自主权；家庭负责家庭成员社会化以及满足自然的需要；市场规则保证充足的生活资料；国家确保整体生活的伦理一体化。这就意味着社会成员在逐渐探索克服阻碍自由沟通的条件，合理地探索和规定他们共同存在的规则。社会中的改革标准就是从交往障碍和阻碍交往的依附性中解放出来，从而形成社会主义实验性认识的历史基础与标准。

在当前的社会现实中，社会主义理想的实现不能完全基于人类生产力的进步性与无产阶级担任使命的绝对性，需要在历史进程中，不断纳入新的社会群体的诉求，来拓宽交往领域，从而扩大社会自由的空间。毕竟在扩张的过程中，随着新的社会互动关系的出现以及政治关系的革

---

① Alex Honneth, *The Idea of Socialism: Towards a Renewal*, Joseph Ganahl (trans), Cambridge: Polity Press, 2017, p. 62.

新，新集体都会面临着认同的担忧，获得承认的可能性就在于社会主义理想中所包含着接纳新群体的规范性要求。"社会主义"中所包含的"社会"要求，代表着消除一切阻碍社会团结自由的普遍愿望，这个目标不仅仅是一种道德要求，更是表明了社会的结构性原则。

社会主义的历史实验方法（historical experimentalism）就是对早期社会主义者假设的一种调整。在经济领域中能否实现社会自由的问题上，以历史实验方法来分析资本主义市场时，就不能仅仅看到经济效率的提高以及资本增加对整个社会福利提高的积极作用，而且还需要对资本主义市场制度进行分解，以便重新考察当前经济领域中可能存在着的逐步改革的进步力量，比如通过边缘化特定经济部门的私有制，引入生产资料国有制的必要性。在具体的经济条件下，需要对历史材料进行整理，去归纳提炼出重建市场的过程中可能会出现的阻碍以及新的思路，从现有制度中找出实现社会自由的微量元素，并不断调整暂时的目标和手段，来服务于社会主义普遍性的规范理想。这样的社会主义实验方法下的主体就不再是集体化的某社会群体成员，而是公民。在确信他们的个体自由只有通过社会生活重要领域的团结合作才能实现时，公民才会对未来充满希望。

三、民主生活的理念

早期社会主义者认为只要专心克服现存的经济秩序的弊病，就能实现经济领域的民主，不需要一个专门的伦理和政治意志形成的民主自决的过程。这是因为他们相信未来所有社会领域的整合完全取决于工业生产的要求。之所以忽视以国家为主导的政治领域与私人关系为主导的经济领域之间已存在的分化，是因为他们将社会运作看作是中央权威垂直指导的，要想彻底实现社会自由，只有从最根本的经济领域出发，因为其他领域中的爱与民主都不能摆脱经济上的制约。这就忽视了公民自由参与公共立法之后与经济决策需求的互补格局，即民主意志是一种交往行为，是需要独立于经济领域中的合作方式进行不断扩展的。霍耐特认为社会主义者对民主权利的漠视，导致了"社会主义者长期无法与激进的自由共和主义结合"。[①] 这必然会影响新时期下社会的新斗争力量的结

---

① Alex Honneth, *The Idea of Socialism: Towards a Renewal*, Joseph Ganahl (trans.), Cambridge: Polity Press, 2017, p. 82.

合,从而影响实现社会自由。比如在私人领域中,社会主义者认为要想将妇女从传统家庭模式中解放出来,需考虑的范畴就是使她们参与到联合生产关系之中,即从经济领域优先的角度去考虑两性关系之间的不平等。近几十年来社会主义工人运动与妇女运动形成了某种互补与联合的趋势,但是如果将私人领域也看作实现社会自由的一个领域,问题视角就不仅仅是从经济领域出发,而是在于道德文化中所一直形成的固有的男性归属的角色。因此在私人关系中,家庭为社会自由能做的努力,就是使妇女不仅逐渐摆脱对男性权力的依附,而且建立平等的伙伴关系,在自由互惠的基础上双方形成情感上的支持,从而能够表达自己真实的需求与愿望。这也正是现在女权运动的诉求。

这就意味着现在社会功能分化的各个系统,都有着自己独立发展的逻辑。只要社会主义仍然代表着一种更好的生活形式的愿景,就需要定义这些能够实现社会自由的领域在未来是如何充分联系的。因此从个体行动的系统来看,不仅需要经济系统和个人关系系统,还需要民主意志形成的系统,这就意味着公民民主参与政治中,能够将他们的个人意见看作是对共同的"普遍利益"的一种补充。重建社会主义理想,就是要发现个人关系、经济领域、民主政治领域内的潜力,它们彼此遵循着各自领域的规范但同时又能自由合作,形成一种民主生活方式。"民主不仅意味着自由平等地参与政治意志形成,而且还是一种完整的生活方式,意味着个人可以平等地参与到协调个体和社会之间的中心点,使各个系统呈现出民主参与的总体结构。"[1] 这样未来社会不应该被理解为从生产关系中所决定的社会秩序,而是作为社会各个系统独立的、有目的的联合起来的有机整体。

既然社会成员在各个系统能够平等地自由合作,这就有必要修正传统社会主义者将社会行为置于各种社会角色中的功能差异结构,毕竟工人阶级与资本主义身份的对立,实际蕴含着单一身份的对立,而没有看到其实在家庭或者民主政治领域中,二者身份所具有的相关性。在当前社会中寻找一个可以平衡各个领域的规范,即能够使所有参与者都能自由地表达意见的公共领域。这将通过不断完善民主参与的程序,使得民众能够自由地表达意见同时承担起监督社会结构的责任。由于社会具有

---

[1] Alex Honneth, *The Idea of Socialism: Towards a Renewal*, Joseph Ganahl (trans.), Cambridge: Polity Press, 2017, p.92.

多样性与开放性的特征,如果将社会主义未来的承担者寄予单一集体行动的主体,远远不能将新的社会力量纳入进来。社会主义的愿景应该从经济领域中的消除异化,扩展到消除个人关系与民主意志中的压迫性,这样才能使其他领域中的人们支持对美好生活的追求。公民身份将有力地将这些诉求统一起来,不断地推动社会进步。

不过,在全球化背景下,霍耐特也表达了"全球社会"中公民诉求的困难。社会主义依赖国际相互依存,但功能分化的社会秩序很大程度上还是依赖于本国的宪法和基本权利的保障。这就使得全球公民身份在跨国联合上具有一定的难度。但是在霍耐特看来,革新后的社会主义理解指导了所有国家在个人关系、经济活动以及政治意志中?形成人与人之间自由平等的合作关系,使得社会更"社会化"。从这样的规范意义而言,各个国家都有自己的文化与法律适用的空间,社会主义的美好愿景在于使得各个国家挖掘自己国家社会秩序中所存在的合作潜力,来揭示未来社会自由实现的可能性。

第三节 社会主义的规范维度

法兰克福学派并不试图确立或者仰仗某种应然的社会理想状况,而是结合资本主义现实发展来寻求具有批判向度的社会主义理念是如何能够在发达资本主义现实中埋下成长的可能性。当前资本主义异化现象已经向社会各个方面蔓延,现代社会人与人之间的社会关系都沦为物的关系,人们也失去了对社会主义的希冀,在这样的背景下,社会主义既要起到唤醒民众的作用,但又不应是乌托邦的幻想,这样的重思下的社会主义理念,在法兰克福学派的演进中就体现出"革命性较弱,规范性较强"的特点,而霍耐特重思社会主义理念尤其是重提团结与民主的内在联系,也为当前理解社会主义的内在规范提供新的视角。

一、革命与解放:社会主义批判力度

上述法兰克福学派的社会主义观尽管从抽象人性、交往理性、承认理论等各个方面阐述了理想社会,但从当前社会主义运动发展现实来看,不管是作为愿景的社会主义理念,还是现实中的社会主义运动都进入了低潮。特别是对于身处发达资本主义社会的左翼学者而言,社会主义一

词已经很难在现实语境中具有实现的可能性，不免沦为乌托邦的想象，但这并不意味着他们失去了批判资本主义的现实向度。从革命话语转向解放话语，蕴含着两层含义：第一层就资本主义而言，既要反对其作为一种制度性的存在，又要与其日常行为方式决裂；第二层就批判理论的社会主义立场，一方面反对将其作为抽象的行动目标或理论说教；另一方面还要将其根植于人类生活的价值理念，从而进行社会化的实践。

　　结合资本主义的现代化进程，法兰克福学派的社会主义观早期从政治经济学维度揭露了资本主义对社会的全面管控，进而转向探究发达文明所造成的普遍异化，试图从抽象人性构建理想社会，哈贝马斯通过交往理性重建公共领域努力克服政治对经济的全面管控，而霍耐特将这种民主领域扩展到整个社会生活领域中。社会自由原本是法兰克福学派的价值目的，而霍耐特将其视为研究的出发点，并且引入团结、社会合作等互动方式来探究实现的可能性，使得法兰克福学派的社会主义观转向了政治伦理的建构，就其方法论转变而言，法兰克福学派已然不再像早期寻找社会变革的有生力量，而是试图在现实内部寻找社会发展的可能性条件，逐步将革命可能性转化为社会的解放进程。这样的转变带来以下思考。

　　第一，批判理论中社会主义实现的可能性。法兰克福学派的批判理论者意识到现代生活条件下，随着人道主义精神的日趋衰落，异化成为现代人的人格特征，要激发社会主义的合理性，就需要重新激发现实中可能存在的某种可实现的想象或思想过程。不同于霍克海默、阿多诺等早期批判理论家对启蒙理性的悲观分析，认为只有在艺术领域以及心理学分析中才能摆脱这种剥削性的状态，哈贝马斯和霍耐特深感社会主义观念在西方世界已渐趋衰退，意识到人们将未来希望寄放在劳动社会的想象已经幻灭，因而他们转向诉求一种重建社会合理性的普遍化原则，寻求现实可能遵循的规范。法兰克福学派将社会主义置于一种历史价值诉求之中，未来的历史如何续写在很大程度上取决于对现实的超越程度，这就使得社会主义自身的规范性重新发挥了作用，在法兰克福学派看来社会主义的内在规范特征以一种实践思维方式提供了一种不与现实妥协的社会批判向度。在这个意义上，法兰克福学派并不将社会主义的实现看作是一种历史发展的必然规律，他们充分发挥了马克思关于共产主义是一种社会现实运动和不断生产的历史进程的观点，强调人所面对的历史就是人的实践基础上的自然的人化,历史应该是由人的实践活动来展开的,因此社会主义的内在规范价值的实现是来自人的历史主体地位在实践中的展开,而人不应该降低为某种规律性的接受者和追随者。人们应该促进现实社会向未来理想的理论不断靠拢,去挖掘现实中可能使人靠近社会主义价值理念的社会潜在机制。尤其是法兰克福学派批判理论发展到第三期代表人物霍耐特,他恢复社会主义的规范价值并非寻求康德的绝对命令①来克服关于社会主义实证化的理解,而是确立一种黑格尔主义式的阐释路径,即从社会领域的既成结构中探究可能实现的机制,甚至认为被批判的现代市场中,依然隐含着保证和扩展社会自由的规范性基础,使得作为理念的社会主义具有内在实现的可能性。②

因此不管是马尔库塞对资本主义体制的"大拒绝",还是哈贝马斯寻求重建交往理性,以及霍耐特重构社会主义理念,显然法兰克福学派已经不再寄希望于从政治运动方面去实现社会主义,而是旨在"希望实现人们的历史记忆感,寻找历史上左翼曾经成功的记忆"③来唤起人们对现存必然性的否定力量,这就不难理解法兰克福学派从政治伦理转向的必然性。霍耐特意识到当前新自由主义的内部矛盾,在于没有实现个体自由的条件,反而摧毁了个体自由的可能,并最终明确只有在社会主义理念中才能体现社会合作与社会自由,据此来让现实的个体为民主化的进程而彼此合作。从这个意义上来说,法兰克福学派从未削弱社会主义在其批判理论的地位,而是更多地关注经济领域之外的其他领域的变革。与其说法兰克福学派的社会主义观是一种未竟之业,倒不如说他们将人类的关切置于可能性的视域中,以否定现实、变革现存的乌托邦精神为内核,寻求与具体社会实际改造相关的历史进路。

第二,如何看待社会主义实现中经济与政治的关系。在法兰克福学派看来,既然生产力的发展并不是社会主义实现的唯一条件,那就需要

---

① 一般来说,康德的绝对命令是撇开历史基础进行的"道德形而上学"的建构,依靠人的意识自由为自己的行动立法,全然不够社会传统和任何社会关系,而法兰克福学派挖掘社会主义的规范意义则更多的是利用黑格尔的辩证法来阐明社会主义内涵是伴随着人们在历史过程中的活动来展开。
② [德]霍耐特:《自由的权利》,王旭译,北京:社会科学文献出版社2013年版,第19页。
③ [德]霍耐特、李汉松:《社会主义的理念:对话阿克塞尔·霍耐特》,载《国外理论动态》,2020年第4期。

从生产关系领域中寻求变革。毕竟民主也是实现社会主义的一种手段。民主和社会主义的必然逻辑，类似于一枚硬币的两面，循环地交叠在一起，社会政治领域中人权和民主体现为人主体权利的解放要求，这同样也是社会主义思想体系中必不可少的部分。因此在某种意义上，法兰克福学派并不希望对资产阶级意识形态进行全部清理，而是试图对其加以整合，希望对自由民主遗产进行全方位的扩展。从霍克海默关注国家社会主义开始，批判理论家都意识到了一个问题，即社会主义未能在理性计划中实现，政治在很大程度上干预了经济力量的自由发挥。这就促使他们从古典马克思主义政治经济学的研究中转移到对政府和专制主义的研究，去思考作为上层的政治结构如何对社会再生产发生作用。而在哈贝马斯和霍耐特的理论中，我们都看到了他们在寻求社会主义实现道路上做出的政治与道德的解释。哈贝马斯寄希望的交往理性在承认个体与多元性基础上，试图通过话语互动实践中来达到约束人与人之间关系的目的，通过交往理性的作用，构建起新的话语伦理，以交往对话形成一种话语民主，营造出一种平等互动的社会关系。而霍耐特将这种民主领域扩展到整个社会生活领域中。

可以看到，法兰克福学派不断扩大民主的领域，实际也反映出当前资本主义现实中经济领域与政治领域日渐分离，而且资本逻辑不断超越市场经济的界限来干涉其他社会生活领域，政治领域越来越缺乏民主责任的约束。正如马克思在《〈政治经济学批判〉序言》中提到"随着经济基础的变更，全部庞大的上层建筑也或慢或快地发生变革"。① 这不仅表明经济起重要作用，而且也说明经济和政治之间的连续性，需要总体的社会革命。因此法兰克福学派并不秉持传统线性的经济决定方式，而是强调思想文化和经济各要素之间的相互作用，认为经济斗争和政治斗争必须统一起来。在当前多元化和碎片化的资本主义社会中，阶级团结已经破裂和分化，法兰克福学派并不寄希望于经济领域中的阶级斗争方式，而更侧重利用资本主义民主，来凝结非经济诉求的社会力量比如追求性别解放、生态文明、民主的公民权等。当然，资本主义条件下的政治平等并没有从根本上动摇资本主义的权力关系与强制结构，但法兰克福学派已经意识到资本逻辑在主导经济力量的同时，也全方面替代了政

---

① 《马克思恩格斯选集》（第 2 卷），北京：人民出版社 2012 年版，第 3 页。

治领域中的民主、责任等价值规范。通过全方面的民主形式来激发民众参与的积极性,从而起到现实变革的作用。这并非忽视经济结构的决定作用,而是在反思要想反对"资本中心论"的经济话语,势必要探求多领域对资本逻辑的抵制,在批判理论家看来经济领域与政治领域虽是不同领域,但又辩证统一地交织在一起。

从寻求革命路径无望的早期批判理论到后面探索现实解放的可能,法兰克福学派并没有完全背离马克思主义。当他们进入生产领域分析生产力与生产关系的相互作用时,他们更关注的是资本主义市场逻辑入侵到社会非经济领域以及所带来的社会影响。革命力量已经失语,解放可能性究竟在哪里,围绕这些问题,法兰克福学派在重建马克思历史唯物主义理论的同时,也持之以恒地对资本主义展开批判。尽管法兰克福学派的社会主义思想在某种意义上是现代资本主义社会下乌托邦的某种镜像映照,但其价值不在于提供多么完美的社会主义模式,而在于从多大程度上深刻揭示了现实社会的弊病,激发资本主义现实转型的可能性。

二、社会主义中的团结与民主

解放的现实一直都是法兰克福学派所关注的内容,从霍克海默、阿多诺等第一代学者反思历史唯物主义,寻找新革命动力,到哈贝马斯等第二三代学者探究资本主义民主现实下的变革,似乎法兰克福学派的批判维度一再逐渐退缩到民主意识形态下的一种反思,但霍耐特以民主生活领域中的团结作为社会主义的应然规范,让我们重新反思在当前资本主义现实中如何理解社会主义所包含着的团结与民主的意涵。

(一)团结与社会主义的历史渊源

团结(solidarity)一词,用来表示一个群体的凝聚力,或者一种道德理念,用于激发人们共同采取行动的动力,是一种关系性的概念,所形成的历史比平等和民主的起源更早。这个词最早起源于拉丁语,意味着合作责任,之后西方基督教将血缘关系中的"团结"意涵扩展到所有人类的兄弟之谊。在罗马法中团结也具有法律意味:"in solidum"意味着对全体的义务。[①] 而现代社会关于民主团结的理解来自 18 世纪晚期民

---

① Hauke Brunkhorst, *Solidarity From Civic Friendship to a Global Legal Community*, Jeffrey Flynn(trans.), The MIT Press Cambridge, Massachusetts, 2005, p.2.

族国家的兴起,① 特别是法国大革命将团结与正义、平等、民主联系起来。因此，团结包含着事实描述与价值评判两方面的内涵：一方面，"团结"一词包含着通过抽象的法律媒介，将陌生人因为共同的利益结合在一起，形成承担共同责任的连带关系和相互依赖关系；另一方面，在价值评判层面，正是因为人们的连带关系，团结更多承载了主观意愿、行动和整体效果上的认定标准，就形成了当前我们普遍使用"团结"的含义，有联合、互助友爱、休戚与共、融洽和谐等。

团结与社会主义的亲缘并不是一开始就存在的，在1789年法国大革命期间，人们广泛接受的是博爱而非团结。直到1848年欧洲革命，在马克思和拉萨尔影响下的工人运动中，团结代替了博爱成为了社会主义的核心概念。早期空想社会主义者傅里叶在其著作《统一论》中就使用过"团结"一词，用来说明在面对集体组织和个人自由之间的张力时，体现团结理念的乌托邦组织能够合理地解决这一问题，而这个具有宽泛和包容性的重组社会的"团结"概念在社会主义者那里成为一种政治诉求。尽管马克思较少直接使用"团结"这个词，担心出于兄弟般的情谊可能会盖过阶级利益，但从阶级利益的一致性来联合无产阶级，正是"团结"意涵的现实表达。而国际工人运动联合起来不仅仅意味着"团结"具有社会整合含义，也表达了以此来反抗资产阶级的社会压迫，才能开启实现共产主义的社会团结之路。在法国学者查理·纪德看来，此时的社会主义理论等同于阶级斗争理论，他认为"社会主义学派主张的阶级斗争只有利于发展同一阶级内部的团结，不是加强同一社会内部团结的办法"。②

团结作为社会主义的核心概念，始终是社会主义运动的重要的标签。早期社会主义者如圣西门、傅里叶等人解释的团结是来自对穷人的关怀，经典马克思主义者强调的是共同阶级属性所承担起的互惠义务。团结从最初亲缘性的靠近到增添了阶级属性的义务。在经典马克思主义者那里，团结主要是为了推翻资产阶级而凝聚起来的力量，有其特定的阶级属性内涵。恩格斯在《美国工人运动》中就提到："这个工人政党还只是刚

---

① 向辉：《社会团结：从涂尔干到罗蒂——涂尔干社会团结理论的悖论及其解决》，北京大学硕士论文，2007年。
② 转引自陈玉瑶：《公民民族主义与团结主义——法国"国民团结"概念的内涵与源流》，载《西南民族大学学报（人文社科版）》，2018第12期。

刚在形成：它的个别分子还须摆脱种种传统的偏见——资产阶级的、旧工联主义的，甚至空论社会主义的偏见，以便他们最后有可能在共同的基础上团结起来"。① 工人阶级正是因共同目的而团结起来，成为国内一支伟大的力量。到了19世纪末，西欧社会运动分为自由主义与社会主义。在遭受巴黎公社失败之后，社会主义和工人运动只限于小组活动，缺乏一定的政治影响力。英国的多元主义者，法国的团结主义者以及卡洛·罗塞利（Carlo Rosselli）和皮耶罗·戈贝蒂（Piero Gobetti）等意大利思想家阐述政治愿景时，都强调政治和民主也应该在社会主义中扮演重要作用，如何将"团结"原则落实为行动成为当时一些社会主义者的诉求。因此在马克思逝世后，对社会主义与团结的亲缘性的观点，也分为了两派：一派是以列宁为代表的苏联革命社会主义理论，强调以党的意识形态来凝聚团结力量；另外一派是欧洲的社会民主理论，这一派吸收了法国社会哲学家尤其是涂尔干的理论，以团结来平衡现代自由主义所主张的个人自主优先性与对政治共同体的关切，更多是将团结与民主联系起来，以国家制度设计来保护弱势群体。

在现代化领域中，"团结"一词显然通过一系列保护劳动者和弱势群体的社会政策方针，而成为凝聚人心的重要价值，不仅仅是社会主义运动中所突出的阶级属性。尤其是当前新自由主义意识形态下，过分推崇个人自主权利，使得个人与他者的关系对立起来，将外在的他人与共同体都视为具有工具性价值的东西，必然导致社会生活共同体的分裂和伦理总体性的瓦解。团结更是成为调和个人与社区、衡量群体相互依存程度的方式。政治社会学家从不同维度论证了团结在现代社会的重要规范，比如社会学家赫希特区分了团结一词的三种用法：规范性、功能性和结构性。② 规范性观点认为，社会秩序来自对一系列规范的遵守，功能性观点则认为人们会根据个体行动的原因与动机形成团结概念，结构性观点则认为人们因享有共同的物质利益而成为群体，并且了解彼此行动时的共性。舒尔茨以此区分了三种形式的团结：社会团结、公民团结和政治团结。③ 这三种类型的团结在行动方式与价值归属方面经常存在

---

① 《马克思恩格斯文集》（第1卷），北京：人民出版社2009年版，第379页。
② Sally J. Scholz, *Political Solidarity*, Philadelphia: Pennsylvania State University Press, 2008. p. 25.
③ Sally J. Scholz, *Political Solidarity*, Pennsylvania State University Press, 2008. p. 4.

重叠。不管是哪一种类型的团结,都蕴含着究竟是道德驱动了社会团结、还是因为社会要团结所以需要道德的加持的问题,毕竟团结起来有助于实现既定的目标,在这个意义上团结可以理解为实现良好目的的工具价值。从政治社会学家的论证中,我们也不难看出,团结一词不仅成为社会主义的规范要义,也成为政治自由主义平衡自由与权利之间的工具性价值诉求、突出集体成员之间关系的有意义的整合。

(二)霍耐特对"团结"规范的建构

在《为承认而斗争》中霍耐特对于团结的理解,基于社会中人与人交往的相互承认形式,霍耐特在吸收黑格尔伦理概念的基础上,以米德社会心理学为借鉴探讨了劳动分工意义上的主体间所具有的社会尊重形式。他想要思考的是从传统社会向现代社会转型中,个体对于社会的认同经历了从等级制的"荣誉"到现代社会伦理生活的尊重,当法律承认关系与等级制的社会尊重秩序分裂之后,个体的地位不再以从属的群体特性来衡量,而是作为依据一种特殊生活历史的个体化存在,进入社会尊重的竞争性领域,即个体在生活过程中以自己能力所获得的社会价值形成了文化导向,以社会声望融入了之前的社会荣誉意涵。[①] 因此,霍耐特需要思考的是现代社会进程中个体如何在彼此冲突中依旧能够成为社会所属一员,当社会也尊重个体经验的自我关系时,团结才能作为结果而呈现。为此,他对团结概念的谱系进行了考察,从涂尔干、罗尔斯、哈贝马斯、黑格尔、杜威等人的理论中建构了自己的团结规范意涵。

在早期资本主义时期,个人主义盛行,阶级矛盾激化,社会财富分化,个人的力量在社会面前显得更加渺小,社会危机的加重,不同利益人群需要集结起来形成群体的利益诉求,这直接使得"团结"一词被广大民众接受,著名社会学家涂尔干正是在这样的背景下区分了机械团结与有机团结。现代化的发展,造成了人与人之间的分离,而维系社会团结与加强社会整合,需要个体道德与群体形成价值共识。涂尔干指出在生产力落后的社会,人们由于血缘、情感等形成了集体意识,结合成社会,这是类似于无机物的一种机械团结,而伴随着社会生产力和科学技术的发展,建立在社会分工基础上的协作,使得人与人之间发生着普遍

[①] Axel Honneth, *The Struggle for Recognition: The Moral Grammar of Social Conflicts*, Joel Anderson (trans.), Cambridge: Polity Press, 1995, pp. 124 - 125.

的交往与联系,组织社会生产活动的分工是形成团结理念的社会基础。不过现代社会也是一个分工更加复杂的社会,社会领域呈现复杂化、碎片化、疏离化的特征,市场原则和经济理性弱化了对社会的认同,阻碍了团结的形成与发展。涂尔干希望构建一种全新的组织方式来凝聚社会,重建社会共识。他所寄希望的组织就是职业团体,职业团体中的劳动者是履行同样职责的合作者所联合起来的,这些劳动者不仅有现代社会所赋予他们的自由,也有他们因相互交流合作而形成的友爱、牺牲和克制的关系,能够更好地克服利己主义与个人主义,形成社会团结。另外职业团体也将作为连接个人与国家之间的中介,使"国家能够迅速、主动地感受人民在深层发生的变化"。[1] 从这个层面来看个体依附于职业团体,职业团体又与国家相连,使个体生存与国家整体社会生活更好地连接起来。

在一定意义上,涂尔干是在探讨团结的有效社会机制。他所推崇的有机团结,是基于利他主义下的劳动分工,社会分工使得个体成为耦合在社会机器中的零部件,共同利益的集合使得个体团结成为可能,分工意味着个体对社会的依赖,由此发展起来的道德与法律都将成为维护社会团结的意识形态。显然在社会构成不同差异的团体中,群体团结程度的差异不仅仅是由分工所决定的,而且也跟对集体利益的贡献程度有关。所以社会分工并不会造成社会成员之间的支离破碎,反而会让细分之后的各个功能有效协同,达到某种稳定的平衡。但在涂尔干所构想的团结中,最大的问题是现代职业活动中,缺乏一种明确的规范来超越和制约自私自利的劳动倾向。对社会财富的信仰主导了现代社会的职业生活,职业分工的经济职能成为了目的本身。"工作只能通过维持生产者之间永无休止的争斗和无法满足的欲望来提高产量。"[2] 职业分工的道德属性成为涂尔干非常关注的内容,这也提高了社会分工下团结的可能性。

霍耐特指出涂尔干的团结旨在促进社会一致与凝聚,针对的是改变社会中功能不良的部分,来加强社会凝聚力。在现代社会中,政治哲学中的团结意涵更趋向于保守,特别是在政治和宗教差异、多元文化背景下,聚焦于团结的一些政治理论基于以下考虑:一种不构成压迫、强制以及排除的团结如何能够与社会文化的多元模型并存。

---

[1] 涂尔干:《职业伦理与公民道德》,渠敬东译,北京:商务印书馆2015年版,第114页。
[2] 涂尔干:《职业伦理与公民道德》,渠敬东译,北京:商务印书馆2015年版,第17页。

在以罗尔斯为代表的自由主义理论中，对于社会团结的理解，来自契约论和个体主义原则，团结是依赖于个体支持现存制度的动机及程度来实现的，这是一种利益性的团结。这种自由主义理解下的团结是基于公平有益品的分配，个体之间履行互惠性责任，也就有互惠性权利，但这背后隐藏的是一种合理性的淡漠关系，社会制度只考虑供应物的分配，而没有考虑人与人之间更为温暖的相互关系。哈贝马斯在他的生活世界中批判了自由主义的团结理解。他指出以分配机制的方式形成的团结，没有深层次处理文化认同问题。自由主义的正义没错，但它侧重于精于算计的自治个体，而忽视了主体间的互动关系。因此哈贝马斯认为，在相互沟通中包含着最低限度的平等意识与互惠意识。正义与团结是一枚硬币的两面，正义关注的是个体权利的自治和自由，团结则关注的是生活世界中彼此相互承认的关系。

霍耐特在接受了黑格尔试图弥合社会分裂探究社会统一性的尝试以后，希望能够避免传统形而上学的思维方式，但又要吸取个人主体性的现代原则，就需要建立一种新的价值规范，主体间的相互承认思想成为他所做的一种探索。但霍耐特并不仅仅满足于以承认为规范，探究团结的可能。① 在《为承认而斗争》中霍耐特将团结理解为一种关系性概念，是由相互承认机制所达成的社会自由。"团结"意味着个体化主体之间的对等尊重的社会关系。以尊重公民权利，倡导民主来促进团结。霍耐特在吸收杜威关于民主与团结的理论之后，将民主政治生活引入对团结的理解中。

杜威认为社会是由社会团体集体组成的，每个团体都由共同利益和对维系共同利益的人构成，这是一个多元的集合体，每个集合体都拥有团结的意识，民主正是依靠这种对共同利益的承认，依托于团结，自由和平等才成为可能。杜威的实用哲学将自由视为个人追求美好生活的最佳手段，不同于自由主义者将自由更多地视为一种个人自主的权利，杜威所倡导下的自由是建立在社区团结基础上的，个体自主的成长来自共同生活的共同体的成长。因此杜威的团结是为了个体更好地发展，团结等同于共同体所凝结的善。② 不仅如此，杜威还指出自由自主的个人并

---

① 霍耐特在《为承认而斗争》中系统阐发了关于团结的伦理关系，在论述社会主义与团结关系时，霍耐特更倾向于如何从承认形式的团结发展为社会主义实现的实践形式。

② Daniel M. Savage, *John Dewey's Liberalism: Individual, Community, and Self-Development*, Southern Illinois University Press 2002, p. 176.

不是抽象的个体，他们可以在一定的社会和政治机构中通过教育与参与性的民主进程来获得个人与社会成员之间的身份意义。在杜威看来，"个人不是独立于其他事物，自我封闭的，而是以其独特的行为方式同其他行为方式相互关联的。任何个人都是一种联合"。① 可见，集体生活就是个体生命的一种普遍生活方式，生活在社会集体中的个人应该意识到自己的言行会给他人造成影响，个人处理社会事务时，不仅要依靠个人的理智判断，还要依靠他人的经验选择，这些意图"蕴含着共同的或彼此理解的意义，它们便提供新的联系将联合的行动转化为利益与追求的共同体"。② 杜威试图消解传统个人主义所设定的个人利益与社会利益之间的对抗，提倡用团结集体性的行为来弥补个体的不足，用相互合作来缓和竞争，个人的特质并不是先天给定现成的，而是被培养和塑造出来的，这种特定的社会环境，就是杜威所希冀的作为民主的生活方式共同生活的情景。

在杜威看来，理想的民主社会是社会成员的互相交往、彼此沟通、相互合作，只有当社会成员都能珍视集体的共同经验，依靠集体智慧来解决问题，才能形成共同的理想目标与价值标准。民主的精神渗透在人民生活的各个方面，已然成为一种自觉的生活方式。现实生活中，民主政治制度在很多地区和国家一定程度上都建立起来，但人们的思维方式却深受传统的等级观念影响，表现冷漠。改变这种现象就需要通过渐进式的民主实践，以教育、改变习惯的方式使得人们能够遵守民主的价值体系和伦理规范。民主就像科学一样，提供参与交流的平台，给予一定的容错机制，并帮助他们形成思考政治的习惯。团结意味着对社会不排斥，而民主则是尊重权利所形成的。

杜威以渐进式的民主实践以期达到社会团结的意图，对霍耐特影响较深。在《自由的权利》一书中霍耐特在考察社会自由的现实机制时，就强调合作依存关系中的团结，特别是政治领域民主化所包含着的相互承认互惠的合作方式，民主不仅是行为规范，也是共同体中建立起信任和团结互助的情感。霍耐特视域下的团结与社会自由的关系来自共同善的意义。个人生活在共同体中，从共同体中获得个人生活的目的和价值，在参与共同活动的过程中形成心理上的"共生共存感"，共同善是个人

---

① 郑国玉：《杜威：作为生活方式的民主》，复旦大学博士论文，2010年。
② 郑国玉：《杜威：作为生活方式的民主》，复旦大学博士论文，2010年。

利益与公共利益的有机结合，倡导由"互相信任、合作和利他的原则支配着"的道德价值观。共同善，也是一种规范个人偏好的标准，规定了共同体的生活方式，引导公众的偏好趋向于共同善，是国家和社会的集体责任的确认，赋予公民个人对公共利益的权利要求，为公共利益的实施提供了法律和道德的依据。这是一种确保共同生活的自足系统，是内部成员的民主协作关系。

而在《社会主义理念》回溯社会主义形成的历史中，霍耐特更是将带有民主意涵的团结规范与社会主义联系起来，突出共同体中政治领域的诉求，而非早期社会主义者仅从经济领域中理解共同体，在这个意义上霍耐特要恢复社会主义中的团结时，显然并不是从阶级立场这个维度来制造无产阶级与资产阶级的对立。同时，霍耐特所论证的社会主义中人们之所以能够团结起来的动机，并非从抽象的人类本质这种抽象的视域中去论述，他曾说道"现代社会中的团结意涵更多体现一种同理心，而非同情，德语是 Anteilnahme，这种同理心并不是像克鲁泡特金著作中提到的爱的情感，而是来自相互承认所联结起来的彼此之间积极的情感关系。"① 在这个意义上，霍耐特指出社会主义中因合作形成的团结关系，不同于以罗默等人以政治自由主义为前提的社会主义合作方式，而是在尊重公民的社会权利基础上形成的共同体。"团结"的政治概念在行动表现方面呈现出一定的集体运动，但它更为强调的是个人良心与团体责任。社会主义之所以重视团结，是因为在社会主义经济中，个体能够通过彼此信赖，为他人福祉做出贡献。社会主义社会不是为一小撮人的私利而经营的社会，是所有人的共同利益的社会，社会主义中的团结包含着既要关心自己目标利益，也要关心他人目标利益的意涵。

综上所述，我们看到霍耐特关于团结的思考实际是经历了三个层次：建立在情感性亲密关系上发展出的团结（《为承认而斗争》），合作依存关系中的团结（《自由的权利》），反思性的团结（《社会主义理念》）。在《为承认而斗争》中霍耐特更多地结合承认的三种形式，将团结视为建立在亲密关系之上发展出来的社会成员的尊重。在《自由的权利》中，我们看到霍耐特以黑格尔的"相互承认"的互惠体验，发展出功能性分化的社会合作；而在《社会主义理念》中则强调每个人的自我实现

---

① Honneth, "A. Recognition, Democracy and Social Liberty: A Reply", *Philosophy & Social Criticism*, Vol. 45, No. 6, 2019, pp. 694–708.

都依赖于其他人的自我实现，是对彼此之间关系所采取负责任的相互期待的态度，民主意志成为一种理性的程序，使得个体能够通过具体参与社会实践的方式融入政治共同体，使得社会主义中的团结与民主内在地结合起来。

（三）构建团结的社会主义实验方式

既然团结的规范意涵不能从抽象的人类本质中阐发，也不能完全寄托于偶发性的社会事件中，那么在现代社会中如何更好地形成团结的行动？马克思致力于从阶级立场的差别中寻找团结的基础，霍耐特一直认为可行的社会主义理想不应该停留在固定的理想设定规范之中，[1] 社会主义理念来自激发人们相信自己的力量，根植于"渐进的"历史观来从实践中获得人们的支持。霍耐特想要寻求当前资本主义社会中能够向民主社会主义发展的可进行之路。而当前发达资本主义国家中曾出现的改良合作经济的方式，体现了社会主义应有之义的团结与民主的兼容。

早期空想社会主义者以合作经济的方式试图进行团结的实践，比如欧文提出合作公社来克服资本主义弊端，但由于合作公社的理念与制度都与资本主义有不可调和的矛盾，最重要的是由于缺乏革命性使其最终失败，而合作公社所具有的民主管理特征、相互协作的实践方式成为当前现代合作经济的逻辑前提。国外学者施密特指出团结既然是通向社会主义的重要道路，在现实中尽管会存在着多种多样的团结方式，比如因为灾难而团结的方式、作为运动组织的团结方式，但这些团结的构建都取决于共同的特征，都是经过外在条件的刺激后进行选择的行动方式。[2] 在他看来社会主义中的团结应该是在具体实践中将他人利益视为与自己利益同等重要，而要形成这种团结的观念，就需要在现实中形成合作的组织，使合作所具有的团结精神能够与资本主义市场经济相融合，这样使得团结理念成为生活的重要规范。

在霍耐特看来，马克思所设想的资本主义市场是一个不断变化的机构，社会主义就算能够代替资本主义，在很长的时间内也不会摆脱市场因素，而从资本主义市场经济中发展出其自身的对立面，以制度化的方

---

[1] Honneth, "A. Recognition, democracy and social liberty: A reply", in *Philosophy & Social Criticism*, Vol. 45, No. 6, 2019, pp. 694-708.

[2] Richard Schmitt, "Solidarity in Socialism", in *Radical Philosophy Review*, Vol. 19, No. 2, 2016, pp. 429-451.

式来发展合作性经济是潜在的实现社会自由的实验性方式。例如在当前最为成功的现代合作经济模式，就是诞生于西班牙巴斯克地区的工业城镇蒙德拉贡的合作社。蒙德拉贡合作社前身是作为一所由共同体自主的面向矿工的技工学校，后来当地的劳动者自发形成民间组织，以民主决策的方式形成合作社之间的团结协作。在合作社管理方面，社员有其发言权、投票权和表决权，员工是自己劳动的唯一所有者和受益者，任何重大问题都需要经过民主讨论，蒙德拉贡合作社在体制上有两大创新，一方面有自己的"劳动人民银行"组成融资的金融网络，另一方面形成教育合作社网络，来培养技能，并不断加强合作和价值观的教育。截止到 2016 年，以蒙德拉贡的合作制度形成了超过 26000 名工人和 150 多家合作企业，范围囊括从重工业到联合百货公司，而蒙德拉贡模式以民主合作的方式，消除工人阶级与权力阶层的隔阂，形成以共同体为基础的、合作式的经营方式，其成功经验在于坚持和发展了合作社原则，实现了合作社与市场经济的有机统一。① 但现代合作经济模式毕竟是作为市场自由主义的一种形式而存在，依旧并不能完全实现社会变革。

从合作与社会主义亲缘关系来看，很多国外左翼从生产民主化、工人合作社等方式来探求实现社会主义的道路，比如美国著名左翼经济学家理查德·沃尔夫（Richard D. Wolff）就认为当前面向 21 世纪的社会主义构想应该致力于形成工人合作社，社会主义运动在当代资本主义范围内应成为一项建立和发展壮大工人合作社部门的活动。在工人合作社企业里，所有工人都是进行民主管理的生产活动的平等成员。他们辩论和决定生产内容、生产方式、生产场所以及如何利用净收入。工人合作社企业与资本主义传统企业共存。② 著名左翼批判理论家赖特也提出以社会权力为基础、经济民主为主要内容的社会主义尝试。在赖特看来，要扭转新自由主义个体化倾向，就是要深化民主的制度创新，赋予城市、社区等基层单元更多的管辖权、自治权和必要资源，扩大民众的参与权，"参与式预算以及地方层级的其他直接民主形态所采取的制度原则，仍然渴望借着扩大赋权民众参与的可能性，而成为深化民主的一

---

① 谭扬芳、程恩富：《蒙德拉贡合作经济模式的经验及其启示》，载《中国集体经济》，2012 年第 34 期。
② 理查德·沃尔夫：《21 世纪新社会主义正在形成》，晓舟编译，载《社会科学报》，2017 年 8 月 18 日。

种重要方式。"① 从民主的角度可以将社会主义理解为主体的经济自觉性以及对生产生活资料的民主支配。

这是一种寻求生产方式的民主分配的社会主义方式,国外学者罗默、戴维·米勒等人就曾探讨以平等、公平为价值观的市场社会主义的可能性。罗默曾设计出一种在公民中确保公平分配企业利润的可能机制,提出将所有银行都收归国有,以银行作为调节经济的主要部门。米勒则要建构"合作制市场社会主义模式",以工人合作社为基本经济组织形式,主张资本所有权社会化,生产企业以工人合作社的方式构成,实施民主管理,特别强调企业相关的所有事务都由工人投票决定。在生产企业中强调劳动者对企业的管理权和主人翁地位。不过市场社会主义者,更为关注的是如何兼顾市场中效率与公平的问题。

针对市场中存在的社会自由,霍耐特指出约翰·罗默所推崇的市场社会主义只是保证了经济领域中的民主计划,没有考虑整个社会功能的分化,似乎经济民主合作社实施民主管理之后,就可以使得社会各个领域实现民主。但霍耐特指出国家政治领域与经济领域的分离,不能只考虑经济领域中的民主事实,需要政治领域也表现出跟经济领域共同要求的互补性格局,这才是真正意义上的社会自由。在某种意义上,不管是自由主义还是社会主义,协商民主都构成社会主义谱系的一端,而霍耐特对于社会主义的践行是在承认协商民主作为一种公共协商程序下的善的情况中来进行的。但对市场的肯定,也是吸取了市场社会主义的一些建议,毕竟在以自由为价值原则的社会中,市场能够充分地践行自由的规范,"市场社会主义也将有助于揭示关于社会主义到底是一个必要过程还是一种终极形态的困惑"。② 在市场自由中,罗默还引入了个体责任的概念,社会主义不仅是个体需求的平等满足,也是个体责任的一种转变。所以霍耐特要思考的是面对社会分化的现状,如何更好地理解社会主义。如果资本主义经济已经对生活的其他领域都产生了殖民倾向,如何来看待这种风险。因此他指出资本逻辑侵入到生活不同领域中,各个领域也是普遍存在着一些规范原则,为了能更好地找到这些规范性原则,要进

---

① Erik Olin Wright, *How to be an Anticapitalist in the Twenty-First Century*, New York and London Verso, 2019, p. 115.
② 维多里奥·布法切、洪燕妮:《21世纪的社会主义模式:自由社会主义、民主社会主义和市场社会主义》,载《国外理论动态》,2015年第1期。

行功能性区分。

市场社会主义者试图在市场经济中以合作方式来体现社会主义,但在平等与效率之间左右摇摆,霍耐特则更为强调政治领域中形成的民主生活方式反过来促进经济领域的民主化,以实现社会自由为目的的团结原则,使得个体采取合作行动促使自身利益与整体利益相符合,社会主义应该被看作是在历史进程中,新的群体以"社会性"为根本不断地寻求消除障碍的诉求,表达对社会明确的结构性原则,在实践中试行所有可能的经济活动与政治活动,只有在现实中支持这样的实验,才能够令人信服地表明资本主义经济体制能够根本改变。

(四)重塑社会主义团结在多元文化中的意义

从为承认而斗争到重塑社会主义理念,团结既是承认结构的规范,也是社会主义的应有之义。团结既表征着不同差异群体内部的共同行动,也表征着成员内部的共同责任。当前随着经济全球化的深入与发展,社会团结的愿景也面临着很多的考验。承认话语曾经为新社会群体谋求新的正义诉求,以差异的视角表达了少数群体争取承认和平等的权利诉求。以族群、性别、性取向等特征的身份政治谋求着少数派身份内部的团结,但承认的诉求逐渐演变为各种群体表达不满的方式,少数和多数、主流与边缘等身份群体都声称自己是弱势群体或被剥夺的群体,承认话语作为文化多元主义,为少数族裔身份提供规范性认同的同时,也带来了过度政治正确所导致的社会分化。今天身份政治的追求者,不再去寻求普遍意义上的政治共识与法律承认,而是以自身文化和权力的特异性为其自身特征,使得身份认同不再是求同,而成为了求异,部分同质团体甚至建构凌驾于公民身份认同之上的小团体认同,对国家认同和公共利益造成进一步损害,过分追求民主程序与个体权利实际上也给西方民主带来巨大的考验。

身份政治的话语造成社会团体的分裂,使得公民权利裂变为女性的权利、少数族裔的权利、宗教团体的权利等,反而不利于团结,没有政治愿景就很难加强社会整合。面对当前身份政治所走向的困境,自由主义者也不乏试图挽救危机的人。像里拉提出以公民自由主义来矫正身份自由主义的弊端,提出在公民身份的旗帜下团结在一起,共同维护彼此的权利。[1]

---

[1] Mark Lilla, *The End of Identity Liberalism*, in *The new York Times*, Nov. 18, 2016.

身份自由主义是排他性的,只关心跟自己身份息息相关的事务,而从公民自由主义出发,不仅要求个人关心跟自己身份相关的事务,也要从自己身份出发来面向广大的公民同胞。从有差别的个体身份再走向公民身份,问题的关键就在于如何使得公民身份不再抽象。

相对于自由主义者的挽救,霍耐特重塑社会主义理念,也许并非要为当下公民提供一种反抗的实现目标,而是以宏观的政治愿景再次统一到公民身份上来。比如霍耐特在《社会主义理念》中就指出,近几十年来,社会主义工人运动与新兴的女权运动尽管存在着一定的互补性,但它们之间的关系依旧是紧张的。因为社会主义者很容易将经济领域的自由应用到妇女解放中,即让妇女也能投入到生产关系中,摆脱对男性的经济依赖。但问题的关键不在于平等地将妇女纳入生产中,而在于要赋予女性独立于男性的主体身份,使双方能够在自由互惠基础上成为平等的伙伴关系,才能让双方明确地表达自己的真实需求和愿望。① 因此公民身份的诉求,不是仅仅依靠在经济领域或者政治领域承认差异群体的权利的缺失,而是让参与者意识到自己在社会各个领域的贡献都是可以被包容与兼容的,私人领域、公共领域、经济领域构成了社会的有机整体,民主就不仅仅意味着自由平等地表达自己的权利,而是每个人能够参与个体与社会的调解中,形成完整的生活方式。

当然,我们看到霍耐特预示了这样一种社会,社会成员以一种相互友爱的情感激励着彼此,并通过民主化的生活方式意识到实现自身目标的可能性取决于共同的行为,这意味着在承认关系中,所有主体都意识到彼此的需要和社会的需要,使得个体能够以受尊重的身份来坚定共同体的团结。霍耐特从现代社会功能的具体分化出发,认为只要社会主义仍然代表着一种更好的生活形式的愿景,就能够通过重建个人关系、经济领域、民主政治领域内的潜力,使它们彼此遵循着各自领域的规范同时又能自由合作,每个人都学会了满足对方自由所需要的条件,从而激发人们对美好生活的期盼与实践的可能。霍耐特将民主纳入社会主义计划中并不是疏远经济领域的分析,而是结合整个社会变化的需求,考虑类似于亲密关系和社会关系等存在着的新的变革方向,正如路易斯·雷帕提到的"鉴于当前政治变革方向还不明确,霍耐特重思社会主义理念

---

① Alex Honneth, *The Idea of Socialism: Towards a Renewal*, Joseph Ganahl (trans), Cambridge: Polity Press, 2017, p.86.

将为我们看待民主与社会主义的有机结合提供方向"。①

霍耐特关于社会主义理念的重建的论述，在突出社会主义传统的同时，也从规范上论证了社会自由在社会主义的重要内容，他所构建的方式并不是传统马克思主义理解的经济结构变革下的社会主义，而是从社会再生产在社会不同功能的分工领域中去探索，以实验性的方式来看哪种经济形式可以为社会自由的扩展和实现提供可能。霍耐特有关社会主义的理解，也许并不会让社会变革者感到欣喜，但正如他所说的"社会主义重新定向是一种'元政治学'"的解释，② 他更期望的是在推动社会主义运动时的政治重组能够为新的民主进程提供新的规范。

三、霍耐特社会主义理念的新特点

霍耐特在结合涂尔干的社会分工与黑格尔整合社会分化的理性精神之后，创造性地发展了杜威的团结思想，认为要想使团结成为社会中的内在规范，就需要了解社会内部分工如何形成合作的方式，同时也要了解社会不同领域中的规范原则问题，并从功能规范的角度来寻求团结合作的"单一"维度。以社会功能的区分来理解社会主义的核心要素，对于重塑社会的规范具有重要启示意义。霍耐特以政治伦理的研究进路重新明确社会主义的理念与价值内容，继承了法兰克福学派早期代表人物的批判思想，又在新的历史时期有了自身的特点。

在研究思路方面，霍耐特对法兰克福学派的社会主义观进行规范性重构。③ 法兰克福学派学者都认为社会主义不应该只是被理解为人类社会历史发展的客观规律的演进，将人类革命进步的理性都归结为生产力的进步，如果社会主义是一种规律性的认知，人只是对外在必然性的一种掌握，这并没有突破人自身理性的自由。霍耐特也正是在这个意义上反对早期社会主义者将希望寄托于生产力的进步，力图采用历史实验主

---

① Luiz Repa, "Socialism as an Organic Democratic Form of Life: On Axel Honneth's Project of a Renewal of Socialism Based on Social Freedom", *International Critical Thought*, Vol. 1, 2021, pp. 1 - 14.

② ［德］霍耐特：《理性的病理学：批判理论的历史与当前》，谢永康、金翱等译，上海：上海人民出版社2022年版，第xxix页。

③ 霍耐特指出规范性重构不是简单地以外部标准来评判现存机制和实践，而是要在社会现实中找到那些标准，以此来评判现实普遍价值的缺陷。参见马庆：《社会自由与社会主义：对霍耐特近著的讨论》，载《国外社会科学前沿》，2019年第10期。

义的方法，逐步将资本主义社会中所隐藏的合作、自由交流和团结的潜力释放出来。霍耐特同样意识到资本逻辑造成的日常生活的全面异化问题，但他更关注资本逻辑侵入之前，日常生活已经形成的那些普遍性伦理原则在发挥着规范作用，因此他要了解社会内部的功能分工，理解社会各个领域的不同规范原则，最终确立社会自由为社会主义基本规范原则，团结是实现社会自由的必要条件。

在研究内容方面，早期法兰克福学派从政治经济学维度揭露了现实社会主义对社会的全面管控，进而转向探究发达文明所造成的普遍异化，从抽象人性构建理想社会，哈贝马斯又以交往理性的公共领域努力克服政治对经济的全面管控，而霍耐特将这种民主领域扩展到整个社会生活领域中。社会自由原本是法兰克福学派的价值目的，而霍耐特将其视为研究的出发点，并且引入团结、社会合作等互动方式来探究实现的可能性。霍耐特从自我实现的角度来探究个人与集体的合作关系，个体只有在与他人合作中才能更好地实现自己。民主参与的政治理论并不仅仅是一种政治行为，而是可以扩展到社会的各个领域的。个人能够从有利于某种集体目标的实现角度来认识自己行为的意义，形成一种反身性的合作关系。共同体中相互依存、相互依赖的关系能够使个体更好地以促进共同目的为动力，形成团结关系。

可以看出，霍耐特的社会主义观念已经同早期法兰克福学派所阐述的社会主义基本立场、观点、批判视角方面有了显著不同。虽然霍耐特的社会主义观也是涉及公民民主，但并不是去探究社会主义走向的目标，而是旨在探求社会主义理念的规范性，反映了法兰克福学派的政治伦理转向。在学者埃莱奥诺拉（Eleonora Piromalli）看来，霍耐特以社会自由为社会主义的规范原则，从团结合作为出发点探究现实社会实现变革的可能性条件，能够最大限度地容纳当前各种社会主义观念，为激进民主提供融入社会的条件。① 不过霍耐特的社会主义观依然存在几个争议的地方，值得商榷。

第一，带有黑格尔主义色彩的"社会主义理念（idea）"。通过回溯"社会主义"词源的诞生，霍耐特旨在探究社会主义作为一种理想规范如何在现代社会中成为支配人们行动的革命力量。霍耐特曾在《自由的

---

① Eleonora Piromalli, "Socialism Through Convergence, or Why a Socialist Society Does Not Need to be a Fraternal Community", in *Philosophy and Social Criticism*, Vol. 45, No. 6, 2019, pp. 665-672.

权利》中恢复黑格尔伦理意义上的社会自由，使之成为社会主义内涵的规范性原则。但是"社会主义理念"作为社会发展的内在规范来考察其现实性，具有很强的黑格尔主义色彩。在黑格尔的《法哲学原理》中"理念（idea）"即"伦理生活"，为了区别康德的道德理性，黑格尔的伦理体现的是"自由理念"的辩证发展运动，即先从抽象法的外在转到道德反思的主体意志，最后到伦理状态的调和，这种辩证运动发展并不意味着纯粹的理性现实，而是指在历史和社会经验领域中已实现的规范概念。正如黑格尔对政治国家的理解，国家（伦理实体）来自理念自身运动发展的结果，是理念的现实表现。虽然霍耐特在阐述"社会主义理念"的内容时尽可能地想要区别于黑格尔的逻辑论证，但实际上霍耐特所追求的"社会主义理念"也试图说明社会自由具有一种理论的内在规范性，是当前伦理生活中的内在动力，并普遍存在于西方社会已形成的制度中。霍耐特是以"社会主义理念"作为社会主体内在的规范要求，使其要在现实生活中实现出来，"实现社会主义的根据不再是具有相应目标的社会运动而存在，而是要从既定的社会现实中寻求体制改革的道德力量与规范"。① 即公共领域的社会成员只有致力于善的团结行为来改造现实生活，才是实现社会主义的过程。显然，霍耐特这里也同黑格尔一样赋予了理念一种神秘色彩。本来社会主义理念应该是现实政治实践的结果，现在却颠倒过来，人们政治实践的主体性诉求是理念及其内在规范的本质要求。那么这样一种"规范性重建"理解下的社会主义究竟是重建抑或是消解革命性，值得反思。

第二，民主生活领域中的团结能否成为社会主义的应然规范。团结、社会合作在自由主义那里是以利他的形式存在，而霍耐特从自我实现的角度重新确立了社会团结的现实意义，具有一定的进步性。但当前资本主义所造成的普遍性的社会不平等与不公正，已经对社会团结意识造成了显著破坏。事实上我们看到在资本主义社会中贫富差距加大，边缘群体合理化的诉求得不到有效实现，他们争取平等的参与方式是斗争，而非依靠已经制度化的意识。尽管霍耐特认为推动制度的动力来自这些被排除在共同体之外的群体之中，但试图通过边缘群体的诉求过渡到社会主义的构想，实际是将社会主义目标与阶级的物质目的分离，强调非物

---

① Alex Honneth, *The Idea of Socialism: Towards a Renewal*, Joseph Ganahl (trans.), Cambridge: Polity Press, 2017, p. 53.

质的抽象的、人性化的目的。因此霍耐特对民主化生活方式的推崇，依旧带一定理想主义色彩，民主的实现不是打碎资本主义民主，而是资本主义民主的完成，这就很容易忽视民主化进程中与阶级利益相关联的压迫形式，仿佛资本主义与社会主义之间的斗争是"不同民主形式的斗争。"① 正如德国学者维克托·肯普夫（Víctor Kempf）指出的，"霍耐特假定了团结成为公民的共同承诺，但这实际是一种虚假的社会普遍性，因为并没有考虑到公民社会内部被霸权主义、白人至上、男性至上等现实普遍性排挤的社会边缘体，他们之间的斗争正使得现实的团结成为一种虚假的普遍性。"②

---

① ［加］艾伦·伍德：《新社会主义》，尚庆飞译，南京：江苏人民出版社2002年版，第134页。
② Victor Kempf, "The Subjects of Socialism: Politicizing Honneth's Idea of Socialism", in *Critical Horizons*, 2019, Vol. 3, pp. 262 – 281.

第五章　作为第三种自由：
社会自由的理解场域

霍耐特所理解的社会自由并非指自由的能力，而是寻求自主实现与外在规范之间的同一性，这使得自由价值的立场不再是一种抽象设定，而是个体纳入社会关系之中所体现的相互承认的实践关系。正如霍耐特在与米莉亚姆·班科夫斯基（Miriam Bankovsky）对话中指出的，要区分自由的观念，以及使自由成为可能的社会结构的理论。[①] 因此霍耐特并非想从抽象设定中去理解自由价值，而是以社会自由为现实规范，探究社会各个领域中已形成的制度条件，分析资本主义社会的错误发展是如何影响社会自由实现的可能性的，而社会主义应该被看作是在历史进程中新的群体（公民）以"社会性"为诉求不断地寻求消除障碍的可能，不断释放当前社会中的被束缚的潜力。这里，我们看到批判理论视域中所理解的社会主义与社会自由已经不同于马克思所理解的社会自由内涵，自由既然作为解放的价值意蕴，霍耐特的社会自由又是在何种意义上形成了与马克思主义理论的分野，从唯物史观的方法论又应该如何看待这种分野？

第一节　唯物史观中的社会自由

马克思对于社会自由的理解，不仅以实践为核心探讨了人的活动是对外在必然性的克服，也从生存论意义上分析了人的物质生产实践活动如何拓展了人的空间活动，探讨了人的生存空间与生存意义。从个人自我决定的自由理解再到社会领域中具体自由的呈现，实践生存方式就是

[①] Axel Honneth & Miriam Bankovsky, "Recognition Across French-German Divides: The Social Fabric of Freedom in French Theory", *Critical Horizons*, Vol. 22, No. 1, 2021, pp. 5–28.

人本然性自由的外化，实践的生成也就是自由的生成，因此要理解马克思的自由，就需要理解作为创造活动价值的劳动实践与自由价值之间的关系。

一、《法哲学批判》中社会自由问题的提出

马克思同霍耐特一样，都关注了黑格尔《法哲学原理》中个体自由与普遍自由的现代性矛盾，他们反对黑格尔以绝对精神的形而上学色彩来消除特殊利益与普遍利益的分野，霍耐特更侧重于将黑格尔法哲学中自由的现实性理解为社会制度对承认关系的保障，探讨自由实现的制度性条件。而青年马克思主要是质疑黑格尔用普遍理性来调和个人自由与普遍自由的非法性，思考自由如何置于现实的根基之上。

马克思对于黑格尔法哲学的批判，事实上是对形而上学的本质和现实的"实存"进行了区分。黑格尔所理解的国家是具有现实性与合理性的普遍理念，是包含着特殊充分发展之后的普遍，但马克思指出这种抽象先于现实的形而上学的逻辑，在把握历史的实存时不可避免地会出现问题，对于历史实存的国家，应该是历史性现实性地把握。

黑格尔强调现实是本质与实存的统一，他所要探究的就是把现实的、当前的世界提升为哲学的内容，将现实的内容置于逻辑的规定之中。国家作为具体自由的实现，一方面在于成为个人单一性及其特殊利益完全发展的内部规定，另一方面使其普遍理性（国家）成为特殊利益的目的，通过中介的作用实现普遍性与特殊性在内容上与目的上的统一。在黑格尔看来，国家理性作为普遍必然的存在，从自己概念中分出家庭与市民社会，因此家庭与市民社会是国家普遍理性的有限领域，二者自身的发展与本质的规定都是依附于国家，同时作为家庭和市民社会有限的精神就会往国家无限精神回归。

在《法哲学批判》中（以下简称《批判》），针对黑格尔将国家目的、国家的各种政权神秘化、抽象化的行为，马克思指出黑格尔关注的现实性是逻辑性上的合理性，所谓国家是"自由"的实现，实际都是"从外部获得的，它们是某种附加的东西；这些规定的哲学意义在于，国家在这些规定中具有逻辑学的意义"。[①] 在《批判》中，马克思认为黑格

---

① 《马克思恩格斯全集》（第3卷），北京：人民出版社2002年版，第23页。

尔最大的问题在于无法解释具有特殊规定性的市民社会如何通过普遍性的中介回到国家这个最高理念的本身。黑格尔对于市民社会与国家的统一的手段，是市民社会的个人主义原则与国家的极权主义原则的调和、各自独有的特殊性与政治上的普遍性的调和，马克思指出这种与市民社会的和解如果不是在现实中的，而是在理性观念中的话，那么作为理念必须使自己转向外部世界，对现实采取实际行动，这使得国家的哲学成为一种哲学的政治，这是黑格尔把具体现实内容归结到某种理念预先规定的抽象的概念学说所不可避免的问题，而"马克思要做的就是将现实世界和现存的哲学统一在理论与实践的一个广泛的整体性之中"。①

因此，在《批判》中，马克思指出黑格尔的理性国家是自由的实体，国家统摄市民社会，这不完全是哲学的问题，而是时代的问题。"国家本身的抽象只是近代的特点，因为私人生活的抽象是近代的特点。政治国家的抽象是现代的产物……抽象反思的对立性只是在现代世界才产生的。中世纪的特点是现实的二元论，现代的特点是抽象的二元论。"②在这里马克思就隐约意识到德国古典哲学的"泛逻辑"的问题正是这个时代的表现，黑格尔理论之所以是抽象与现实的颠倒，是因为这个社会本身就是颠倒的。现代世界与古代城邦社会不同就表现在，古代城邦社会是直面现象界的社会，人民生活和国家生活是统一的，政治国家本身是市民的生活和意志的真正的唯一的内容，中世纪各等级的政治存在构成市民生活本身的等级存在，即先有了等级差别的现实存在，才有了不同等级获得的不同的政治意义，但是现代社会的抽象就体现在市民生活的差别意识已经存在的前提下，再去考察国家政治是否符合等级制本身的政治意义。黑格尔就认为现代世界是一个被概念所中介的间接社会，即现代社会是先接受了被概念包装过的意识，再直面社会，因此通过中介，复归到普遍理念的统一性，回归到中世纪人民和国家实体性统一才是解决现实社会分裂的主要途径。③ 马克思鲜明地指出现代国家已经不同于之前的实体性统一意义上的国家，而是同现实的人民生活一起发展

---

① [德]洛维特：《从黑格尔到尼采：19世纪思维中的革命性决裂》，李秋零译，北京：生活·读书·新知三联书店2014年版，第131页。
② 《马克思恩格斯全集》（第3卷），北京：人民出版社2002年版，第42—43页。
③ [德]黑格尔：《精神现象学》，先刚译，北京：人民出版社2013年版，第6页。

到了需要考虑特殊现实性的程度。国家的政治原则不能基于之前抽象的规定性来赋予,而是应基于市民社会的抽象现实。在国家与市民社会相分离的现实下,要在抽象对立中以"国家"克服二者的分离就是一种虚构,抽象现实的国家要体现人民的现实生活诉求才是一种具体的体现。如何克服现实本身的颠倒,就需要深入市民社会内部去寻找答案。

此时《批判》中马克思所理解的社会自由主要是从国家—市民社会分离的维度进行展开,以黑格尔为代表的德国古典哲学实际是对现代生活特征一种抽象的反映。自由的设定也只是来自在现实抽象的形式中所做出的各种尝试。马克思虽然揭示了黑格尔抽象理性对于现实发展的一种倒退,也意识到政治解放实际完成的是政治国家和市民社会的双重解放,但是立足于法权关系展开的批判,并没有揭露出市民社会自身分裂的原因。要在国家与市民社会所代表的普遍利益与特殊利益既分离又相互依赖的条件下寻求整合的途径,就只能深入市民社会内部。如果说在《批判》中马克思停留在市民社会的伦理分裂形态,用民主制的理性国家去扬弃,这依旧是从人的现实普遍本质出发,具有跟费尔巴哈相似的理论亲缘性,但转向研究市民社会的经济学解剖,分析自由实现的真正途径,这成为马克思思考自由现实性的出发点。

二、以劳动为视角探讨的社会自由

马克思分析自由现实性的思路延续了黑格尔式从个人自我决定到社会领域的具体实现,而马克思不同于黑格尔的地方就在于,马克思从唯物史观的角度来理解人的自由。马克思指出人是实践的存在,实践的生存方式是人本然性自由的外化,自由是人的实践活动不断开启的生存空间。从实践维度理解的自由,不仅包含人如何在自然支配基础下,克服外在必然性来实现改造自然的自由,同时也包含生存论意义的自由,考察的是什么样的生活是人本真自由的生活状态。既然社会中的人是通过实践的方式来建立起人与自然的关系、人与人之间的关系,那么就必然涉及以劳动作为实践的表现形式与自由实现的关系,而从劳动生产出发理解社会自由,也是马克思在《批判》之后一直所关注的内容。

(一) 从人的本质特征出发探讨劳动与自由的关系

在古典政治经济学家比如亚当·斯密看来,自由的定义来自不自由。在斯密眼中,劳动使人不愉快、紧张,这就是一种不自由的状态,因此劳动被视为外在的强制。而这种强制的独特性就在于人们的自然需求增加了过多的劳动。霍布斯更加宽泛地将他人的意志视为外在强制，包含着主体对另一主体的统治，自由被描述为"免于……强制的自由"。斯密和霍布斯理解的自由存在于外在强制的消除。在马克思看来，劳动之所以能够成为吸引人的劳动，成为个人的自我实现，是在于物质生产中，主体是支配一切自然力的活动。所以劳动过程是对外在强制的克服，克服外在必然性实际是将实践活动所指向的客体视为主体的对象化活动。从这个意义来看，自由体现为意志的自我决定，通过改变经验条件来创造出人的本质活动。作为解放意义的自由不仅是一种存在状态，也是一种通过自身从这些强制中解放出来的活动。当自由是一种自我实现的活动时，其实就包含着自我意识推动自身运动的过程。① 因此劳动就是实在的自由，表现为以下两个方面。

　　首先，劳动是满足人类基本物质产品的生产性活动。人从自然界中诞生出来，但又独立于自然界，人类社会要想持续发展，需要从自然界中汲取基本物质生活资料。所以自然界中的资源因为人类劳动而具有了意义，生活资料的规划运用都是人以自身的目的进行运用，人类社会形成的前提就是人与自然之间能源的一种转化。人的物质生存需要是第一位的，在劳动实践活动开展中又会产生其他的社会需要，并且也在不断地改变着实践中的人，体现了新的可能性。"自由是对必然的认识"②，从认识论的角度来看，自由的本质是人能够根据对自然必然性的认识来满足人自身的实践需要。从活动论上来说，自由也是有计划地让自然规律为一定的目的服务，就自由而言，对必然的认识与对必然的实践都同样重要，相辅相成。认识本身构成了实践活动的一个环节，马克思在《1844年经济学哲学手稿》中指出实践活动也是人的认识对象，在实践活动中意识到自己作为一个类存在物，通过创造对象世界、改造无机界的方式来证明自己的类本质，实践体现着人的目的性和主观能动性，这种本质性活动才是"自由的有意识的活动"。从人的生产实践这个维度来看，必然的实践表现为生产实践中的对象化活动，一方面生产实践改变着人的存在方式，生产和再生产着人本身，另一方面，被对象化的人

---

　　① 从这个角度来看，马克思吸收了康德与黑格尔关于自由是自我决定的方面，即主体认识到外在或者他者的东西实际是主体自身在他者的表现。
　　② 《马克思恩格斯文集》（第9卷），北京：人民出版社2009年版，第120页。

再通过生产实践对象化着社会和共同体，不断扩大自身存在的社会条件。生产实践领域不断扩大，其中的对象化活动也是让自然规律为一定目的服务的社会活动。

其次，劳动本质上是一种对象化的活动。马克思在《1844年经济学哲学手稿》中指出："劳动的产品是固定在某个对象中的、物化的劳动，这就是劳动的对象化。劳动的现实化就是劳动的对象化。"① 劳动的尺度包含着对外在必然性的克服，但劳动本身的结果又是创造性的，自由表现在主体的意志与实现他们的外部条件之间的能动关系中。人类在以对象性的活动改造自然的同时，也在不断地自我创造。通过劳动使得人与其他物种区别开来。人在劳动过程中不仅满足自身的需要，也使得其他生命的存在因为人的需求而有了标准与价值，比如美丑、善恶等。

同时，在《1844年经济学哲学手稿》中，马克思不同于黑格尔只是单纯地将劳动视为精神将其自身展现出来的方式，而是将私有财产与劳动联系起来，"私有财产是外化劳动即工人对自然界和对自身的外在关系的产物、结果和必然后果"。② 马克思赋予劳动一种外化的表现，即劳动的主体与劳动成果一旦分离，劳动就会成为一种非对象化的存在，"劳动所生产的对象，即劳动的产品，作为一种异己的存在物，作为不依赖于生产者的力量，同劳动相对立……工人对自己的劳动的产品的关系就是对一个异己的对象的关系"。③ 按照马克思的分析，因占有私人财产所导致的异化劳动使得人的具体存在产生了异化：人不再是有意识的存在，使得原本有创造性的类活动沦为了动物性存在，人与人之间的关系也演变成敌对的、外在的关系，形成了充满纷争的社会。恩格斯描述说"人类分散成各个分子，每一个分子都有自己的特殊生活原则，都有自己的特殊目的，这种一盘散沙的世界在这里是发展的顶点了。这样自然会得出一个结论来：社会战争，一切人反对一切人的战争已经在这里公开宣告开始"。④ 在这个意义上，要消除异化劳动，就是要使人的社会存在本性表现为一种自觉的现实存在，"共产主义社会作为完成了的人道主义，是人与自然界、人与人之间矛盾的真正解决，是存在和本质、对象化和

---

① 《马克思恩格斯文集》（第1卷），北京：人民出版社2009年版，第156—157页。
② 马克思：《1844年经济学哲学手稿》，北京：人民出版社2000年版，第61页。
③ 马克思：《1844年经济学哲学手稿》，北京：人民出版社2000年版，第52页。
④ 《马克思恩格斯全集》（第2卷），北京：人民出版社1957年版，第304页。

自我确证、自由和必然、个体和类之间的斗争的真正解决"。① 在能够实现其类本质的社会，自由才能实现。

但是，在具体现实中作为能够体现人对象化特质的劳动出现了异化。"人生而自由"的启蒙话语在马克思这里并非预设了自由的抽象意涵，而是伴随着社会历史的展开逐一呈现的。人的社会存在和全部历史归结于人同自然的实践关系。不同于黑格尔将劳动视为绝对精神的外化，马克思所探讨的是具体的、历史的劳动。人类的劳动并非孤立抽象的生产，一定的生产方式或者工业阶段总是与一定的社会阶段与社会关系相联系。

从对象化关系中分析的自由来看，马克思使得自然具有了一种存在论意义，即正是在生成为人的过程中，以及全面卷入"人—社会"的存在之中，自然才能称其为自然。"自由的真正前提不是人性的内在力量，而是生产力的发展水平……消灭物化逻辑不在于消灭物质世界本身，而在于把物的力量和关系归还于人。"② 也就意味着人自由现实化的根本前提，是生产的发展。马克思认为人本质上是生产者、劳动者，能够自由地劳动与占有自己的劳动成果是人获得自由的前提条件，但在现实中，劳动不能得到自由的表达，存在异化劳动。因此在马克思看来，劳动本身就是目的，是一种自我实现的自由的改造世界的活动，特别是现代化进程中，雇佣工人的生存方式，让劳动具有了重大的社会意义，劳动也只有在社会的联系中，在市民社会的成员彼此依赖中，才能有效进行。正如黑格尔所提到的："需要和手段，作为实在的定在，就成为一种为他人的存在，而他的需要和劳动就是大家彼此满足的条件。"③ 黑格尔对劳动的积极看法也影响着马克思对劳动的理解，但马克思并没有停留在对劳动本质力量的确认。古典经济学将人的本质即自由劳动看作是满足自然生理需要的手段，但近代市民社会中劳动不仅是满足自然生理需要的手段，在生产领域中劳动者失去了自身劳动，失去自身对劳动的支配权、对劳动成果的支配权。

马克思不仅在《1844年经济学哲学手稿》中关注了劳动异化问题，更是在《德意志意识形态》中将劳动本质从异化逻辑纳入生产逻辑的分

---

① 马克思：《1844年经济学哲学手稿》，北京：人民出版社2000年版，第81、83页。
② 张盾：《马克思政治哲学中的个人与社会原则》，载《中国社会科学》，2013年第8期。
③ [德]黑格尔：《黑格尔著作集·第7卷·法哲学原理》，邓安庆译，北京：人民出版社2016年版，第207页

析中，针对劳动内在过程的历史演进确立了物质生产理论的分析框架，将所有制与分工联系起来。① 马克思恩格斯注意到社会历史中所有制不同形式所导致的非自愿性分工，阐述了这种强制性分工所导致的异化，提出："无产者为了保住自己的个性，就应当消灭他们至今所面临的生存条件，消灭这个同时也是整个旧社会生存的条件，即消灭劳动。"② 从社会形态的具体现实中论述了自我实现的活动。不管是《1844年经济学哲学手稿》还是《德意志意识形态》，马克思的自由观似乎沉浸在对劳动或者物质生产的一种"浪漫化"的想象中，即只要能够超越物质需要，以美的规律来进行物质生产，消灭任何奴役他人的分工就能实现自由地劳动。

（二）政治经济学视域下劳动与自由时间的关系

在政治经济学中，马克思对劳动的考察不再是以人的本性与对象化的活动来考察自由劳动，而是结合资本主义生产方式中的劳动特征，以时间范畴来探讨资本逻辑与自由时间矛盾关系中的自由劳动问题。

马克思首先区别了资本主义生产中的具体劳动与抽象劳动。具体劳动创造使用价值满足人们的需求，抽象劳动创造价值，形成商品一般的交换行为。而学者曼弗雷德·鲍姆（Manfred Baum）认为生产交换价值的抽象劳动正是代表了《1844年经济学哲学手稿》中的异化劳动，使用价值是有目的的生产性活动，交换价值是以时间为衡量的同质的社会劳动。③ 而要想克服异化实现自由劳动，就要缩短社会必要劳动时间，来增加个人自由时间。自由时间并不是没有劳动的空虚时间。这个阶段是个人充分发展的时间，是活动主体本身的积极存在，是作为生活目的性的阶段。

现代市场经济中，人们的劳动既是形成商品的前提，也是商品经济中获取他人产品的必要中介。而劳动的耗费并不依据其产品的数量与性

---

① 需要指出的是在《德意志意识形态》中，马克思恩格斯并没有仔细区分社会分工与劳动分工，在社会发展中社会分工是必然出现的一种现象，是伴随着社会生产力发展的，而马克思恩格斯所关心的是所有制形式下的劳动分工，目的是说明资本主义现实社会中物对人的奴役现象。详见张一兵、周嘉昕：《"现代私有制社会"批判的理论一般——〈德意志意识形态〉中的资本主义观》，载《人文杂志》，2008年第4期。

② 《马克思恩格斯选集》（第1卷），北京：人民出版社2012年版，第201页。

③ Manfred Baum, "Freedom in Marx", *Radical Philosophy Review*, Vol. 10, No. 2, 2007, pp. 117–131.

质来衡量，而是以时间为尺度，时间单位映射在抽象劳动的单位上，"是用劳动的持续时间来计量，而劳动时间又是用一定的时间单位如小时、日等作尺度"。① 当劳动形成商品构成了一种普遍的财富形式时，决定商品价值的社会必要劳动时间的耗费也成了评估商品价值的一种尺度。在具体劳动过程中，资本对劳动的支配正是以时间的形式表现出来，即以普遍、抽象的量化时间来支配具体的劳动过程。马克思进一步揭示了时间规范劳动的逻辑下，资本主义工作场所中劳动纪律的制定成为获取剩余价值的主要途径，或者是以延长工作日无偿占有工人的剩余价值，或者是提高生产效率以缩短必要劳动时间来获得更多的超额利润。无论是绝对剩余价值生产，还是相对剩余价值生产，都是以时间为尺度来衡量劳动者工作的目的——创造更多的利润。

这样现代社会的深层矛盾实际就表现为个体生命时间与社会劳动时间之间的矛盾，劳动者的生产劳动时间被出卖给资本家用以产品的增值，被分割为劳动时间与休息时间，而劳动者对于时间的支配也都是跟资本增值体系有关。按照马克思的构想，要克服劳动异化，就需要有更多的自由时间。伴随着社会生产力的进步，劳动进程中的必要劳动时间缩短，自由支配的剩余时间就会延长，但延长之后的闲暇时间并不等同于马克思所设想的自由时间。尤其是当前科技进步为我们省下更多的时间，但剩下的时间人们往往是从事"动物式的享乐"活动或者是"拜物教式的消费"活动，这实际是物性时间对人性时间的侵占，而非真正意义的自由时间。马克思所设想的自由时间是一种积极的"意义时间"，表现为主体根据自身实践的发展需求，从事更多样化的劳动方式、开展丰富多彩的社会交往活动，旨在"发展不追求任何实践目的的人的能力和社会的潜力"。②

马克思说"现今财富的基础是盗窃他人的劳动时间……而真正财富就是所有个人的发达的生产力，那时，财富的尺度决不再是劳动时间，而是可以自由支配的时间"。③ 马克思所憧憬的人们的可支配的自由时间不仅仅在于物质财富的增加，还在于时间真正能够成为人的积极存在，而非获取货币的手段。共产主义所实现的人类解放使人们对于社会财富

---

① 《马克思恩格斯全集》（第44卷），北京：人民出版社2001年版，第51页。
② 《马克思恩格斯全集》（第32卷），北京：人民出版社1998年版，第214页。
③ 《马克思恩格斯全集》（第31卷），北京：人民出版社1998年版，第101—104页。

的理解不再是货币形式，社会必要劳动时间就不会宰制个体生命时间，真正的社会自由表现为以个体差异化的劳动时间为主导，开展富有意义的自由劳动。

（三）从社会形态变化中所理解的社会自由

在《政治经济学批判大纲》中，马克思将社会组织不同阶段的发展视为自由实现的具体化阶段，从生产关系维度区分了三种形态：人的依赖阶段、物的依赖阶段与自由的全面发展阶段。

自由在前资本主义社会、资本主义社会阶段表现为获取其他目的（尤其是财富）的手段，只有在共产主义社会中自由才是自身的目的。自由的意义经过历史发展的阶段也在发生变化，是社会个人与对象化的交互作用所形成的社会过程，不仅仅是个人的自我实现，而且也是社会自由或者说是社会个体的自由。马克思所分析的社会自由离不开共同体，离不开社会互动结构中的自由。

在前资本主义社会中，个体从属于较大的整体，个人的身份及相互关系都是由他们在共同体中的地位所决定的。落后的生产力带来与之相适应的社会关系。不管是原始社会、奴隶社会还是封建社会，个人力量在面对大自然时都显得微不足道，改造自然的能力有限，需要依靠集体的力量来生存。马克思在《1857—1858年经济学手稿》中将人的依赖阶段的共同体称为"自然形成的共同体"。[1] 此时的共同体是一种自然生成的状态，人们出于各种目的迫使自己成为共同体中的一员，在彼此依赖的社会之中，个人自由只有在共同体中才能得以实现。在这个阶段，从事劳动的个人也会有一定程度的自由，就劳动活动是一种创造性活动表现来说，自由体现于劳动本身之中。黑格尔的《精神现象学》中所描述的主奴辩证法就提到，就算奴隶是为了主人而存在于自然界活动中，奴隶也是自由的，因为奴隶通过克服自然外在障碍也学会了控制自然，使得主人依赖于他。

而资本主义的商品经济阶段属于物的依赖阶段，商品成为社会的主导，资产阶级通过工业革命实现落后生产力向现代社会先进生产力的飞跃。从人与自然关系的表现中来看，人类不再是自然的奴仆，而是成为自然的主人，人类崇拜的对象不再是大自然的图腾而是人自身强大的力

---

[1] 《马克思恩格斯全集》（第30卷），北京：人民出版社1995年版，第466页。

量,"在罗伯茨公司面前,武尔坎又在哪里?在避雷针面前,丘比特又在哪里"?① 在社会关系方面,对货币的崇拜使得人的依赖纽带、血统差别、教养差别等都被粉碎了,表现为一种漠不关心的自由。在资本主义生产方式中,劳动者并不占有任何劳动产品、所有物以及他自身的劳动力,仅仅是在自由交换中能够凭借劳动力来获取工资,整个交换制度都是外在的。虽然劳动者相较于奴隶有了对自己能力的支配权,可以自由选择雇主,但却没有不选择的自由,即为了获取生活资料必须出卖自己的劳动。马克思指出劳动者将自身劳动能力出售给资本,是停留在市场交换的抽象自由,因为生产中资本对劳动的控制被掩盖了。劳动与资本在结合中产生了价值增值,生产中被支配的活劳动由外在的财富客观体系所控制。物的依赖阶段抛去了人的依赖阶段中宗法关系的虚假面纱,但用商品、交换价值、货币等概念掩盖了人与人之间的社会关系,使得人统治人的现象更加隐蔽。在这个阶段,如果人们想要在社会上占据优势,就必须想尽办法获得商品的交换价值,人与人的关系表现物与物的关系,货币这种没有价值的符号被人们当作一切财富的源泉。在资本主义阶段中,"资本作为孜孜不倦地追求财富的一般形式的欲望,驱使劳动超过自然需要的界限,来为发展丰富的个性创造出物质要素……个性的劳动也不再表现为劳动,而表现为活动本身的充分发展,而在这种发展情况下,直接形式的自然必然性消失了;这是因为一种历史形成的需要代替了自然的需要"。② 在资本主义阶段,资本逻辑的动力使得劳动者能够以生产丰富的商品来克服自然必然性,生产力的提高带来先进机器体系的应用,先进的机器体系增加了生产者的劳动协作,也提高了劳动者自身的劳动能力,提升了改造自然的能力。

为了更好地获得普遍性的社会关系,资本主义阶段也推进了自由的民主化,使得劳动者能够在社会关系中获得自由的权利。资产阶级不断落实言论自由、行动自由、选举自由等公民权利,来彰显"人生来就是自由"的理性诉求。但从马克思批判的资产阶级意识形态中,可以看出法律上规定的自由权利能够与现实中并不自由的社会现实相容,所谓的真实的自由成为资产阶级意识形态的一种假象。马克思所描绘的社会自由试图回答自由的现实问题:一方面法律自由如何与社会现

---

① 《马克思恩格斯全集》(第30卷),北京:人民出版社1995年版,第52页。
② 《马克思恩格斯全集》(第30卷),北京:人民出版社1995年版,第286页。

实中的不自由得以兼容,另一方面作为抽象意义的法律自由如何将抽象在现实中展开。①

在第三个阶段——人的全面发展阶段,马克思预设的自由是克服自然必然性和社会必然性,这是自我发展的具体自由。第三阶段是自由本质的复归与实现,是摆脱人对人的统治、物对人的统治,实现人向人自身的关注。

首先,人的全面发展表现为生产力的高度发达。劳动不再是出于强制,而是为了劳动本身而从事劳动。伴随着实践活动进一步展开,人与自然的关系不是一种克服外在束缚的关系,而是在重新寻求一种平衡,正如著名的生态马克思主义学者施密特曾指出,社会主义是人与自然的现实中介的高级形式,在这种控制自然的新形式下,"工具理性由于'目的化',由于真正从属于人的目的——这是马克思的希望——就失去其被限制的性质,于是,支配自然就从下面的咒语中解放出来了:所谓对自然的支配同时也是对人的支配这种盲目的自然史在永恒地重复着"。② 毕竟人为了维持自身的生存都必须进行劳动生产的实践,这是人存在的方式,寻求与自然的和解达到自由王国本身就包含一种必然性,"是人和自然之间的物质变换即人类生活得以实现的永恒的自然必然性"。③ 生产力的高度发展不是代表着人对自然关系的绝对控制,而是以实践为中介呈现出人与自然的彼此依存关系,人对自然的态度不是以追求个人财富的无限增长为目的,而是遵循客观规律,在与自然的和谐相处中成就彼此。

其次,人的全面发展还形成了与生产力相适应的人与人之间平等的生产关系,这是废除旧式分工的一种全新的社会形态,这是经济必然性在实现自然必然性中所进行的调整。人们在从事物质生产劳动中形成社会,又在彼此劳动协作中推动着社会的变革,形成统治阶级与被统治阶级的对立关系,特别是在资本主义社会中这种对立关系隐藏在了对物的依赖性之下,人与人之间的关系不再是具体交往的直接联系,而是以交

---

① Schwenzfeuer S,"Marx' Theorie Sozialer Freiheit.", in *Allgemeine Zeitschrift fur Philosophie*, Vol. 43, No. 3, 2018, pp. 307-321.
② [德]阿尔弗雷德·施密特:《马克思的自然概念》,欧力同、吴仲昉译,北京:商务印书馆1988年版,第216—217页。
③ 《马克思恩格斯全集》(第44卷),北京:人民出版社2001年版,第56页。

换价值为中介的交往方式，人在货币和私有财产下丧失主体性。在共产主义阶段中，私有制被废除，社会生产力所创造的社会财富归全体全员占有，以往对抗性的阶级关系也成为人自主自觉认识到整体利益一致性的社会关系。

再次，马克思认为人的自由全面发展是"自由的社会个性"阶段。这是自我发展的全部自由，在这个阶段，个人对他人的支配已经被克服，共同体中的所有成员都认为每个人都是自由的。劳动既赋予了自然价值与人的意义，同时也使得社会关系发生变化，现实的人在劳动活动中创造自己的本质。伴随着剩余劳动的出现，得益于生产技术的不断提高，自由时间的增加能够让人们从事实现其本质的活动。时间作为人的存在形式，表征生产实践的过程，人类的生产实践活动形成了人类历史。在资本主义的生产方式下，社会生产力得到极大地提高，但工人阶级通过剩余劳动创造出的剩余时间被资本侵占，劳动时间与自由时间产生对抗。而在未来社会中，以交换价值为主体的经济形态不再占有优势，产品的使用价值成为社会的共识。社会财富的积累也就不再取决于必要劳动的时长，塑造人本身的自由时间成为衡量人类发展的价值尺度，可以让人们在科学、艺术阶段享有更多的自由时间，让人们能够自由地在体力劳动与脑力劳动之间进行切换，"发展不追求任何直接实践目的的人的能力和社会的潜力"。① 届时，人成为自己本身的主人、自由的人。

三、真实的社会自由实现的可能性

自我实现的自由在启蒙哲学家那里容易陷入一种纯粹规范性的原则。马克思从人与人之间的社会关系中寻找实现自由的现实依据。在对雇佣劳动、对资本主义生产方式的批判与对共产主义基本原则的科学论证之后，马克思指出自由劳动一方面依托于真正共同体的实现，作为劳动主体的劳动者在占有生产资料的基础上，通过自愿联合和协作的生产活动，来开展有个性、有创造的劳动活动，为自由全面的发展创造充分条件，另一方面生产社会化为这种实现提供可能。马克思的自由是强调人通过扬弃异化力量对自己的外在支配，从而实现自律状态，形成一种自我实现。这种形式的劳动不是作为实现目的的手段，而是主体自我实现的目

---

① 《马克思恩格斯全集》（第32卷），北京：人民出版社1998年版，第214页。

的，是自由地"按照内在尺度"和"美的规律"生产。以自由支配的时间来塑造自身所希望的生活，劳动时间就不再与自由时间相对立，它们展现出了高度的一致性，使得自由劳动成为人本真意义上的存在形式，而要实现自由劳动，需要从资本逻辑内部发展以窥视"自由王国"之趋势。

首先，资本主义生产中孕育着自由时间。在《1857—1858年经济学手稿》和《1861—1863年经济学手稿》中，马克思指出伴随着资本主义生产技术的提高，大量剩余时间能够从直接生产过程中游离出来为自由时间的出现做准备。但在《资本论》中，马克思早期所设想的不屈从分工部门的自由劳动被自由时间所代替："自由王国只是在必要性和外在目的规定要做的劳动终止的地方才开始；因而按照实物的本性来说，它存在于真正物质生产领域的彼岸。"① 在物质生产之外所享受的自由时间，能够充分实现人的本质，人们可以从事艺术创造、科学活动及其他形式的自主活动。在这个意义上，马克思重视自由时间对人的积极意义，他指出"时间是人类发展的空间，一个人如果没有自己处置的自由时间，一生除睡眠饮食等纯生理上必需的间断之外，都是替资本家服务，那么他还不如一头载重的牲畜。他不过是一架为别人生产财富的机器，身体垮了，心智也狂野了"。② 自由时间是马克思所设想的摆脱经济必然性的限制后，发挥自己本性的时间存在，因此他强烈反对资本对自由时间的占用，但资本主义生产的发展，生产力的进步确实使得必要劳动时间缩短，但没有带来对应的自由时间增加，而是带来了消费主义盛行，所谓节省下来的时间更多也是为了金钱服务，自由时间内嵌于劳动之中。尽管生产力进步所带来的节省时间很容易让人们陷入享乐文化与消费主义的幻象中，但这也意味着生产技术进步的同时也需要其他社会关系领域的革新，使得自由时间的安排真正能够按照人的创造性活动来使用，而所有革新的前提都在于生产技术的进步，资本主义生产中存在着孕育自由时间的可能。

其次，自由机制的生成依托于社会化大生产的进一步扩大。自由人联合体反映的是构建能够体现所有人普遍意志的共同体。人们在相互联系的社会生产过程中，不断提高其实践能力，也产生了丰富的社会关系。

---

① 马克思：《资本论》（第3卷），北京：人民出版社2004年版，第928—929页。
② 《马克思恩格斯选集》（第2卷），北京：人民出版社2012年版，第61页。

在《资本论》第四篇里，马克思考察了资本主义生产从简单协作、工场手工业到机器大工业的演进历程，这就反映出当前社会生产伴随着生产劳动分工的细化，小生产时期的单个资本到合作资本，由集体资本走向公司股份资本，再到行业性的托拉斯资本，金融资本甚至发展为全球资本。资本逻辑的内在扩张性已经使得全球分工纳入资本流通的运行中。这就意味着要实现劳动自由和解放，也要在世界普遍交往中的世界历史中进行实践。私有制通过"资本扩张"的形式开启了世界历史，也就使得资本逻辑的内在矛盾扩展到了世界范围内。劳动与自由的解放进程依赖于国家与民族摆脱资本逻辑的支配，各个民族与国家不再有利益上的冲突，从世界历史的进一步展开来为资本机制的生产提供可能。自由联合的劳动组织方式将会成为替代雇佣劳动的新的劳动形式，在以资本原则占统治地位的现代社会中，劳动分工的日益加强使得不同劳动形式也紧密结合起来，而伴随着劳动者因谋生而被迫与生产资料的结合，越来越多的共享、共有的形式可能会逐渐改变劳动者与劳动资料的组合方式。同时世界经济日益成为密切联系的整体，经济结构的内在风险也越来越大，必须使联合起来的个人有计划地利用生产力，团结其单个人的力量，使其成为社会生产力，这也将有可能使得生产力的本性被理解与释放，更好地服务于人的需要和发展，也就使得马克思所设想的"自由人的联合体"具有了现实可能性。

这里马克思为我们所描绘的共产主义或者说人类自由而全面发展的这个阶段并不是一种思维上自由的想象，而是一种有意识的实践设计，[①]一旦社会力量发展到一定阶段就会使之成为可能，这是由资本"自反性的双向运动"特征所决定的。[②] 世界历史进程表现出人们摆脱资本逻辑支配，实现劳动自由和解放的过程，也是资本逻辑自我扩张、自我毁灭的过程，也就使得社会自由的实现具有了现实根据。

四、马克思视域中社会自由的特点

马克思立足于现代性的两个核心概念——资本和理性主义，来展开

---

① Del Aguila Marchena, Levy and Luis Felipe Bartolo Alegre, *Communism, Political Power and Personal Freedom in Marx: Beyond the Dualism of Realms*", 1st ed. Cham: Springer International Publishing AG, 2022: p. 240.

② 吴宏政：《马克思世界历史目的论下的"劳动自由"问题》，载《马克思主义与现实》，2021年第1期。

他对于自由的理解。他意识到市民社会以个人占有为前提的权利关系导致了人与人之间的分裂，形成整个社会的分裂，个人成为资本的附属品，造成公共活动与私人活动的二元分裂。马克思曾多次化用亚里士多德的"政治动物"概念来表达对现代市民社会与国家分离的不满，但他又并没有完全倒向古代人的自由（政治性压抑个人利益），而是继承了近代自然权利对个人经济活动、物质利益的强调，扬弃了古代人参与公共生活的自由与现代人的自由（捍卫个人利益的）的二元对立，走向一种整体性的自由观：只有公共生活与个体生活的统一，才能形成普遍性的自由。[1] 作为抽象人性预设层面的自由，需要在市民社会中的劳动、交往等实践活动中得以历史化和具体化。马克思将自由置于历史与现实中，以现实的人为逻辑起点，摒弃启蒙哲学中对人抽象性的规定，是一种具有创造性的积极自由，也是与历史规律必然性相统一的自由，是在真正共同体中得以实现的自由。

唯物史观视域下的自由，会涉及自由与必然的关系。自由是劳动的对象化活动的体现，自由的本质是在生产实践中所实现的，自由存在于人与人形成的共同体之中。尽管之前我们对于马克思自由的理解是从异化劳动去理解的，但事实上马克思所理解的自由是一个本体论意义上的概念，人通过扬弃异化力量克服对自身的外在支配，这个问题的核心就在于设定了一个本然状态，而本然状态并不是悬设的，而是伴随着人的实践活动来实现自由的，自由是一种物化活动，是对于外在强制的克服，自由是一种自我决定的自由，是自我实现的过程，也是人自身在全部历史活动中的价值取向[2]。

从社会进程来看，既然自由的实现跟劳动在社会历史中的展开有关，马克思将个体自由的实现置于社会历史发展中来论述，结合社会生产来讨论人在社会中是如何失去自由的，又如何能够寻找自由实现的奠基石。在完整分析了资本主义再生产的过程之后，马克思将社会结构按照主题活动的不同目的区分为了物质生产领域和自由活动领域。前者，人类活动的目的制约着物质的必需以及受制于经济规律的外在目的，劳动成为

---

[1] 详细内容参考郗戈：《政治经济学批判视域中马克思自由观的理论深蕴》，载《北京大学学报（哲学社会科学版）》，2022年第4期。

[2] 张剑抒：《马克思自由思想的真蕴及其当代境遇》，北京：群言出版社2008年版，第107页。

服从于外在目的的手段。而在自由活动领域中，真正自由王国的物质生产不再是劳动的根本目的和生存手段，人类的劳动完全是来自自己的自觉自愿，而非外在的强制。劳动的目的由人的活动本身需要产生，体现了内在目的与外在手段的统一。"劳动尺度本身在这里是由外面提供的，是由必须达到的目的和为达到这个目的而必须由劳动来克服的那些障碍所提供的。但是克服这种障碍本身，就是自由的实现，而且进一步说，外在目的失掉了单纯外在必然性的外观，被看作个人自己自我提出的目的，因而被看作自我实现，主体的物化，也就是实在的自由——而这种自由见之于活动恰恰就是劳动。"①

因此，我们看到马克思所理解的自由包含着作为实践主体的个人对实践客体合目的性的改造，并将这种合目的性的改造置于人类社会发展历史中去探讨自由的社会意义，以分析资本主义生产方式的客观规律为基础，探讨了自由的可能性与现实性，揭示了现阶段社会自由无法实现的根源在于资本主义生产关系对于人的束缚，确立了以实现整个人类自由全面发展的价值诉求——走向共产主义的必要性。

第二节　霍耐特的社会自由对劳动解放自由的规范性思考

马克思从自由与劳动的内在关系中探究真实自由实现的可能，既从自由的本质探讨了人的对象性活动，也结合社会历史的发展憧憬自由劳动的场景。但现实劳动是否真的蕴含着通往自由解放的道路？尤其是资本主义生产方式的变化，使得劳动过程越来越片面化、局部化，劳动者在无休止地碎片化的劳动过程中丧失了批判性与创造性，而且人与人之间的关系在商品化的事实中越来越孤立，共同体意识越来越薄弱，离马克思所设想的"自由人联合体"日益渺茫。法兰克福学派曾一度对劳动解放存疑，探究新的社会解放的可能。霍耐特在坚持社会批判向度的同时，也尝试为劳动解放提供合理性辩护，并以规范性重构的方法建构社会自由的规范向度。

---

① 《马克思恩格斯文集》（第 8 卷），北京：人民出版社 2009 年，第 174 页。

一、霍耐特对马克思劳动解放理论的反思

如何在资本主义工业中进一步解读马克思的劳动解放理论，法兰克福学派批判理论提供了两种解决方案：一种是将马克思所赋予的具体工作行为所具有的解放潜力转移到超验的或者集体工作方案中，另一种是将劳动概念缩小到只针对自然的实际支配的行动。

劳动究竟有没有潜在的解放行动的能力呢？第一代法兰克福学派代表人比如马尔库塞等已经认为马克思劳动解放并不适用于当前现代工业。霍克海默和阿多诺在《启蒙辩证法》中提到，人对自然界的征服中解放出来的文明，只有通过劳动活动才能成功实现，对外部自然的技术控制以及内部自然的需求相作用下，关于劳动的认知一开始就具有强的理性特征，人的文明解放是用工具理性所建构的，当"人支配自然的力量在不断增长的同时，制度支配人的权力也在同步增长"。① 工具理性既带来征服自然的结果，同时也反过来控制了人们的劳动，使得劳动者无法看清楚现代生活中自身处于被统治的悲惨境地，也就很难从劳动行动中获得解放。批判理论家质疑的是马克思认为的社会解放与社会劳动之间存在的历史基础，在当前资本主义生产方式发生变化后，已经不存在了，当马克思所说的异化劳动已经在生产组织管理方式下没有任何意义的时候，解放也就无从谈起。因此他们寄希望于那些还没有被资本主义意识形态完全同化的、具有批判和否定意识的人群成为潜在的革命力量，拒绝资本主义生产下的异化劳动。

正如哈贝马斯重建历史唯物主义中所涉及的如何看待社会劳动对于社会的发展作用，哈贝马斯所做的工作就是将劳动范围缩小为工具理性的视域，补充了主体间性的交往行动来探讨自由实现的可能。哈贝马斯结合了盖伦和米德的社会力量方法论，对社会劳动和"类的历史"进行分解与重构。哈贝马斯指出马克思所分析的社会劳动概念只适用于区分灵长目的生活方式和原始人的生活方式，真正使人完整生活的只有交往行为，劳动作为技术规范原则使得人屈从于技术改造的过程。在哈贝马斯看来，马克思依据生产范式来理解劳动，反映的是生产对自然的占有关系，容易忽视主体自身的反思知识，尤其是将自然科学的研究方法运

---

① [德]马克斯·霍克海默、西奥多·阿道尔诺：《启蒙辩证法：哲学断片》，渠敬东、曹卫东译，上海：上海人民出版社2006年版，第31页。

用于历史唯物主义研究中,使得历史唯物主义的解放旨趣消解在工具理性之中。所以哈贝马斯认为马克思将劳动等同于生产,服从技术规则与自然的因果性,这是一种技术性的工具理性活动,缺少主体交往互动中具有目的性的价值理性活动。哈贝马斯不仅挖掘现代性中主体交往的解放潜能,并试图从概念上构建在公共领域中实现解放潜能的制度框架和民主进程。我们看到以哈贝马斯为代表的法兰克福学派学者将马克思的劳动解放理解为工具理性意义上的技术进步,当技术成为社会解放的工具与手段时,个体组成社会的实践方式显得更为重要,参与"生活世界"中的人们以"相互承认"为目标,在理性控制下通过民主决策促进了技术进步。因此只有通过交往渠道表达利益诉求,才能确立技术道德的意义,才能谈及人类解放。"一个社会倘若无法积累足够的社会整合资源,用来发展民主决策过程所需的交往渠道,也就无法为个体提供实现人类解放的手段。"[1]

霍耐特的相互承认概念形成了社会批判的规范维度,以内在批判的研究方法来探讨社会自由在当前资本主义社会下的历史演进与实现机制,而劳动解放也是霍耐特关注自由的另一个重要内容。霍耐特延伸了哈贝马斯对于马克思生产劳动范式的解读,认为马克思以"社会劳动"来表征人类存在形式的再生产方式,具有一种"生产美学"的特点,是从对自然的占有维度来理解社会劳动,在其中技术结构和对工作的社会管理成为理解人类历史的关键因素。既然社会劳动也是人类获取实在知识的客观实践,人们就是从社会劳动实践中来获得学习能力的,提高主体改造世界的能力,赋予社会劳动一种意识学习的功能。所以当霍耐特看到资本主义社会中,人们的劳动通过市场竞争获得社会承认,就需要从革命话语之外对劳动的意义进行重构,重塑人在生产关系中的道德主体。

首先,霍耐特分析了马克思文本中劳动的社会解放意义。霍耐特认为马克思在早期巴黎手稿阶段和后期政治经济学批判时期对劳动的社会解放意义有着不同的解读。在前期,马克思对比了手艺人的工作活动与机械式的工业劳动,认为机械式的工业劳动让工人无法将劳动理解为一种自我持存、体现自我本质的活动,失去了对劳动产品、劳动对象的占有。在其后期政治经济学维度中,马克思主要是从资本主义社会化大生

---

[1] 查尔斯·马斯克列、郭海龙:《马克思、柯尔与法兰克福学派:实现社会批判理论的政治潜能》,载《国外理论动态》,2016年第9期。

产的组织能将工人阶级培养成一支有纪律有组织的集体主体的角度来阐释的，这阐述的是一种功利主义的社会冲突模式，仅仅强调的是工业劳动在技术教育方面的功能，也不能说明社会劳动的优先性并非生存论的本体论意义。"在这个论证层次上，马克思只能建议无产阶级在智力上学习如何修正它已经发展起来的批判—规范性意识以及如何转化这种意识为革命性活动；解放意识的形成性过程和社会劳动的行动结构以何种方式紧紧联系在一起依然和他早期著作中一样，不是很清楚。"①

接下来，在《劳动与工具行为》一文中，霍耐特指出马克思的劳动范畴融入了解放的意涵，这是整合了现代劳动理念的核心要素。人们在社会劳动的同一过程中意识到自己的需要和能力，在社会劳动过程中再生产自己的存在，赋予了人潜在主体性的角色。劳动在马克思那里不仅是分析资本主义生产方式的核心钥匙，也是推翻资本统治的革命力量。马克思对劳动解放寄予很强的期待，但伴随着资本主义生产组织发生的变化，也动摇了劳动解放的合法性，这体现为：一方面，异化劳动作为当前资本主义生产方式下的普遍现象，难以内在地解释劳动解放维度；另一方面，早期资本主义工业化阶段，手工工场所具有的协作方式使得工人阶级能够有效地组织起来，掌握先进的生产技术，能够拥有对抗资本主义的潜力与能力，但后来泰勒制的管理方法、福特制的组织方式让生产技术合理化，有意义的工作性被分解为碎片化的操作，工人团结意识如何从现有的社会劳动的行动结构中体现出来，这些都成为后来批判理论家需要面对的难题。哈贝马斯用交往理论重新诠释了马克思劳动解放的内容，但是将劳动理解为工具行为，有一定的不足之处。在霍耐特看来，劳动既包含劳动者利用自己的知识技能改造物质对象，也包含着劳动者在劳动过程中违反规范的抗争实践，即劳动者通过反抗不合理劳动过程、寻求合作来体现自身的自主性，霍耐特想要挖掘的是这种反抗活动背后的规范要求。

既然劳动的自我实现不在于克服自然的必然性，那么这个过程就要体现人的成就蕴含着对自我和他人的"双重肯定"。② 工业革命之后的劳

---

① Axel Honneth, *The Fragmented World of the Social—Essays in Social and Political Philosophy*, Charles W. Wrights (edit.), State University of New York Press 1995, p. 25.

② 霍耐特认为马克思在《穆勒政治经济学笔记》中所理解的劳动过程就具有个人与他者之间的双重承认关系。

动有了新的特点：劳动动机不再是满足劳动者自身的需要，而是满足社会大生产的需要；劳动组织不再是手工劳动，而是以工厂为单位；劳动本身也不再是个体以满足好奇心为驱动，而是具有成为无产阶级革命运动的使命。但是在工业化的进程中，霍耐特认为异化劳动使得个体受到了他人的蔑视，即个体有了不被承认的道德体验。因此霍耐特认定马克思的生产劳动范式没有超过经济学的理论视野，需要从承认这个维度去探究主体间互动的规范意涵。如果说资本主义摧毁的是以劳动为中介的个人承认关系的社会秩序，那么社会冲突就可以理解为被压迫的劳动者重新建立承认交往关系的道德斗争。在《为承认而斗争》一书中，霍耐特利用黑格尔的早期承认学说和米德的社会心理学，论述了个体身份形成与自我实现的承认经验，将劳动置于主体间相互承认的语境中，指出个体劳动来自社会对其的承认从而有助于个体形成自豪感，这是构成自我实现的必要条件。霍耐特改造了"物化"概念，认为"物化"表示的是"人作为承认的道德主体的遗忘"。① 这就将劳动解放的意义，从无产阶级为实现自身利益解放的阶级性转化为规范意义上的个体自我实现层面，承认更多地关注生产关系的"人"的要素，这实际包含着主体以及主体间性的维度，在物质生产基础上建构意义世界，并用意义指引物质生产方式。显然，在《为承认而斗争》中对劳动解放的理解，并不能严格区分个体在规范意义上的承认诉求与具有社会建构意义上的承认原则之间的差异。②

在《为承认而斗争》中，霍耐特主要基于哲学人类学的方法分析了蔑视在人的社会行动中的作用，摒弃了马克思生产劳动理论中争取物质利益分配的部分，从主体间性特征强调相互承认的社会条件构成了劳动解放的规范意涵。在与南希·弗雷泽的争论中，霍耐特所探究的劳动规范已不再是《为承认而斗争》的团结原则，而是"成就原则"。在《再分配，还是承认？》一书中，霍耐特尽管阐释了为什么工业社会下劳动者未能感受到劳动所带来的成就感，但这并不能解释现实生活中劳动者的个体劳动是因为未能受到尊重，所带来的"蔑视"体验。成就原则本身

---

① 翁少龙：《霍耐特对劳动的道德重构》，载《中南大学学报（社会科学版）》，2021年第5期。

② 周爱民：《论霍耐特对马克思劳动解放学说的重构》，载《复旦学报（社会科学版）》，2022年第1期。

就包含着外在评价与意识形态因素,不能完全解释工人围绕劳动问题所开展的诸多斗争形式。在《自由的权利》一书中,他以规范性重建的方法反思了社会正义原则,规范标准与原则不应悬置起来,而应从社会发展现实中去考察有利于社会整合的规范标准。现代市场经济中新兴的劳动力市场包含着两个基本条件,第一,每个人都能够限制自己的欲望,参与到他人的劳动中,通过合理劳动所得满足基本生计需求;第二,个体劳动对共同体劳动的贡献能够受到承认。在这个意义上,霍耐特所重视的是马克思有关于穆勒笔记的评述,强调劳动中的相互需要,以此分析了为何资本主义劳动市场并没有按照这样规范要求发展,反而出现了社会病理特征,进而揭示了社会自由所具有的社会整合功能,为劳动解放提供了规范性基础。霍耐特在《劳动:一个现代概念的简史》一文中梳理了劳动形成的历史,虽然当前从市场经济的维度人们只认可生产性价值的劳动,但霍耐特指出非生产性价值的劳动(比如护理工作、家务工作等)也应该纳入社会劳动领域,这种价值不是源于个体的裁定,而是社会共同体共同认为的,以共同体的社会责任赋予劳动价值,才能更好地体现劳动与自由的内涵。[1]

因此霍耐特更看重马克思与黑格尔具有的相类似的自由,它们是通过劳动对象化依赖于主体间相互承认的模式,强调在合作生产机制中主体能够意识到自身与他人的互惠需求,从社会关系的共同活动来关注人的自由。霍耐特并没有像其他批判理论家将马克思的劳动视为工具行为,从生产美学来考察劳动解放的潜能,而是从社会整合视角来挖掘现代劳动力市场体系内部的规范性,探究社会各个功能领域所蕴含着的实现自由的可能。霍耐特意识到资本主义社会中伦理秩序的"失范化"问题,要解决这个问题就在于重构道德的规范基础,重构的方法不在于像当前政治哲学进行理性悬设,而是要从现实出发进行规范性重建,霍耐特要做的重构是让公共层面的自由权利成为个体自我所要实现的目标。

二、重新反思分化的社会领域中的自由

前面,我们看到马克思关于社会自由的理解离不开两个维度,即劳动如何成为自由实现的依据,以及由劳动实践所展开的社会又如何沦为

---

[1] 阿克塞尔·霍耐特、王卓群:《劳动:一个现代概念的简史》,载《国外理论动态》,2022年第6期。

异化状态，并从共同体视角构想了"自由人联合体"的社会自由的实现。从共同体视角来看，社会自由往往也会被置于国家与社会关系中进行说明。如果将社会理解为应然状态下的理想社会的话，此时社会自由是一个上位概念，强调社会整体利益至上，国家是社会的一部分，现实国家利益作为一种异化的存在，可能会背离社会整体利益。如果社会与国家范围重合，社会利益就与国家利益重叠，但在社会与国家分离的情况下，个体自由通过国家形式表达，个人自由是个人生活中以生活的名义提出权利的要求、需要或愿望，这个时候的社会自由包含在文明社会中和基于这种生活的地位符合绝大多数人的利益，体现追求公共安全的利益，追求社会制度安全、追求社会资源保护、追求社会进步的社会利益。而如果将社会理解为独立于国家的另一种自治的共同体，社会自由处于从属于公共利益的下位概念，国家作为治理主体通过实际的举措来保障绝大多数社会成员的利益。从国家与社会两分法来理解社会自由，最大的问题就在于大多数人的利益如何构成自由的内涵，以及所谓克服作为社会的异化面的国家、走向"自由人联合体"的历史逻辑究竟是一种理论的悬设，还是其实现也要依托国家的自反性。

　　事实上，在霍耐特看来，这个问题并不应该简单从国家社会二分的外在批判去探究，而是应反思当前社会所分化的各个领域，从这些分化领域中来考察自由的规范性。社会逐渐分化出各种领域，每个领域的个体都有对应的行为方式与角色期待，个体在反思社会领域中自己与国家社会关系的个体自由时，实际是在处理"个人"与"自我"之间的关系。这两个经常使用甚至相互置换的概念，其实存在着细微的区别。"自我"概念通常强调的是个人的内在性，意味着个人的人格同一性及其自我意识、内在的意志本原和价值本原，以及对意义与价值的反思和选择能力，而"个人"概念则更侧重于这一切内在性品格的实体承担者和整体外部形象，以及外在的独立行为主体。这意味着"个人"是承担着"自我"主体意识的外在行为体，同时也就会存在着作为构成社会的一员的个人，其行为体不仅仅承担着"自我"主体意识，也承担着外在角色的期待。只有"个人"行为体与"自我"内在意志相统一，才能够实现个人自由。因此社会生活中的规范与准则成为自我内在的价值本原，从而"个人"行为体既满足"自我"主体原则要求，又符合社会角色。在这个意义上分析社会主体自由的实现，才能凸显出个人自由的社会含义。

从这个角度出发，霍耐特结合黑格尔法哲学思想从社会整合维度来理解社会自由。黑格尔阐释了意志自由如何在社会现实领域达到自在自为的状态，这是社会自由逻辑演绎的重要体现。黑格尔在《法哲学原理》中提出了一种不同于以往的政治哲学思想。"自由"在黑格尔著作的梳理中，可以区分为：消极自由、反思自由和社会自由。消极自由是一种否定性自由、自主的自由。这是外物存在对个体所构成的某种限制，"只有当没有外在于我的他物和不是我自己本身的对方时，我才能说自由"。① 因此表现为对外物的消灭和否定，反映在政治社会生活中，就是指个体权利（自由），即主体拥有其他主体不得干涉的自我活动的空间。在没有涉及个体意图时，这种原始的自由概念就体现在《法哲学原理》中有关抽象法的论述中。反思自由是涉及实现目的或意图的自为自由，表现为理性的自我规定。在扬弃了抽象同一性的消极自由之后，反思自由反思着更具体的事物。"在这个环节中，自我从无区别的无规定性过渡到区分，过渡到设定一个规定作为一种内容和对象。我不单意欲，而且意欲某物。"② 这反映在政治生活中是道德主体的自由。而社会自由是包括消极自由和积极自由的一种自在自为的自由，这是黑格尔试图将抽象绝对精神的结构引入现实生活中的尝试，即社会现实性的客观性能被看作是与自身相关的主体的产物。黑格尔《法哲学原理》中第三部分"伦理生活"的自由，有时也被黑格尔称为"实质自由"。"至于第三个环节就在于，自我在它的限制中，即在这个他物中，守住自己本身；自我在规定自己的同时仍然守住自身，而且并不停止持存为普遍的东西。所以这第三个环节是自由的具体概念，至于前两环节始终是抽象和片面的"。③ 按照弗雷德里克·诺豪泽尔（Frederick Neuhouser）的理解，黑格尔伦理领域中的社会自由并不是道德主体自主意义的自由，也不是某种规范原则支配个体行动的自由，而是个体通过一定的方式参与到社会结构中，意识到个体自由所遵循的社会规范是自身理性的结果。④ 在政治理念的逻辑框架

---

① ［德］黑格尔：《小逻辑》，贺麟译，北京：商务印书馆1982年版，第83页。
② ［德］黑格尔：《黑格尔著作集·第7卷·法哲学原理》，邓安庆译，北京：人民出版社2016年版，第42页。
③ ［德］黑格尔：《黑格尔著作集·第7卷·法哲学原理》，邓安庆译，北京：人民出版社2016年版，第46页。
④ Frederick Neuhouser, *Foundations of Hegel's Social Theory, Actualizing Freedom*, Cambridge/M. 2000, p. 10.

里，黑格尔所构想的国家不应该是被长期误解的国家主义者，即用国家的普遍义务和政治目的来设定个人的特殊权利和价值取向。反之，国家所体现的伦理体系应是一个内含有自身目的，个体不断反思自己自由意志以及道德的特殊与普遍统一的生命体。福山就察觉到黑格尔的自由诉求并不是英美自由主义理解的国家目的是保护原子式的个人，这种预设的国家理性的基础是人类意欲获得"承认"的精神追求。①

这样，社会自由的逻辑演绎实际是为了回答理性社会的社会秩序是如何被个体所承认与构建的，个人如何在伦理现实中占有他本身的实质和内在的普遍性。以社会自由这样的逻辑线索反观历史线索，就不再是以国家与社会对抗性关系为视角，而是在探求个体是如何从自在地缺乏自由意识的状态进入到在反思自我规定的同时参与伦理机制，使得现存的机制从自身获得了规范性依据。这就使得个体自由具有了现代性，所阐述的价值在于自由如何成为现代社会的权威。这并不是一种基于形而上学的论证，而是具有自我立法能力的意志构成了现存的现实性。黑格尔阐述了具有自我立法的意志如何具有现实性的可能，在霍耐特看来，重要的不是要探究行动领域中自由的规范性原则，而是要揭示出社会现实中自由本就已经以实存的方式制度化于人们的行动领域中。显然黑格尔的理性一元论在今天这样一种加速化分裂的社会组织结构中并不能实现，这就需要为现实中所可能包含着的理性寻求根基。

霍耐特意识到社会自由的实现，并不能仅仅定位于社会规范的纯粹哲学论证上。当前社会秩序的道德合法性如果是在与现存实践的道德行为相隔绝的状态中被构思出来，然后再应用到社会现实中去，就会存在着种种弊端。现代西方社会正面临着政治忠诚、社会团结等方面的各种危机，人们心中充满了"政治愠怒"，对国家与政府充满了不信任感。在自由主义民主国家，个体拥有各种宪政保障的自由，但在现实中自由的诉求已经远远超越为个体限制范围或者赋予他们权利的诉求。通过对现代西方社会发展历程的宏观描述与分析，霍耐特认为，当前复杂的社会现实与现代西方人对自我的理解——传统的自由模式或理念有关。传统的西方自由模式如法律自由、道德自由发展至今出现了很多病理性特征，包括对自由的理解片面、不能完全把握自由真正的含义、丧失了个

---

① [美] 弗朗西斯·福山：《历史的终结及最后之人》，黄胜强等译，北京：中国社会科学出版社2003年版，第208—238页。

体作为社会性诉求的自由等。人们所规定的法律自由、道德自由不应是某种抽象的程序主义规定,在黑格尔的理解中,法律道德是个人自由得以实现的社会形式,理性已经贯彻在社会中,社会的各种既定的存在形式在一定程度上体现了正义的要求。① 在这个意义上,霍耐特的任务就是要探求历史上社会中所存在的社会规范如何被确立起来,又是如何在一定阶段使这样的社会规范无法构成人的自由实现的条件。霍耐特想要依靠互惠模式基础上的承认理论为这些规范提出更高的公正要求,来探究社会自由实现的规范性条件。

可以说霍耐特将黑格尔在《法哲学原理》中所描述的整个伦理体系放到了现存社会规范之中,了解它如何进行自我革新,形成实现个人自由的条件。这种思考的路径是不同于国家与社会二元对立的逻辑体系的,正如黑格尔以自由意志的理念在"家庭—市民社会—国家"的合目的性的发展运动中来理解国家与社会的关系,霍耐特突出了承认对人类社会生活的规范性原则与重构,这样个人权利与义务的关系就不再是个人的主观意愿,而是以社会为权利主体,使得不同个体合理的特殊权利和诉求都能够在其中发现其普遍目的和合理性。

从哲学方法而言,霍耐特的社会自由实际是试图给予黑格尔的"客观精神"一种自我实现过程的适当表达,想要说明"精神"能够在社会现实中得以展开和实现的原因。这就意味着对社会现实中个人、社会与国家之间的关系理解上,不再仅仅是从自由主义者所理解的,划定个体自主范围的消极自由,以及自我决定的积极自由,个人与国家并不是一种契约关系,而是来自普遍的、不可剥夺的善(客观精神/伦理)的一种体现,只不过霍耐特将这种善通过相互承认的行为内容呈现出来。从合目的性的理解方式来理解自近代以来的自由观念,实际是对近代以来形成的一种二元特征自由的理解方式的深化,也为走出国家社会两分法理解下的马克思社会自由提供另外一种解释路径。

三、社会自由的正义前提

霍耐特吸收了黑格尔想要以客观精神的理性整合分化的社会世界的

---

① 这里霍耐特侧重的是康德自由主义观念基础上的正义理论,即将规范合理性当作正义原则是一种"制度遗忘"的程序主义正义论。参见[德]霍耐特:《自由的权利》,王旭译,北京:社会科学文献出版社2013年版,第10—11页。

意图，在寻求当前社会各个功能分化领域的自由实践时，运用了一种社会正义的分析方式。社会自由的理解方式并不是建构一种规范性原则再放入社会现实中，而是从社会现实的内在分析中，来探求不同领域中所存在的正义行为，并在不同的结构中互为前提，才能实现自由的承诺。霍耐特结合帕森斯的社会功能主义的方法，构思了社会自由的正义理论的四个前提。

首先，社会再生产是与伦理价值规范的条件相关联的。在经济学中，社会再生产往往是指社会产品通过生产、分配、交换和消费一系列的环节使得产品能够不断地维持劳动力再生产以及促进整体社会物质能力的提高，这包含着产品的再生产、劳动力的再生产，以及生产关系的再生产。霍耐特侧重的是伦理规范如何成为生产关系中主体的行为准则，并不断地被主体吸收接纳。他从这个思路来研究社会再生产中的伦理价值规范。霍耐特认为，上层的意识形态通过制度化的教育行为，使得社会中的个体按照教育目的的方向发展，社会构成不仅仅可以从物质生活条件决定上层建筑这种单一决定的结构分析入手，它作为上层意识形态的文化价值系统对社会成员的行为具有能动的作用。帕森斯的行动系统理论很好地阐述了这一点。就个体如何将规范内化为自己的行为准则而言，帕森斯指出单靠有机体以一定的方式对环境做出反应是不够的，还在于"行动者与情境（situation）之间的关系"，即涉及行动者与目标、处境、规范原则等要素，处境是个人行动无法控制和改变的条件要素，而规范和价值是影响目标与手段选择的行为取向。[①] 从整体的社会情境来看，涉及众多行动者与集体行动相互作用，他人的行动都会成为行动者自己目标实现所不能缺少的条件，人们在互动中形成社会规范和价值，而这些价值规范反过来又使这种互动固定持续下去。"系统"是对于单位行动者互动结构的一种概述，行为者在通过与他人互动中实现自己所追求的目标，获得满足感，就会重复该行动，形成社会规范与公认的价值。社会协调就是取决于这一种共同价值体系，取决于在人格层次上的动机的形成。社会成员根据自己的地位遵守被期待的角色行为规范，使得自己的角色规范符合他人的期待，这构成了社会制度，社会系统因此得以存在，这就意味着社会系统的制度通过个人人格的价值体系内在化得以

---

① 于海：《西方社会思想史》，上海：复旦大学出版社 2010 年版，第 276 页。

保持不变，它基于的前提是互动的格局。

这里我们不难看出，霍耐特所强调人与人之间的承认结构是角色行为期待能够得以持续的重要规范原则。在霍耐特看来，帕森斯从文化系统中诉求的道德价值与道德理想来衡量社会秩序的合法性，即人们在合法地追求自己生活需求时必须以社会既定的伦理规范为行为规则，这种规范本身构成了人们支配行为的价值原则。这就为探寻社会历史中所形成的主体互动的共同规范信念，提供了一种可能，因为一个社会得以稳定持续，必然体现在社会各个系统符合制度、实践与习惯的某种"客观精神"，而在不同时期不同社会类型中，"客观精神"的具体现实内涵是不断丰富的，但其所具有的规范性特征是内化在社会结构中的。

其次，正义来自社会各领域的规范性准则。自由往往是衡量社会正义的一个主要出发点，但是就正义本身而言并不存在这一种"永恒"的价值判断，每个人都可能会基于自己的人格体验去衡量它，在界定公正待遇的问题上，人们不太可能采取一种中心的观点，使每个人得到自己应有的东西，这样的正义价值只能是来自社会整体结构中某一特定领域的主观价值，决定什么是正义的标准最终只能根据整体社会各个领域所相互协调配合形成的一种理想来判断。这就不同于罗尔斯与哈贝马斯试图寻找一元的正义理论来统摄社会规范，霍耐特在跟随黑格尔阐述正义的内在理论时，所采用的方法是"规范性重建"，即通过社会分析正义的规范性目标，以其内在合理的价值观作为整理社会事实的依据，对社会所形成的制度化实践所体现的价值重要性进行阐述，即社会再生产周转中被公众所接受的价值和理性如何通过再生产的方式被保存下来。"自由的概念最终应该被理解为在公正的社会秩序范围内实现伦理诉求。"① 社会再生产依赖于不同领域形成的基本价值的共识。正义的内容基于不同领域的不同的诉求，但其建构在一种制度化实践所依赖的规范性基础上。

第三，探究制度化的机制。内化于社会现实的正义规范，不是抽象出来再应用到现实中的方法，而是展示已经制度化的价值在社会各个领域存在着哪些贡献。前面霍耐特在研究社会自由的现实性时，提出个人关系中曾经出现的相互承认的民主结构，消费市场与劳动力市场出现的

---

① David N. McNeill, "Social Freedom and Self-Actualization: 'Normative Reconstruction' as a Theory of Justice", *Critical Horizons*, Vol. 16, No. 2, May 2015, pp. 153–169.

集体决策的机构，这些都被人们所接受，成为某种制度化的要求，曾经在历史上扮演过重要的角色，在历史发展中所隐含的规范性要求未能充分地实现与显示出来，就会出现"规范性的错误发展（normative misdevelopments）"。① 霍耐特的目的是想要找寻黑格尔"客观精神（伦理）"的后形而上学的等价物，即探究现实中的规范是否有能力根据自己的内容塑造和改造社会现实，通过某种社会斗争，使得社会行为者将规范的潜力实现出来，用以反抗当前的社会条件来实现这些关于社会自由的承诺，促进社会的进步和转型。因而重要的不是在于概括社会理想，像黑格尔一样将社会生活纳入"伦理生活"，体现在国家的理念中，而是从规范性的视角去看待社会现实符合理性、促进秩序的可能性。

　　第四，开放的批判维度。从社会现实中梳理出来的规范又为社会现实提供了批判空间。普遍理想与价值的制度化实践在社会现实发展中如果偏离了某种潜在的规范，这就意味着现实并没有呈现出伦理规范的内容。现代社会为更好的未来而奋斗的斗争，都依赖于从"自由"衍生出来的原则。女性运动、性别运动、劳工运动等所有这些运动都以这样或那样的方式呼吁我们重视自由原则。因为现代每一个新社会运动都会再次让我们去反省从前的社会结构中所包含的可能对个体或者集体所承诺的自由的障碍，"由于这种规范驱动的发现过程是开放的，我们基本上无法预测未来可能出现的个体自由行使的障碍"，这就意味着从社会成员之间的互动关系有探索规范的潜在实现的可能，能够促进社会的不断进步。②

　　我们看到霍耐特想要在黑格尔所提供的方法论基础上，以自由为规范的基础来探究社会得以有序进行的条件，这就不同于自由主义所推崇的个体自由权利至上的特征，而是具有亚里士多德所强调的内化于政治秩序、寻求共同善的自由观念，正义的规范性要求来自个体自由的实现，但是这种个体自由并非一种抽象的权利概括，而是来自社会伦理、文化历史和习俗，并在这其中实现自身。这种共同"善"的观点在霍耐特所设想的制度化实践中，以此作为衡量社会进步的基本预设，社会的发展趋势根据社会包容程度即社会成员参与界定其相互作用的规范程度来衡

---

① Axel Honneth, "Rejoinder", *Critical Horizons*, Vol. 16, No. 2, May 2015, pp. 204–226.
② Axel Honneth, "Rejoinder", *Critical Horizons*, Vol. 16, No. 2, May 2015, pp. 204–226.

量，互动情景中行动者的主观取向在内化了社会价值规范之后，实现个体目标与社会整体需要的统一。

四、对规范性重构方法论的思考

霍耐特结合了帕森斯的社会系统内容，将社会看作是各个系统中社会行动者关系的集合，他意识到人们在追求自身利益的时候，自利并非全部需求，还存在着社会化机制，即人们有着很强的达到共识的方式。人们追求利益的欲望不是随意形成的，而是由社会推进的，并在道德与规范中受到约束。社会中所形成的规范化机制，使人们学习承担对应社会角色的责任，使其在社会互动模式下不断克服沟通障碍，在行动范围内能够认识自己与他人。霍耐特的规范性重建虽然展现了个体自由实现的历史维度，但从肯定现存的制度合理性的事实出发去援引那些潜在的还未实现的规范批判维度，在一些学者看来存在着批判力度削弱的现象。

拉特格·克拉森（Rutger Claassen）从霍耐特反对康德的建构主义入手，试图探究他的规范性重建能否与康德的建构主义区分开来。[①] 拉特格指出，霍耐特在阐释社会自由的概念时，在"历史给定"与"理性考虑"中达到平衡，即个体一方面应对合理追求的目标进行反思，另一方面也需要对现代性需求以及欲望社会化的经验进行纠正性考虑，这样的一种平衡类似于罗尔斯的"反思性平衡"。这就意味着霍耐特希望个体通过深思熟虑的判断、理性加工，剔除纯粹的道德直觉，形成对规范的认可。但是有效的规范依旧是理想化的集体程序意志的结果，"正义的具体化"这一原则的实现依然停留在形式上。程序化的原则在具体实际应用阶段仍然会面临着这些规范是否可行的问题，霍耐特诉诸的规范正义原则并不能摆脱他所批判的脱离实际的缺陷，是一种"空洞的反对（emptiness objection）"。另外无论什么规范性原则都是来自对现代性理念的历史重构，这并不能说明霍耐特的方法与康德式的方法有什么具体不同，因为后者也是来自对现代观念的重新思索，这样的一种尝试反而是一种"多余的反对（superfluity objection）"。

约尔格·绍布（Jörg Schaub）认为霍耐特的规范性重构破坏了激进

---

① Rutger Claassen, "Social Freedom and the Demands of Justice: a Study of Honneth's Recht Der Freiheit", *Constellations*, Vol. 21, No. 1, 2014, pp. 67–82.

的批判理论与规范革命的一贯传统。① 因为这样的批判首先需要承认已经存在的特定规范以及社会再生产的相关机构，毕竟只是评估道德制度和规范，就已经能够以更全面完整的方式来实现它们所体现的价值，这种内部批判并不意味着对现有机构已经存在的准则进行批判，这样就不会要求制度革命，因为制度与规范肯定会存在着不一致的地方，规范重建唯一能做的就是渐进发展，对给定的方式进行"更好、更完美或者全面的方式"进行修正。这就放弃了制度革命的可能性。这并不是说规范性重建的方法是错误的，而是说它是不全面的。

规范性重建是霍耐特作为正义构想的一个方法论假设，而从社会病理学与社会的错误发展的区分来诊断社会现状，则是霍耐特阐释的社会自由的重要内容，就对社会诊断的这方面来看，霍耐特似乎与传统的批判理论路径差异并不大，因此就有学者指出霍耐特对现实社会的具体分析并没有使得这二者区分开。法比安（Fabian Freyenhagen）指出批判理论中的社会病理学与克服它的解放旨趣联系在一起，弗洛伊德所表达的理性缺陷通过个体痛苦经历的表达影响了霍耐特的构想。② 不同于传统批判理论在面对资本主义引发的社会病态时寻求的解决路径是摆脱资本主义，霍耐特在描述社会病态特征即法定自由或道德自由所引发的结果时，认为它是个体不能充分理解社会组织结构所造成的，并非资本主义所造成的。这种区分涉及太多的经验事例，呈现出复杂多元的特征，并不能够完全说明这究竟是个体对社会理解的偏差，还是社会结构本身的问题。

也有学者并不认同霍耐特从相互承认的结构将社会自由看作一种自我实现。大卫·麦克尼尔（David N. McNeill）认为霍耐特高估了现代友谊所具有的规范性与自由的关系，实际上在前现代亚里士多德自我沉思的理解方式中，古代友谊反而是自由实现的最好方式。③ 现代友谊烙上了各种工具性的色彩，以相互承认的结构来理解反而是一种有限的体验。麦克尼尔以友谊为例子想要说明的是霍耐特通过利用黑格尔已经实现权

---

① Jörg Schaub, "Misdevelopments, Pathologies, and Normative Revolutions: Normative Reconstruction as Method of Critical Theory", *Critical Horizons*, Vol. 16, No. 2, May 2015, pp. 107 – 130.

② Fabian Freyenhagen, "Honneth on Social Pathologies: A Critique", *Critical Horizons*, Vol. 16, No. 2, May 2015, pp. 131 – 152.

③ David N. McNeill, "Social Freedom and Self-Actualization: 'Normative Reconstruction' as a Theory of Justice", *Critical Horizons*, Vol. 16, No. 2, May 2015, pp. 153 – 169.

利与义务统一的伦理共同体来探讨社会制度的规范取向，是不充分的。霍耐特的例子以及历史论点并没有提供足够的理由来排除现代民主自由制度的规范基础是有限或者相互矛盾的可能。

对于具体的社会领域系统而言，最有争议的还是资本主义市场领域是否蕴含着社会自由实现的可能性。

约尔格·绍布（Jörg Schaub）指出霍耐特将资本主义市场看作是社会的一种错误发展，即现有制度存在忽视社会自由规范的可能性，这样的解释就不能为我们讨论现在的社会失衡提供任何的理论资源。因为霍耐特的解释依旧承认了当前的规范是有效的，构成了社会自由可能实现的合法性基础，如果社会的错误发展已经改变了人们的规范期望，那么他们就不会再期待市场为每个人提供在自由互惠中满足其利益的机会，这样的错误发展实际与社会自由规范存在着某种脱节。这会使他们不再去考虑曾经有过的社会互惠的规范，毕竟在人们看来，既然社会已经不存在利益互惠的现实基础，又怎么能使现在的个体再去期待市场能够为个体提供利益满足？也许个人在与他人竞争中合法地追求自身利益最大化，才是当前社会规范的内在要求。在资本主义市场主导经验下，可能存在着规范与制度之间的不匹配以及规范与制度的脱节这两种可能。比如混乱的资本主义市场规范制度并没有激发群众对其抵抗，就算是参与者认为资本主义市场不符合社会自由的规范期望，但他们仍然参与，因为不知道如何组织生产性社会合作来实现社会自由，这就是制度与规范的不匹配，而这种偏离恰恰是社会组织的失败而不是人们无法理解社会规范的失败。另外霍耐特指出的劳动力市场领域中的成就原则，在霍耐特看来能够体现自我实现的原则，也可能会引起竞争和比较的态度，这种比他人更好的欲望优越性可能要胜过集体的满足感，这就使得霍耐特的规范意义失去了控制。

蒂姆（Timo Jütten）指出霍耐特将市场作为社会自由的某个领域的观点是存在着争议的。[①] 霍耐特将市场描述为个体行动者彼此依赖的行为，认为社会自由的规范在市场制度中隐含着，未能实现出来，但是这只揭示出资本主义对这种规范的偏差，并没有指出这是资本主义的本质特征，反而缺少了革命的特征。在蒂姆看来，霍耐特在论述市场作为社

[①] Timo Jütten, "Is the Market a Sphere of Social Freedom?", *Critical Horizons*, Vol. 16, No. 2, May 2015, pp. 187-203.

会自由的现实性时所描述的消费市场领域与劳动力市场领域中集体性的行为，并将其视为主体的社会合作。而消费领域中的供求关系和劳动力市场中的生产社会化与人性化，并非市场固有的概念，而是一种非市场规范所导致的历史进程中的斗争行为，市场本身并没有内在的东西可以确保市场参与者的社会自由，尤其是在资本主义生产和交换的行为中没有什么能够确保他人在面对货币刺激时还能注意到他人的需求，如果重视社会自由，就必须从外部制约与规范市场行为。

  概括而言，学者大都肯定了霍耐特从历史的角度分析正义的规范性原则，但认为霍耐特的方法并不充分，甚至有逐渐趋向改良主义的态势，霍耐特变成了当前社会秩序的坚定捍卫者，而非坚持批判理论一贯所秉持的激进的态度。① 霍耐特则回应指出《自由的权利》中的方法依旧是从自己所有批判方法的基本视角出发，并没有产生变化。② 霍耐特指出当前适应现代社会秩序各个行动领域的自主理想是一种逐步的社会进步，这并不意味着放弃制度革命的可能，而是说在一些群体的斗争过程中，只有当相关领域的制度形态发生根本性变化时，才能更全面地适应历史中所存在的规范。自由解放的希望只能寄托于我们社会中已经存在的自由原则的"渐进"进展中，同时这也蕴含了社会超越现时代规范的可能性。至于市场经济能否成为社会自由的规范合理基础的争议，霍耐特指出市场本身并不是单纯地依靠自己存在，而是需要社会的嵌入。社会嵌入的性质决定了市场参与者的性质，合法的供求形式可以保证市场参与者的主体地位。市场只能在社会调控的框架中存在，资本主义市场社会必须被理解为市场社会嵌入的一种特殊形式，因而霍耐特想要探究的是哪种社会制度最有可能实现现代市场的道德承诺，即市场中平等的经济主体通过自由约定的契约相辅相成，其中主体平等的"话语性"中介机构对于市场社会中社会自由的实现非常重要，需要将实现社会自由的历史斗争理解为实验性的学习过程（an experimental learning process）。在后资本主义条件下，人们通过重建制度消除市场参与者之间的权力失衡，

---

  ① 比如约尔格·绍布（Jörg Schaub）就指出霍耐特这部近期出版的著作《自由的权利》的思想与他中期与弗雷泽论战中所秉持的"承认秩序的革命"相比，趋于保守。详细参看 Jörg Schaub, "Misdevelopments, Pathologies, and Normative Revolutions: Normative Reconstruction as Method of Critical Theory", *Critical Horizons*, Vol. 16, No. 2, May 2015, pp. 107–130.

  ② Axel Honneth, "Rejoinder", *Critical Horizons*, Vol. 16, No. 2, May 2015, pp. 204–226.

建立话语中介机构，达到工作的人性化。从这些举措来看，取消私人垄断资本的可能性是不可或缺的。至于资本主义市场社会的替代方式，霍耐特认为从历史条件出发选择的规范性重建，是因为市场社会的未来构成并不能超越现在的社会条件，但从那些正在展开的过程中是可以预见的，可以从实现社会自由的斗争历史中为未来的制度提供更多的可能性，因此霍耐特指出资本主义市场社会中私人垄断资本的形式肯定是要被替代的，但是并不一定会以正统马克思主义所设想的将中央计划经济为替代方案。社会主义的实现来自现实的实验主义趋势，这样才能使得社会主义理念有了现实的所指。

第三节 以相互承认为基础的社会自由实现的可能性

霍耐特以社会自由作为社会主义理念的核心，认为传统关于社会主义的理解拘泥于经济领域的变革，其希望寄托于历史进步以及工人阶级的使命，使得社会主义理想成为脱离现实的一种乌托邦。他指出自由解放的希望只能存在于社会各个领域的渐进变革中，要将社会现实中所可能蕴藏着的相互承认、彼此互补的互助关系实现出来，重新发现个人关系、经济领域、民主政治领域中的内在潜力，使这些功能分化的系统彼此遵循着各自领域的规范但同时又能自由合作，形成一种民主的生活方式。霍耐特的目的是更好地释放出个体"社会性"的积极意涵，但其构想上存在着一些值得商榷的地方。

一、方法论的理想性与抽象性

霍耐特在早期的《为承认而斗争》中，在争取认同方面表现出一种道德生活的美好构想，依赖一种弱人类学的角度，从个体人格的完整性来强调承认的规范意涵。而在《自由的权利》中，霍耐特将社会学的分析方法应用到批判理论中，从社会再生产的分析入手，探究形成规范的具体历史中，社会发展结构如何造成个体自由实现的障碍。霍耐特的方法是社会病理学，结合精神分析与道德心理学的内容，揭示出主体在社会状态中的痛苦，而且这种自我不能实现的障碍，不仅是个人行为动机所受到的阻碍方式，而且这种阻碍方式跟社会结构息息相关。这种方法在研究社会自由问题时,并非以一种理性设定去考察现实生活,他指出病症的出现是人们对于现存规范的错误理解所形成的,人们未能发掘他们在互主体的行为中蕴含着社会自由实现的真实性,即这种真实性建立在相互承认的规范条件下。社会主体间互动的行为在社会历史中曾出现并发挥着一定的作用,现在的资本主义社会结构使得这种合理性未能充分发展起来,因此社会自由的解放内涵就是来自现存社会中所蕴含着的未能实现出来的主体间相互承认的规范要求。

从社会再生产来看伦理价值规范,霍耐特想要探究的是历史上哪些伦理规范成为生产关系中主体的行为准则,并被后来的主体不断吸收与接纳。伦理规范本就是一种本体论的事实,"在社会的演进过程中,伦理生活或道德生活总是构成了存在本身的一重规定"。[①] 人作为关系的存在形态,既包含着生命生产与再生产为基础的家庭关系、亲属网络、邻里交往关系,也包含着物质资料生产与再生产为基础的劳动过程关系,社会交往关系等。家庭关系形成了人们生活世界多重社会关联的出发点、劳动分工的再生产过程,孕育了更广泛的经济、政治、社会联系,后者渗入于人的存在过程各个方面的社会关系,制约着存在过程本身。本体论意义上的社会关系以怎样合理的形式存在,始终以人的自身的历史实践为本源,既涉及社会层面的生活秩序,又关联着个体的存在方式。而以社会分工为基础的社会结构又是广泛的体制化存在,从团体到组织,从公共科学、教育文化结构到国家政权结构。作为关系的存在,人也被相应地定格在逐级分化的关系节点中,成为承担某种固定功能的角色。这就意味着主体间关系蕴藏着分裂与片面化的可能,霍耐特强调人与人之间交往关系平等自由的互动,其目的是扬弃存在的分裂,要达到真实的存在。而伦理规范从侧面提供了将社会成员凝聚起来的力量,因角色、地位、利益等分化的社会成员,往往是在共同的道德理想与原则影响制约下,才不会以一种紧张、排斥、对立的态度整合在一起。伦理规范本体论的意涵在于为分化的社会关系存在走向统一提供担保。在霍耐特看来,规范的要求与道德的意识,并不是以黑格尔所理解的精神形态存在,而是在社会发展与生活实践的重复中,道德规范与意识转化为制度化的事实,即在社会机构中,个体承担某种社会角色,也就承认了履行该角

---

① 杨国荣:《伦理与存在——道德哲学研究》,北京:北京大学出版社2011年版,第34页。

色的义务,这样伦理规范具体化为制度事实,获得了一种促进社会整合的现实机制。社会成员在一个共同体中,从共同承担的义务开始,道德规范提供了对行为加以评判的准则,当行为合乎规范时,人们会受到肯定、赞扬和鼓励;偏离规范,人们就会遭受谴责,以规范为依据的道德评价构成了普遍的社会舆论。这就意味着个体需要走出自我中心的行为趋向,使自身成为社会学意义上的存在,社会化的过程涉及普遍规范与个体意识之间的相互作用。个体在参与社会实践中,接受社会的普遍规范,内化为个体意识,形成个体对社会的认同。从这个意义上说,霍耐特从个体社会性存在出发,强调主体之间互相补充、互惠互助的承认结构,对于重建社会理性以及整合社会具有一定的规范意义。

而社会各个领域又如何通过伦理规范整合在一起呢?霍耐特从帕森斯的社会系统功能主义来加以论证伦理的机制化内容。帕森斯指出任何一个系统都要满足四个基本功能项:维模、整合、目标达致和适应。维模是基于文化体系的组织;整合功能归于社会体系的调节;目标达致归于个体人格对于文化原则的执行;行为有机体通过人类工具性的领域,表现为对周围环境的相互作用,达成适应的条件。① 对应的社会功能系统为经济体系统、政治体系统、整合子系统以及文化—动机系统。这四个系统是相互渗透的关系,文化规范通过机制内化为个体价值,而这种规范要素又可以被制度化为社会体系结构。具体而言,社会体系依赖于模式化的规范秩序,这是来自处于特定角色的人们之间的互动过程,包含着集体性的价值与具体规范,提供了共同体成员某种行为规范。帕森斯指出"由于社会体系乃是一种行动者之间互动过程的体系,它是卷入互动的行动者之间的关系的结构,这一互动过程基本上是社会体系的结构。社会体系则是这类关系的网络"。② 行为者是通过所扮演的社会角色来承担起社会体系所包含的规范秩序。因此社会体系结构包括两个部分,第一个部分是规范和价值,第二个部分是角色与集体,后者受到前者的制约,而前者的制度化也只有在后者的具体行动中才能得以表现。社会的整合需要价值观念系统,因此价值文化体系在帕森斯那里最为重要。文化体系主要是由认知信念、表意的符号以及个人道德义务构成,因为

---

① Talcott Parsons, *The System of Modern Societes*, Englewood Cliffs. NJ: Prentice-Hall, 1971, p. 4 – 6. 转引自于海:《西方社会思想史》,上海:复旦大学出版社 2010 年版,第 278—279 页。

② 于海:《西方社会思想史》,上海:复旦大学出版社 2010 年版,第 280 页。

文化能够通过信念领域在不同人格之间扩散，建立社会体系与文化体系最直接的联系，在帕森斯看来，这可以被看作是道德体系制度化的社会价值及其适用于社会化体系的规范，这种规范只包含行动的道德价值；道德价值经内在化也被包含在人格和行为有机体的结构中；更一般地说来，它们与宗教、科学及文化体系中的艺术相联系。可以说行为者社会体系的角色方面构成动机取向，而文化体系形成价值取向，文化价值决定了角色的动机。个体人格具有的认知性、评价性的特征，与文化体系形成互补关系。这就是道德对经济子系统的一种渗透。

霍耐特在一定程度上接纳了帕森斯的社会系统分界，对社会系统的行动内容做了家庭、市场与政治生活的区分。私人关系的家庭领域成为孕育平等交流合作的前提机制，市场与政治领域成为个体社会化行动的重要体现。虽然霍耐特强调他从社会具体历史出发来探究社会各个领域中所曾出现的相互承认合作的机制，但这依然掩盖不了他赋予先定的价值规范的意义。也就是说霍耐特是先有对承认规范价值的认可，然后据此再分析在家庭、市场以及政治领域中历史上曾出现过的可能会被赋予承认规范的实践，以此来评判资本主义社会发展所出现的病症。在某种意义上，霍耐特是将家庭、市场、政治领域抽象成为由平等的相互合作、相互补充作为内在规定的有机体。这实际是假定了社会是一种具有稳定结构的系统，只要将价值规范的意义实现出来，那么社会中的三个领域可以有机地相互配合。从社会分化的功能领域协调的角度出发，霍耐特借助于帕森斯社会功能分析方法，实际是将社会从人们日常生活中抽离出来，以民主化的方式希望各个系统能够协调，这本身就具有一种逻辑上的假设性，而且确实忽视了社会各个领域中所存在的矛盾激化的可能，因此霍耐特的方法依然具有唯意志论和目的论的色彩。

二、公民身份取代阶级立场的非法性

既然霍耐特认为社会功能分化使各个系统之间能够在遵循各自领域规范基础上形成自由合作，那么就意味着各种社会角色具有功能差异结构，但却都具有平等交流以及民主诉求的相关性。因此在霍耐特看来，以往阶级对立的社会结构只注重了单一身份的对立性，并没有看到社会主体多元性以及人们通过不断扩大公共领域能够自由地参与民主程序。而公民具有这样的对政治生活的美好愿景，它能够将新的社会力量纳入对相互承认、平等交流的诉求中,不断推动社会的进步,"在西方社会民主的支配性范式内,公民就是一个经济上被雇佣的社会成员,他能够完成其对于家庭的责任,作为回报,他同时也是福利救济、失业支付和服务供给的受益者"。①霍耐特将公民视为替代资本主义的历史主体,将推动公民身份的民主化视为一种激进的平等原则,并将其看作社会分化体系中凝聚社会团结的基础。公民社会蕴含着自由的规范要求。这可以看出,霍耐特是通过把个人自由与平等从资本主义分离出来的方式,扩展相互承认在社会交往中的规范原则,指出资本主义阻碍了这些规范原则的实现,需要以公民身份所包含着的社会自由的诉求来寻求社会变革。与此同时,霍耐特将经典马克思主义理论简化为只注重经济变革的事实,忽视了社会其他领域,并认为阶级不再是未来社会的主体。

不可否认的是,二战之后福利国家所颁布的一系列调整社会矛盾的政策,在一定程度上提高了工人阶级的收入,保障了无产阶级基本的生活水平,肯定了他们在政治上的权利。但是这一系列的社会福利与社会政策是以劳动者集体化的行动争取而来的,在结构上是以单向福利措施反馈给个体的,比如承诺工人工资提高,让其放弃对生产过程的控制。同时伴随着资本主义生产方式与组织方式的不断改善,过去集体化生产的组织结构越来越被个人灵活自主的组织方式所代替,个体对生活内容的满意程度也不断地向多层次多领域扩展,传统的阶级团结意识在现代社会确实式微了,以身份认同或者后物质主义的价值观为诉求的集体力量,凭借新的斗争形势活跃在当前社会中,挑战着既定的国家承认规范。

当探究尊重文化差异的承认政治的道德规范时,霍耐特注意到了家庭成员内平等民主意识不断增加,经济领域中个体小公司出现了弱化之前等级控制的传统经济组织形式,政治行为更多关注社会问题而非政治问题。这些社会现象都透露着阶级结构在逐渐弱化的倾向。正是在这样的社会背景下,霍耐特认为传统阶级结构不能包含新的社会力量,而随着民主化的逐渐扩大,社会关系并不像之前阶级对立那么紧张,反而会因彼此承认关系而增加大众认同感。在价值观、认同、习俗等不同的社会分化差异下,阶级机构和阶级组织都逐步消解。尽管在后工业社会中,传统意义上的无产阶级队伍在缩小,但这并不意味着阶级在当前社会就

---

① [英]布赖恩·特纳编:《公民身份与社会理论》,郭忠华、蒋红军译,长春:吉林出版集团有限责任公司2007年版,第5页。

没有意义。

霍耐特注意到了后现代社会多样性、差异性的特征，但这种现实是通过变形的意识形态所观察到的，即是对大众消费所带来的种种消费模式权衡下的生活方式的一种考察，这将掩盖背后资本主义整体性的结构。当资本主义的整个社会制度被简化为众多的关系，如家庭中民主平等的关系、经济领域中相互合作的关系、政治领域中给予自由的参与的机会等能够体现相互承认平等交流的合作关系时，资本主义的总体逻辑和强制性权力就会消失。这实际是"通过把社会分解为没有中心权力结构、没有整体统一、没有系统强制的许多碎片，从而将资本主义存在的问题概念化"。① 霍耐特指出了当前社会的多样性以及承认的规范意义，以关注文化差异认同问题替代了背后社会既定的阶级结构问题，但并没有注意到这些多样性背后的资本积累和扩张所形成的权力关系机制。

事实上，阶级本身包含着文化因素，不同阶级之间的文化差异来自阶级之间不对等的关系。比如给予手工工业者社会保障，使他们成为社会公民，影响他们对社会差异的社会感知，但不能改变阶级之间的物质关系，即"公民身份的发展可能改变人们的自我认同方式，而且可能改变人们对社会和阶级的不平等感觉，但仅此而已"。② 阶级差异并没有消失，也不意味着资本主义经济关系的阶级结构已经被弱化。如果说福利国家曾一度营造出大众消费的欣欣向荣的景象，但在当前经济全球化、金融资本全球流动的时代，作为剩余价值的资本以投机性的方式参与到全球资源的分配中，以更多更快的方式创造出数倍的剩余价值，极大地加剧了世界不平等现象。大量的财产依旧是由资产阶级所控制，中产阶级的比例虽然有所扩大，但新的贫困者、边缘人口的数量也在逐渐增加。由物质利益所决定的阶级结构依然使占有更多剩余价值的资产阶级成为社会的主导力量。那些出身于特权阶级的家庭的人，比阶级地位低下的人，在教育、就业等领域都更容易获得更好的资源，正如马歇尔和斯威夫特指出"既然阶级结构本身就是不公正的，那么，只要存在这样的阶级结构，又有什么公正可言呢？他们认为，不平等的权力就嵌入在阶级

---

① [加] 艾伦·梅克森斯·伍德：《民主反对资本主义：重建历史唯物主义》，吕薇洲、刘海霞等译，重庆：重庆出版集团2007年版，第242页。

② [英] 布赖恩·特纳编：《公民身份与社会理论》，郭忠华、蒋红军译，长春：吉林出版集团有限责任公司2007年版，第52页。

结构之中"。① 而这种权力正通过资本主义经济领域再生产出来,并渗透到社会的其他领域中。

资本主义社会与前资本主义社会的民主区别,在于政治权力不再是来自政治体制本身,而是与其经济生产方式紧紧联系起来。在前资本主义国家,封建王朝掌握着对社会统治的绝对权力,政治权力来自政权本身。资本主义实际是将政治权力与生产方式联系起来。马克思曾对这一生产发展的政治意义有明确的说明:"亚洲和埃及的国王或伊特露里亚的神权政治的首领等等的这种权力,在现代社会已经转到资本家手里,不管他是单个资本家,还是股份公司那样的结合资本家。"② 也就是说,虽然资本主义使得经济领域与政治权力相分离,但是也使得很多一度归于国家行政或共同体管理范畴的社会功能完全归附于经济。国家权力本身也受到资本的蚕食,社会功能从政治控制与共同体监控中脱离出来,置于资本的直接控制之下,服从于非人格化的市场规律。这就意味着人们日常生活的大部分深受经济方式的支配,而不再受民主责任的约束。埃伦·伍德就指出,"资本具有不需要直接的政治统治或司法特权而仅以纯经济手段控制劳动力的能力。非资本家阶级的经济力量仅能延伸到其超经济力量所及的范围,伸展到其政治、军事及司法力量所控制的范围;而不论事实上生产出了多少剩余产品,剥削阶级的积累也仅限于其超经济力量有能力从直接生产者手中榨取的范围。"③ 虽然霍耐特也注意到资本主义经济向其他领域的渗透,但他从人的社会性规范意义出发,意在将资本主义经济归纳为现代社会中多元而异质复杂的众多领域中的一个,可以将"经济"包含在一个多样的非国家制度的关系之中,比如"全球社会",试图在全球范围恢复一种广泛交往联结的社会属性。他并不是将公民社会中所存在的某些压迫当作公民社会的有机构成,而是将其作为公民社会的功能障碍来对待的。究其原则而言,公民社会中蕴含着自由的源头,人类解放存在于公民社会的自治之中,这就使得剥削和统治关系被掩盖在国家对于形式民主的保护之中。然而,剥削和统治关系的社会结构是资本主义作为一个系统的整体所特有的构成,如果不从基本社

---

① 李强:《社会分层十讲》,北京:社会科学文献出版社 2008 年版,第 269 页。
② 《马克思恩格斯文集》第 5 卷,北京:人民出版社 2009 年版,第 387—388 页。
③ [加拿大] 埃伦·M. 伍德:《资本的帝国》,王恒杰、宋兴无译,上海:上海译文出版社 2006 年版,第 3 页。

会结构中进行改变，对于政治公民的维护与肯定也会沦为资本主义社会构造的附庸。

另外，复杂多元的公民身份实质并没有能够成为一种对抗资本主义的社会制度，这只会使资本主义社会关系整体有效性被概念化，溶解为一种无结构的、片面的众多身份差异，而不去考虑身份在社会结构中是如何分布的。当前人们对于公民身份政治兴趣高涨，这应归功于大量新的领域对权利扩张的要求，种族、性别、生态等问题，所要求独特的个性，这并非自由主义和个人主义的个人至上，而是正因此存在不同的方式，能够使人们以这些个体性的诉求参与到一个现代的、多元的、多种族的、多本体论的社会中。这正构成了社会生态的多样性，这是不容忽视的。公民身份只不过是政治直观上给予人们认同的一种方式，而要实现一种真正意义上的解放，还需要一种能够集合公民身份多样性的权威主张，而阶级具备这种可能性。维克多·沃利斯在分析现代公民多种身份面临的交互性（intersectionality）压迫时，就指出，"阶级具有一种其他压迫维度所不具备的战略或黏合功能：它可以把不同维度下的所有抗争群体联合起来，聚合成一种团结的力量，因为它们都受到当代社会中最为集中的权力——即资本——的胁迫。"① 阶级结构可以规定不同群体在反对非阶级统治关系的行动能力，使得他们主观性有了阶级特征。毕竟阶级体现了社会关系的本质，指明了历史变化的总体方向。因此不能因为工人阶级内部发生了分化，就认为阶级在未来并不会充当重要的角色，只要资本主义权力结构没有消失，阶级依然发挥着凝聚各种新社会力量的作用。

三、民主的生活方式不等于社会主义的实现

当前社会的特点在于碎片化、社会关系的多样化、生活方式的多元化以及个人身份的交叉性，这势必消解了传统旧的确定性，往日的阶级团结意识已经破裂。基于身份认同的社会运动激增，斗争的主题不仅是文化领域寻求承认的性别、种族、民族等话题，也有环保、消费等社会话题，这些变化扩展了个人在消费模式和生活方式的选择范围。这就需要建立一种基于这种多样性和差异的联合主张，需要对这种承认人们不

---

① ［美］维克多·沃利斯：《交互性的粘合剂：阶级的政治优先性》，任远译，载《国外理论动态》，2018年第2期。

同需要和不同经验、具有复合平等概念的社会关系作出反应。因此霍耐特将社会主义理想信念包含在民主之下，不是像传统社会主义赋予阶级特权，而是平等地对待所有的压迫。

诚然民主是社会主义的应有之义，但诉诸承认政治，身份认同并没有使我们明确地获得比美好意图更多的东西。立足于相互承认规范的社会自由，可以平等地把从性别到阶级，从家庭到政治过程的个体行为都包含在内，这要比社会主义原有政治解放的范围更广泛。在承认各种差异的民主生活方式下，人们却忽视了这些差异所构成的统治和压迫关系。一个民主社会可以颂扬生活方式、文化或性别偏好的多样性，但是在何种意义上颂扬阶级差别才是民主的，显然只从性别种族多样性平等谋求的民主生活出发，并不一定需要改变资本主义社会性质，只有从消除阶级不平等出发，才意味着资本主义的终结。资本主义可以与这些非阶级利益差别的各种文化差异性并存。因此霍耐特从构建民主生活方式出发所理解的社会主义，并没有对资本主义及其阶级关系制度提出根本挑战。

资本主义是由阶级剥削构成的，通过长时期社会生产再生产的方式，深刻影响着历史进程与人们的日常生活。资本使得生活方方面面商品化，所有的社会生活都服从于市场抽象的需要，决定着生产、消费、闲暇时间的分配，这践踏了我们对真正自由的渴望。当前资本主义剥削虽然依旧是从雇佣劳动者身上榨取剩余价值，但这种榨取不是以司法和政治地位不同为前提的，而是将人们都吸引到劳动市场中，将其简化抽象为可以交换的劳动单位，具有隐蔽而且灵活的社会结构压迫能力。同时资本主义可以吸收历史上文化的既定框架，掩盖其制度所产生的阶级利益的分化，比如少数族群能够在当前社会中自由民主地表达自身意见，这是资本主义民主扩大的结果，但事实上这却很容易让人忽视资本主义在形成种族压迫时的历史作用。在资本主义早期积累中，国内劳动力不断无产阶级化，海外的殖民地则依靠封建奴隶制，要想使海外的奴隶理所当然地成为免费劳动力，那最好的方法就是将奴隶排除到"公民"之外，也就意味着种族压迫实际是伴随着资本积累的历史而存在的，这就表明资本主义可以为了满足自身的利益驱动，形成一种系统的投机主义。我们可以看到资本主义为了适应公民权利空前扩大的情况，形式上所达到的自由与司法上对权利的维护，可以形成一种动态的矛盾，这将成为一种可能推动社会向社会主义过渡的力量。但这是否意味着社会主义就是公民权利的扩张，或者霍耐特提出的彻底的民主生活化是否就是社会主义的替代品，仍有待商榷。

实际上，当前资本主义社会因经济领域与政治领域的分离，形成一种奇怪的现象：社会经济的不平等和剥削与公民的自由和平等共存。质言之，政治民主可以赋予参与政治的公民以平等的选举权，而且政治参与的平等并不会直接影响到经济领域中的不平等。民主就被限定在政治领域中，反而从形式上遮盖了经济领域生产关系的不民主性。正如马克思所说"选举的性质并不取决于这个名称，而是取决于经济基础，取决于选民之间的经济联系"。① 生产方式本身不仅是一种技术方式与组织方式，生产方式中的剥削方式则是一种权力关系，政治领域中对立的阶级组织方式归根到底取决于生产者与占有者的关系。这样，从直接生产者榨取的没有付报酬的剩余劳动，与这种特定的经济形式所决定的统治者与被统治者的阶级关系，与资本主义所宣称的政治平等，并行不悖。因此通过争取政治参与的权利，无法彻底实现自身的民主化。"资本主义民主的自由纯粹是一种形式，不平等从根本上削弱了自由，并且使大多数公民的自由仅仅是名义上的。资本才是起统治作用的。"②

马克思在《论犹太人问题》中所区分的政治解放与人类解放强调了政治上的民主并不意味着人类社会的全面解放。当人们将种族、性别等其他斗争要素上升为国家生活需要保证的要素时，就规定了个体自身与国家整体的关系，"规定了他的政治关系，即他同社会其他组成部分相分离和相排斥的关系。因为人民生活的这种组织没有把财产或劳动上升为社会要素，相反，却完成了他们同国家整体的分离"。③ 这就意味着当各种各样的政治革命兴起，激发了分散在社会各种思想里的政治精神，使市民社会的个体生活内容体现在国家公共事务中，实际完成的是一种普遍内容为假象的解放。因为利己的人还存在，依旧处于与类本质思想相分离的状态。马克思区分的政治解放与人类解放，在霍耐特看来，则由于过分注重政治自由权利与经济领域的密切联系，并未看到政治领域本身的价值。霍耐特这种将马克思思想简化为经济决定论的机制的观点，

---

① 《马克思恩格斯选集》第3卷，北京：人民出版社1995年版，第289页。
② [英]戴维·赫尔德：《民主的模式》，燕继荣等译，北京：中央编译出版社2008年版，第126页。
③ 《马克思恩格斯文集》第1卷，北京：人民出版社2009年版，第44页。

实质上是并未理解马克思是从社会关系的彻底变革来实现人的解放。马克思从资本主义生产方式的基本特征入手，揭示其内在机制。资产阶级通过对生产资料所有权的私人占有，构成了对生产者的强迫，迫使生产者为了与生产资料结合，而将剩余劳动交给资本家。占有和剥削剩余的权力并不直接依赖于法律或政治上的依附关系，而是以自由生产者与绝对的生产资料私有财产占有者之间的契约关系为基础，资产阶级标榜着资本与劳动在市场上是平等交换，但事实上绝对的私有财产决定了生产者和占有者之间的契约关系，这是需要政治职能进行维护的。这样资本家对生产的直接支配权转移到国家手中，这就是政治权力。在这个意义上，政治领域的权力关系实际是占有者和生产者关系的从属。劳动者之所以服从资本主义生产安排，并不是由于传统意义上政治权威的逼迫，而是"市场经济规律的独立和资本行使权力的抽象性"。① 因此，通过使劳动者与劳动过程、劳动产品的相分离，资本获得了对劳动的统治地位。资本使得所有具体的使用价值，都抽象成了交换价值。资本主义民主所承诺的普选权之所以能够打破封建社会下人们对于等级身份的认同，就在于"在等级范围内，个人的享受，个人的物质交换，取决于个人所从属的一定的分工"，个体的享受以及对自己劳动产品的占用，在等级社会的表现就是只有特权任务才能进行商品的交换，而在"在阶级的范围内，则只取决于个人所能占有的一般交换手段……个人作为一般交换手段的所有者，进入同社会为万物的这一代表者所能提供的一切东西的交换"，在"货币制度充分发达的社会中，由此事实上造成了个人实际上的资产阶级平等"。② 如果仅仅停留在交换本身，诉求普选的价值意义在于取消更多的流通限制，来实现"个人自由最高实际的确认"，这正是"政治经济学家……把这种（工人对资本家）的从属关系描绘成买者与卖者之间的自由契约关系"的表现。③ 表面的经济平等实际上掩盖了生产过程中人与人之间的不平等的社会关系，而资本主义的虚伪正是表现在它通过不断地社会再生产，使得人们更容易接受表面所呈现出的经济平等与政治民主。劳动的抽象化以及金钱作为经济交换的媒介，这既是资本主

---

① ［加］艾伦·梅克森斯·伍德：《民主反对资本主义：重建历史唯物主义》，吕薇洲、刘海霞、邢文增译，重庆：重庆出版社2007年版，第41页。
② 《马克思恩格斯全集》第10卷，北京：人民出版社1998年版，第645页。
③ 《马克思恩格斯文集》第5卷，北京：人民出版社2009年版，第881页。

义经济体系合理化的条件，也是人本质异化的根源。只有通过彻底的社会关系的变革，才能实现人的解放。

霍耐特以相互承认规范为社会主义实现的基本规范诉求，实际是暗含着这样的一种观点：他认为存在着这样一种历史性的规范力量，能够使现实中具有相互承认的主体互动的集体力量，以社会自由为理念不断推动社会向社会主义过渡。具体做法是将社会主义目标与阶级的物质目的分离，强调非物质的、抽象的、人性化的目的。然而，霍耐特之所以有这样的认识，正是资本主义将一切抽象化现实的意识反映。他意识到当前社会正义的范式已经不仅仅是物质利益方面的诉求，而是包含着多个领域需要尊重的诉求，他也试图以人格完整性在历史进程中的作用为出发点探究承认的规范意义，但却没有从资本主义所形成的具体历史条件去探究社会的发展结构，由社会条件所决定的抽象理论现在成为其理论的出发点。所以他对民主化生活方式的推崇，认为民主行动和组织的方式并不必然带有阶级标记，这意味着民主的实现不是打碎资本主义民主，而是资本主义民主的完成，从资本主义关系的非民主框架中解放出来，这样民主的完成才可能使社会主义计划得以实现，这就使得民主成为一种扩展问题，而忽视了民主化进程中与阶级利益相关联的压迫形式，仿佛资本主义与社会主义之间的斗争是不同民主形式的斗争。因此他所提供的社会主义战略，是基于民主话语的不同敏感性，从现存社会力量中筑构不考虑阶级属性的力量，"以便把民主拓展到资产阶级民主的政治局限性之外"。① 但事实上，资本主义在法律意义上的民主与马克思所强调的自由联合起来的生产者所形成的自组织的民主有着质的不同，自由民主与资本主义是可以协调的，而社会主义民主包含着生产关系的变迁。民主不能被排除在社会关系的实质之外，自由民主随着代议制的实行以及普选权的扩大，公民权利意义上的人民自主达到最大限度，这时不仅需要完善现存政治制度，而且要求社会总体计划与安排发生变化，来进一步推动新的民主形式的质的飞跃。

社会主义的民主在其理想形式下，应该克服经济与政治的对立，它包含着对人类活动全方面异化的消除，是一种建立在共同拥有的、共同生产的自由联合起来的生产者所指导的民主组织模式，这意味着资本主

---

① [加]艾伦·伍德：《新社会主义》，尚庆飞译，南京：江苏人民出版社2002年版，第134页。

义关系以及相适应的民主形式的终结。正如伍德说的，社会主义在改变经济生产属性上，能够废除那些把男人、妇女、少数族裔等被视为剥削阶级成员的压迫形式，"允许对那些价值被资本主义经济贬低的超经济产品做出再评价。社会主义所提供的民主是一种旨在使共同体的政治生活与经济重新结合起来的民主，这种民主首先是指它隶属于生产者本人民主的自我决定"。①

四、劳动的道德重构对革命性的削弱

霍耐特借助相互承认的规范原则为社会自由提供新的解释方式，也为重建社会主义理念提供可能。他的规范性重建的方式是建立在内在批判上的方法论，即批判的合理性标准要内在于被批判的对象之中，所以霍耐特更关注的是资本主义劳动市场在没有朝向规范要求的方向发展时，人们据此批判资本主义社会不合理的劳动组织方式，并以实验的方式来探索社会主义的民主生活方式。特别是当前马克思的劳动解放理论在后福特制时代不能完全调动劳动者积极性，似乎缺乏通往自由的实现路径。霍耐特曾说"如今已经几乎没有什么人去努力捍卫一种解放性的和人道的劳动观念了，这是过去二百年来前所未见的……在四十年前，知识分子还寄希望于劳动的人性化和解放，如今却对此彻底失望了，他们已经背弃了工作的领域，而开始专注于与生产领域相距甚远的其他话题"。②之所以社会理论出现这种情况，跟资本主义劳动组织形式的变化息息相关，因此霍耐特寻求一种新的规范性要求，致力于将社会劳动的承认条件联系起来。霍耐特侧重关注社会劳动的"失范"行为，更多关注的是劳动者的尊严和价值感的缺失。他注意到市场经济的推动，使得人们劳动的道德指向性也发生了变化，对家庭中的道德价值也带来冲击。霍耐特结合了黑格尔在《法哲学原理》中所涉及的家庭、社会国家中的劳动组织形式，探讨了市民社会中人们不仅拥有平等的劳动权利也有平等的占有劳动产品的权利，国家要对个体劳动权利得以承认。在《自由的权利》中，霍耐特对于市民社会的发展做了深入研究，规范的重构具有了

---

① ［加］艾伦·梅克森斯·伍德：《民主反对资本主义：重建历史唯物主义》，吕薇洲、刘海霞、邢文增译，重庆：重庆出版社2007年版，第280页。
② ［德］霍耐特：《我们中的我：承认理论研究》，张曦、孙逸凡译，南京：译林出版社2021年版，第59—61页。

历史唯物主义的向度，市民社会的抽象化促进了劳动的规范化进程，在霍耐特看来，资本逻辑使得人们放弃对道德规范的追求，陷入物化的处境，完全自由化的经济不利于理想社会的构建，因此劳动的道德重建，需要从承认维度强调人劳动的尊严、重塑社会主义理念激发人们对未来社会的信念，霍耐特所重构的内在理性希望能够使公共的制度性和个体道德性统一起来，使社会自由真正成为个体所要实现的目标。

当霍耐特聚焦于构建社会中的规范意涵时，致力于探讨现代劳动生产方式的行为就会失去马克思政治经济学批判的现实维度。从当前资本主义劳动组织形式来看，个人在劳动中所体会到的成就与个人自主性，实际是整体工作氛围对个人能力的影响，比如工作中的激励原则与被解雇的恐惧原则，使个体不断地重新认识自己、评估自己在工作中的能力，皮特森在《劳动与承认》一文中指出在当前工作关系中，个人只有在其他竞争主体中才能看到自己的能力，缺乏形成集体意志的先决条件，而且个人在不断追求承认，但满足承认的条件不停变化，很容易使人们陷入个人的疲惫感。[①] 劳动的道德重构依旧无法揭示出新自由主义条件下个体劳动所受到的伤害。因此要重塑劳动解放所实现的社会自由的意义，不仅在于为劳动解放寻求规范性的重建，而且在于探寻如何在资本与劳动矛盾运动过程中，寻找解放的可能，破除资本主义劳动的意识形态幻象，重新凝聚集体意志。资本主义生产方式主导下的社会，商品成为劳动产品的普遍形式，使得资本主义中的劳动不同于其他社会形式下的劳动，也建构了资本主义所特有的社会中介形式，即抽象劳动以及由其产生的价值在社会中的统治地位。抽象劳动本身作为一种社会中介活动，使其参与到交换中的每一件商品既是特殊的，也是普遍的。商品社会中，人们更关注的是能够用使用价值来实现交换价值的普遍性，抽象劳动使得劳动从商品特殊性中抽离出来，成为劳动一般，时间也成了抽象时间，有用性的劳动必须转换为抽象劳动才能得到认可，形成了抽象统治具体的情况。资本主义下的劳动，也是异化劳动的表现，也是不断对象化的过程，人在劳动过程中被社会结构所规划，自身也变成了工具与手段。具体劳动与抽象劳动的二重性，既是这个时代特征的产物，同时也在塑造与改变着这个时代，包括劳动自身。当前互联网信息技术下，涌现的

---

① Anders Petersen and Rasmus Willig, "Work and Recognition—Reviewing New Forms of Pathological Developments", in *Acta Sociologica*, Vol. 47, No. 4, 2004, pp. 338 – 350.

数字劳动成为一种新的劳动形式，劳动时间被无限延长，人们的生活也在不断地被数字资本逻辑所裹挟，个体闲暇时间、私人时间被无意义的数字文化所侵占，给人带来更多的空虚与自由危机，人的自由在数字资本主义时代被操控。重建劳动的革命性，依旧需要在资本主义新形态中展开政治经济学批判，揭露数字劳动异化背后的资本逻辑，以此来探寻如何在新的社会历史条件下破除技术的异化，寻求解放的可能。

结　语

　　社会自由这一概念本身包含着"社会"这样一个独立自主的实体。在近代意义上，社会通常被看作是从国家政治领域中分离出来的事物，包含着那些不能为国家所淹没的生活领域，社会自由更多地来自这些生活领域中所自发形成的关系，而非国家强制所赋予的。这就意味着经济生活中的契约关系代替了传统社会中的政治关系。人们相信从国家独立出来的社会领域孕育着个体尊严、个体自由的价值追求，这是个体社会性的特征，进而人们要求国家对个体在经济活动领域中所具有的不受国家干预的权利予以确认，对个体文化差异性的诉求予以尊重。通过将社会中个体权利的诉求等同于获得法律地位组织中的承认型成员关系模式，来缓和社会与国家之间的紧张关系，这是自近代以来，理解社会自由的一种常见方式，仿佛社会中的个体诉求只要能得到政治关系所给予的确认就能实现社会自由。这种理解方式下的个人仍然外在于国家，社会中的个体只不过是以某种确定的方式组织起来以回报国家所赋予的成员资格与相关权利。

　　由此可以看出，个体对国家的要求或者是像经验主义者认为的，将自我实现看作是各种需要、倾向和集合，将社会状态中的机构看作是满足个体需要的一种工具性措施，为个体自由划出边界界限的消极意义，或者是像道德主义者认为的，在道德绝对命令下，人根据理性的生活准则在感性冲动中进行选择。公意的形成是来自所有个体理性选择的一种集合，这种纯粹的理性的自我决定是超越历史经验的。之前关于自由的理解，主要是从个体自由的外部障碍与内在德性这两个条件去理解个体的社会性特征。但这两种自由的理解都不能很好地阐释社会分化下的个人如何体现普遍伦理理性，没有强调自由的经验特征与规范性理论之间的关系。霍耐特通过剥离黑格尔绝对精神的特征，改变其伦理实体的垂直结构，形成了一种建立在相互承认的主体间互惠机制之上的社会自由思想。霍耐特想要强调的是社会成员之所以能够在伦理共同体中得以自我实现，不是因为忽视差异，而是通过承认、容忍与合作的必要性，让人们在追求多样性中将自身的社会性特征实现出来。社会自由不是在于每个个体自由的简单集合，而是成员之间通过相互承认形成团结关系，在家庭、市场、国家中每个社会成员都能民主、平等、自由地参与社会机制的交往活动，社会成员与共同体是一种实现型的成员关系模式。

因此，霍耐特并不是从自由本身抽象的规范价值出发，去研究社会领域中有哪些妨碍自由的行动障碍，而是从社会各个领域中已形成的制度化的规范出发，来分析资本主义社会的发展如何偏离社会曾经涌现过的相互承认与团结的规范，进而指出社会的错误发展影响了社会自由实现的可能性。在霍耐特看来，社会自由作为社会主义理念的题中之义，其内容是社会各个领域通过不断释放出人的交往潜能，逐渐探索克服阻碍自由沟通的条件，合理地探索和规定他们共同存在的规则。这就意味着，社会主义理想的实现不能完全依赖人类生产力不可避免的进步性以及无产阶级不可避免的使命责任，而是需要在社会的各个领域中实现民主化，不断纳入新的社会群体的诉求，来拓宽交往领域，从而使个体间的团结互惠成为社会的结构性原则。

霍耐特以规范性重建的方法为社会自由提供了一条不同于传统欧美政治哲学的论证方法，即从社会生活发展中来追问自由的社会性，旨在探索一种建立在相互承认基础上的社会自由理论，并以相互承认作为自由所需要的社会条件，以此为基本规范来诊断现实资本主义对社会自由领域的损害，从而使社会自由成为社会主义的应有之义。霍耐特分析社会自由的内容与路径俨然不同于马克思视域中从劳动出发所探寻的自由应然之义，他不再追问克服异化劳动之后自由劳动的内容，而是更看重马克思与黑格尔具有的相类似的观点，即自由是通过劳动对象化依赖于主体间相互承认的模式，强调在合作生产机制中主体能够意识到自身与他人的互惠需求，从社会关系的共同活动来关注人的自由。霍耐特并没有像其他批判理论家将马克思的劳动视为工具行为，从生产美学来考察劳动解放的潜能，而是从社会整合视角来挖掘现代劳动力市场体系内部的规范性，探究社会各个功能领域所蕴含着的实现自由的可能性。

由此可见，霍耐特吸收了黑格尔想要以客观精神的理性整合分化的社会世界的意图，在寻求当前社会各个功能分化领域的自由实践时，阐述了社会历史中的社会规范如何被确立起来。社会行为者为了实现历史上所形成的规范性承诺，来反抗当前社会条件中所包含着的阻碍实现自由的条件，确立起了相互承认在社会进步和转型中的规范意义，形成一种诉诸公民身份的民主生活方式的社会主义理想。这反映了当前左翼在面对福利国家缓和阶级矛盾失败之后阶级团结意识破裂、多元文化差异显著的境况时，需要建立一种承认人们多种需要、对差异性社会关系作出反应的政纲。在面对公民权利的扩大，政治领域与经济领域的进一步分离时，阶级政治似乎是独立于经济关系之外的，因此，社会主义斗争就可以被看作是多元的民主斗争，以霍耐特为代表的左翼希望通过确立起一种社会道德的规范意义，来使得那些遭遇到压迫的多种政治性力量能够在意识形态和政治层面上得以组织和建立，并由纯粹道德规范（承认）的力量来推动，因此确立起来的社会主义目标就是一种超越阶级的目标。

但这样的理解却存在着方法论的抽象设定，忽视了资本主义社会下资本积累和扩张的权力关系机制。复杂多元的公民身份实质上并没有能够形成一种对抗资本主义的社会制度，只会使得资本主义社会关系的整体有效性被概念化了，溶解为一种无结构的、片面的多元身份差异，而不去考虑身份在社会结构中是如何分布的。事实上，公民身份的发展只是改变了人们的自我认同方式，并没有改变整个社会依旧处于资本逻辑下的贫富差距显著的事实。究其本质而言，来自资本主义整体行为压迫的阶级这一概念能够更好地将不同维度下的抗争群体联合起来。阶级结构可以规定不同群体在反对非阶级统治关系的行动能力，使得他们的主观性有了阶级特征。毕竟阶级体现了社会关系的本质，指明了历史变化的总体方向。从这个意义上来说，民主是社会主义的应有之义，但不是唯一的含义，民主不能被排除在社会关系的实质之外。公民权利会随着自由民主的完善而进一步得到扩大，政治制度的变化必然也会带来社会经济形式的变化。在经济基础与上层建筑的辩证运动中，社会主义下的民主是适应社会化大生产、生产资料公有制下的民主，这是建立在共同拥有的、共同生产的自由联合起来的生产者所指导的民主组织模式，这意味着资本主义关系以及相适应的民主形式的终结。

需要指出的是，霍耐特从社会承认关系的道德规范意义出发构建的多元正义，实际是丰富了福利国家模式下只从社会产品再分配理解的单一正义范式，从政治规范意义上来分析正义，这对于走出只注重程序正义而忽视社会正义的理论误区有着重要启示意义。另外，霍耐特通过对黑格尔伦理体系的改造，突出了社会历史与人类交往系统结构中体现自由意志的伦理规范意义，即伦理关系、伦理秩序一开始是人们实践中的产物，在被人们自觉反思之后，人们以恰当的方式将其中一部分固定为社会制度性安排，它们通过社会再生产的方式影响着主体的行为准则。霍耐特所描述的作为人的自由存在方式的伦理秩序，取决于主体互动的规范信念。从伦理规范意义上理解的自由，是一种根据现实内容不断展开并获得规定性以及人的意志自由不断获得社会化的理解方式。霍耐特结合社会学的方法，从规范性的视角去看待社会现实中符合理性、促进秩序的可能性，使得批判理论转向政治伦理学的维度，同时也为我们研究政治规范与政治伦理提供了新的视角。

  当前全球正面临着各种风险与挑战，霍耐特曾说过"社会批判不等于规范设定，必须牢牢把握历史进步理性的理想"，他所搭建的社会自由规范依旧为社会斗争的想象提供新的解释，也让我们理解在资本主义社会现实下左翼对于社会主义的态度，让我们更能理解当社会主义不再成为资本主义社会下人们对于美好生活的愿景时，如何激发社会主义内在的革命性与批判力度，霍耐特的种种尝试无疑是在做这样一种努力。从现代化进程发展而言，霍耐特探索了资本主义历史中曾经存在的相互承认的互惠内容是如何被资本主义体制所妨碍侵蚀，以此激发人们对社会主义的信心，探索社会自由实现的可能性。与此同时，中国正在走一条属于自身的现代化之路，社会主义在中国具有理论与实践的生长空间，在不断完善社会主义经济、政治、文化、生态等领域的过程中，也为社会自由拓展了空间，在这个意义上霍耐特曾构想的个人利益与普遍利益的有机结合，以共同善的目标正在这方神州大地上以实现中华民族伟大复兴的理念践行着，社会主义正在以新的样态实现出来，而社会主义的内在伦理规范也需要在实践中发挥作用。霍耐特从资本主义历史中探求曾出现过的相互承认互惠的行为规范如何在历史发展中遭遇了"错误发展"，当前市场经济的资本逻辑也在侵蚀着我们社会的其他领域，挑战着传统的道德规范，比如"君子喻于义，小人喻于利"，以义利区分君子和小人在当今社会已然不复存在，似乎所有的社会行为都是"喻于利"，传统道德规范中所倡导的互助、兼爱、义理等在资本逻辑面前都被碾压，但事实上，在推进马克思主义时代化、中国化的进程中，传统文化的规范意义也同样重要，尤其是现阶段我国社会基本矛盾是"人民日益增长的美好生活需要和不平衡不充分的发展之间的矛盾"。"美好生活需要"不单单需要使物质财富的生产分配得到满足，也在于营造出睦邻友好、和谐安定、良好生态的社会环境，显然正是从现实意义角度提出如何建立一种良好社会的伦理规范意义。在这个意义上，霍耐特从黑格尔伦理意义出发所形成的社会自由思想以及方法论，或许为当前我国社会发展提供了一种可借鉴的规范内容。

参考文献

一、中文文献

（一）中文及译著：

1. ［美］卡罗尔·C. 古尔德：《马克思的社会本体论》，王虎学译，北京：北京师范大学出版社2009年版。
2. ［奥地利］赖因哈德·西德尔：《家庭的社会演变》，王志乐等译，北京：商务印书馆1996年版。
3. ［德］阿尔弗雷德·施密特：《马克思的自然概念》，欧力同、吴仲昉译，北京：商务印书馆1988年版。
4. ［德］阿克塞尔·霍耐特：《理性的病理学：批判理论的历史与当前》，谢永康、金翱等译，上海：上海人民出版社2022年版。
5. ［德］爱德华·封·哈特曼：《道德意识现象学：情感道德篇》，倪梁康译，北京：商务印书馆2012年版。
6. ［德］费希特：《伦理学体系》，梁志学译，北京：商务印书馆2009年版。
7. ［德］哈贝马斯：《公共领域的结构转型》，曹卫东等译，上海：学林出版社1999年版。
8. ［德］哈贝马斯：《在事实与规范之间：关于法律和民主法治国的商谈理论》，童世骏译，北京：生活·读书·新知三联书店2003年版。
9. ［德］黑格尔：《法哲学原理》，范扬、张企泰译，北京：商务印书馆2013年版。
10. ［德］黑格尔：《历史哲学》，王造时译，上海：上海书店1999年版。
11. ［德］黑格尔：《精神现象学》，先刚译，北京：人民出版社2013

年版，第 6 页。

12. ［德］黑格尔：《小逻辑》，贺麟译，北京：商务印书馆 1982 年版。

13. ［德］霍克海默：《批判理论》，李小兵等译，重庆：重庆出版社 1989 年版。

14. ［德］霍耐特：《自由的权利》，王旭译，北京：社会科学文献出版社 2013 年版。

15. ［德］霍耐特、［美］弗雷泽：《再分配，还是承认？一个政治哲学对话》，周穗明译，上海：上海人民出版社 2009 年版。

16. ［德］霍耐特：《不确定性之痛——黑格尔法哲学的再现实化》，王晓升译，上海：华东师范大学出版社 2016 年版。

17. ［德］霍耐特：《为承认而斗争》，胡继华译，上海：上海人民出版社 2005 年版。

18. ［德］霍耐特：《我们中的我：承认理论研究》，张曦、孙逸凡译，南京：译林出版社 2021 年版。

19. ［德］康德：《道德形而上学原理》，苗力田译，上海：上海人民出版社 1982 年版。

20. ［德］康德：《法的形而上学原理——权利的科学》，沈书平译，北京：商务印书馆 1991 年版。

21. ［德］克劳斯·奥菲：《福利国家的矛盾》，郭忠华等译，长春：吉林人民出版社 2011 年版。

22. ［德］洛维特：《从黑格尔到尼采：19 世纪思维中的革命性决裂》，李秋零译，北京：生活·读书·新知三联书店 2014 年版。

23. ［德］马克斯·霍克海默、西奥多·阿道尔诺：《启蒙辩证法：哲学断片》，渠敬东、曹卫东译，上海：上海人民出版社 2006 年版。

24. ［德］马克斯·韦伯：《经济与社会》，林荣远译，北京：商务印书馆 1997 年版。

25. ［德］魏格豪斯：《法兰克福学派：历史、理论及政治影响（上）》，孟登迎等译，上海：上海人民出版社 2010 版。

26. ［法］埃米尔·涂尔干：《职业伦理与公民道德》，渠敬东译，北京：商务印书馆 2015 年版。

27. ［法］保罗·利科：《承认的过程》，汪堂家、李之喆译，北京：

中国人民大学出版社 2011 年版。

28. ［法］达尼洛·马尔图切利：《现代性社会学：二十世纪的历程》，姜志辉译，南京：译林出版社 2007 年版。

29. ［法］雷蒙·阿隆：《论自由》，姜志辉译，上海：上海译文出版社 2007 年版。

30. ［法］米歇尔·福柯：《知识考古学》，北京：生活·读书·新知三联书店 2003 年版。

31. ［法］皮埃尔·莫内：《自由主义思想文化史》，曹海军译，长春：吉林人民出版社 2011 年版。

32. ［法］索菲·杜布松－奎利埃：《消费者在行动》，李洪峰、沈艳丽译，北京：社会科学文献出版社 2015 年版。

33. ［法］涂尔干：《社会分工论》，渠敬东译，北京：生活·读书·新知三联书店 2017 年版。

34. ［古希腊］亚里士多德：《政治学》，吴寿彭译，北京：商务印书馆 1983 年版。

35. ［加］埃伦·M. 伍德：《资本的帝国》，王恒杰、宋兴无译，上海：上海译文出版社 2006 年版。

36. ［加］艾伦·梅克森斯·伍德：《民主反对资本主义：重建历史唯物主义》，吕薇洲等译，重庆：重庆出版社 2007 年版。

37. ［加］艾伦·伍德：《新社会主义》，尚庆飞译，南京：江苏人民出版社 2002 年版。

38. ［加］查尔斯·泰勒：《黑格尔》，张国清、朱进东译，南京：译林出版社 2002 年版。

39. ［加］查尔斯·泰勒：《黑格尔与现代社会》，徐文瑞译，长春：吉林出版集团有限责任公司 2009 年版。

40. ［美］弗朗西斯·福山：《历史的终结及最后之人》，黄胜强等译，北京：中国社会科学出版社 2003 年版。

41. ［美］阿拉斯代尔·麦金太尔：《伦理学简史》，龚群译，北京：商务印书馆 2003 年版。

42. ［美］艾伯特·O. 赫希曼：《转变参与：私人利益与公共行动》，李增刚译，上海：上海人民出版社 2008 年版。

43. ［美］丹尼尔·贝尔：《资本主义文化矛盾》，严蓓雯译，南京：

江苏人民出版社 2007 年版。

44.［美］卡尔·博格斯：《政治的终结》，陈家刚译，北京：社会科学文献出版社 2001 年版。

45.［美］罗伯特·诺奇克：《无政府、国家和乌托邦》，姚大志译，北京：中国社会科学出版社 2008 年版。

46.［美］罗尔斯：《正义论》，何怀宏等译，北京：中国社会科学出版社 2009 年版。

47.［美］罗纳德·德沃金：《认真对待权利》，信春鹰、吴玉章译，北京：中国大百科全书出版社 1998 年版。

48.［美］马克·赫特尔：《变动中的家庭——跨文化的透视》，宋践、李茹等译，杭州：浙江人民出版社 1988 年版。

49.［美］迈克尔·沃尔泽：《正义诸领域——为多元主义与平等一辩》，褚松燕译，南京：译林出版社 2002 年版。

50.［美］帕森斯：《社会行动的结构》，张明德等译，南京：译林出版社 2012 年版。

51.［美］塞缪尔·P. 亨廷顿：《变化社会中的政治秩序》，王冠华等译，北京：生活·读书·新知三联书店出版社 1989 年版。

52.［美］史蒂芬·霍尔姆斯、凯斯·R. 桑斯坦：《权利的成本——为什么自由依赖于税》，毕竞悦译，北京：北京大学出版社 2004 年版。

53.［美］伍德：《黑格尔的伦理思想》，黄涛译，北京：知识产权出版社 2016 年版。

54.［美］约翰·罗尔斯：《政治自由主义》，万俊人译，南京：译林出版社 2011 年版。

55.［匈］卢卡奇：《历史与阶级意识》，杜章智等译，北京：商务印书馆 2017 年版。

56.［意］圭多·德·拉吉罗：《欧洲自由主义史》，杨军译，长春：吉林人民出版社 2011 年版。

57.［英］J. H. 伯恩斯主编：《剑桥中世纪政治思想史》，程志敏等译，北京：生活·读书·新知三联书店 2009 年版。

58.［英］安东尼·吉登斯：《超越左与右：激进政治的未来》，李惠斌、杨雪冬译，北京：社会科学文献出版社 2009 年版。

59.［英］伯林：《自由论》，胡传胜译，南京：译林出版社 2003

年版。

60.［英］E. P. 汤普森：《英国工人阶级的形成》，钱乘旦等译，南京：译林出版社 2001 年版。

61.［英］J. H. 伯恩斯主编：《剑桥中世纪政治思想史》，程志敏等译，北京：生活·读书·新知三联书店 2009 年版。

62.［英］安东尼·吉登斯：《现代性的后果》，田禾译，南京：译林出版社 2000 年版。

63.［英］巴特·范·斯廷博根：《公民身份的条件》，郭台辉译，长春：吉林出版集团有限责任公司 2007 年版。

64.［英］布赖恩·特纳编：《公民身份与社会理论》，郭忠华等译，长春：吉林出版集团有限责任公司 2007 年版。

65.［英］戴维·赫尔德：《民主的模式》，燕继荣译，北京：中央编译出版社 2008 年版。

66.［英］戴维·米勒：《社会正义原则》，应奇译，南京：江苏人民出版社 2001 年版。

67.［英］厄奈斯特·巴克：《希腊政治理论——柏拉图及其前人》，卢华萍译，长春：吉林人民出版社 2003 年版。

68.［英］古纳尔·贝克：《费希特和康德论自由、权利和法律》，黄涛译，北京：商务印书馆 2015 年版。

69.［英］霍布豪斯：《自由主义》，朱曾汶译，北京：商务印书馆 1996 年版。

70.［英］霍布斯：《利维坦》，黎思复、黎廷弼译，北京：商务印书馆 2017 年版。

71.［英］卡尔·波兰尼：《大转型：我们时代的政治与经济起源》，冯钢、刘阳译，杭州：浙江人民出版社 2007 年版。

72.［英］H. S. 赖斯编：《康德政治著作选》，金威译，北京：中国政法大学出版社 2013 年版。

73.［英］迈克尔·莱斯诺夫等：《社会契约论》，刘训练等译，南京：江苏人民出版社 2005 年版。

74.［英］尼克·史蒂文森编：《文化与公民身份》，陈志杰译，长春：吉林出版集团有限责任公司 2007 年版。

75.［英］斯图亚特·霍尔：《表征——文化表象与意指实践》，徐亮、陆兴华译，北京：商务印书馆 2003 年版。

76. ［英］斯图亚特·汤普森：《社会民主主义的困境：思想意识、治理与全球化》，贺和风、朱艳圣译，重庆：重庆出版社 2008 年版。

77. ［英］亚当·斯密：《道德情操论》，蒋自强等译，北京：商务印书馆 2003 年版。

78. ［英］约翰·洛克：《政府论》下篇，叶启芳、瞿菊农译，北京：商务印书馆 2016 年版。

79. ［德］黑格尔：《黑格尔著作集·第 7 卷·法哲学原理》，邓安庆译，北京：人民出版社 2016 年版。

80.《马克思恩格斯全集》（第 30 卷），北京：人民出版社 1995 年版。

81.《马克思恩格斯全集》（第 31 卷），北京：人民出版社 1998 年版。

82.《马克思恩格斯全集》（第 32 卷），北京：人民出版社 1998 年版。

83.《马克思恩格斯全集》（第 3 卷），北京：人民出版社 2002 年版。

84.《马克思恩格斯全集》（第 10 卷），北京：人民出版社 1998 年版。

85.《马克思恩格斯文集》（第 1 卷），北京：人民出版社 2009 年版。

86.《马克思恩格斯文集》（第 4 卷），北京：人民出版社 2009 年版。

87.《马克思恩格斯文集》（第 5 卷），北京：人民出版社 2009 年版。

88.《马克思恩格斯文集》（第 9 卷），北京：人民出版社 2009 年版。

89.《马克思恩格斯文集》（第 8 卷），北京：人民出版社 2009 年。

90.《马克思恩格斯选集》（第 2 卷），北京：人民出版社 2012 年版。

91.《马克思恩格斯选集》（第 3 卷），北京：人民出版社 1995 年版。

92. 巴特·范·斯廷博根编：《公民身份的条件》，郭台辉译，长春：吉林出版集团有限责任公司 2007 年版。

93. 陈学明：《西方马克思主义教程》，北京：高等教育出版社 2001 年版。

94. 崔文奎：《政治哲学的第一哲学论证——费希特政治哲学思想评析》，北京：中国社会科学出版社 2010 年版。

95. 高兆明：《心灵秩序与生活秩序：黑格尔〈法哲学原理〉释义》，

北京：商务印书馆2014年版。

96. 郭忠华、刘训练：《公民身份与社会阶级》，南京：江苏人民出版社2007年版。

97. 侯小丰：《自由的思想移居》，北京：中国社会科学出版社2014年版。

98. 李梅：《权利与正义——康德政治哲学研究》，北京：社会科学文献出版社2007年版。

99. 李强：《社会分层十讲》，北京：社会科学文献出版社2008年版。

100. 梁志学主编：《费希特著作选集》，北京：商务印书馆1994年版。

101. 林奇富：《社会契约论与近代自由主义转型》，北京：光明日报出版社2010年版。

102. 马克思：《1844年经济学哲学手稿》，北京：人民出版社2000年版。

103. 马克思：《资本论》（第3卷），北京：人民出版社2004年版。

104. 潘允康：《社会变迁中的家庭：家庭社会学》，天津：天津社会科学院出版社2002年版。

105. 乔戈：《国家的伦理——从马克思回到黑格尔》，南宁：广西师范大学出版社2014年版。

106. 上海社会科学院哲学研究所外国哲学研究室编：《法兰克福学派论著选辑》上册，北京：商务印书馆1998年版。

107. 陶国山：《话语实践与认同建构：论文学话语下的认同建构》，上海：上海文艺出版社2012年版。

108. 涂纪亮编：《杜威文选》，北京：社会科学文献出版社2006年版。

109. 汪晖、陈燕谷主编：《文化与公共性》，北京：生活·读书·新知三联书店1998年版。

110. 汪行福：《分配正义与社会保障》，上海：上海财经大学出版社2003年版。

111. 王凤才：《蔑视与反抗：霍耐特承认理论与法兰克福学派批判理论的"政治伦理转向"》，重庆：重庆出版社2008年版。

112. 魏建国：《宪法体制形成与近代英国崛起》，北京：法律出版社 2006 年版。

113. 西蒙·梅：《爱的历史》，孙海玉译，北京：中国人民大学出版社 2013 年版。

114. 肖滨、郭忠华、郭台辉：《现代政治中的公民身份》，上海：上海人民出版社 2010 年版。

115. 肖厚国：《所有权的兴起与衰落》，济南：山东人民出版社 2003 年版。

116. 谢富胜：《分工、技术与生产组织变迁：资本主义生产组织演变的马克思主义经济学阐释》，北京：经济科学出版社 2005 年版。

117. 徐向东：《自由主义、社会契约与政治辩护》，北京：北京大学出版社 2005 年版。

118. 杨国荣：《伦理与存在——道德哲学研究》，北京：北京大学出版社 2011 年版。

119. 殷华成：《霍克海默批判理论专题研究》，北京：新华出版社 2017 年版。

120. 龚群：《自由主义与社群主义的比较研究》，北京：人民出版社 2014 年版。

121. 于海：《西方社会思想史》，上海：复旦大学出版社 2010 年版。

122. 于文霞：《国际工人运动史》，沈阳：辽宁人民出版社 1987 年版。

123. 张剑抒：《马克思自由思想的真蕴及其当代境遇》，北京：群言出版社 2008 年版。

124. 张世鹏：《当代西欧工人阶级》，北京：北京大学出版社 2001 年版。

125. 张世鹏：《二十世纪末西欧资本主义研究》，北京：中国国际广播出版社 2003 年版。

126. 张秀：《多元正义与价值认同》，上海：上海人民出版社 2011 年版。

127. 张一兵主编：《资本主义理解史》（第 5 卷），南京：江苏人民出版社 2009 年版。

128. 周弘：《福利国家向何处去》，北京：社会科学文献出版社 2006 年版。

（二）中文期刊：

1. ［德］G. 申克：《从精神病理学到社会病理学——雅斯贝尔斯的哲学逻辑学概念》，金寿铁译，载《世界哲学》，2009 年第 4 期。

2. ［德］霍耐特、李汉松：《社会主义的理念：对话阿克塞尔·霍耐特》，载《国外理论动态》，2020 年第 4 期。

3. ［德］霍耐特：《理性的社会病理学——论批判理论的思想遗产》，侯振武译，载《天津社会科学》，2016 年第 4 期。

4. ［德］霍耐特：《论我们自由的贫乏——黑格尔伦理学说的伟大与局限》，王歌译，载《世界哲学》，2013 年第 5 期。

5. ［德］路德维希·希普：《为承认而斗争：从黑格尔到霍耐特》，罗亚玲译，载《马克思主义与现实》2010 年第 6 期。

6. ［美］维克多·沃利斯：《交互性的粘合剂：阶级的政治优先性》，任远译，载《国外理论动态》，2018 年第 2 期。

7. 阿克塞尔·霍耐特、王卓群：《劳动：一个现代概念的简史》，载《国外理论动态》，2022 年第 6 期。

8. 查尔斯·马斯克列、郭海龙：《马克思、柯尔与法兰克福学派：实现社会批判理论的政治潜能》，《国外理论动态》，2016 年第 9 期。

9. 陈凡、高兆明：《社会主义与社会自由——霍耐特对早期社会主义理念的反思》，载《马克思主义与现实》，2017 年第 2 期。

10. 陈良斌：《霍耐特的社会主义观及其批判》，载《国外理论动态》，2018 年第 3 期。

11. 陈玉瑶：《公民民族主义与团结主义——法国"国民团结"概念的内涵与源流》，载《西南民族大学学报（人文社科版）》，2018 年第 12 期。

12. 单波、黄泰岩：《新闻传媒如何扮演民主参与的角色》，载《国外社会科学》，2003 年版第 3 期。

13. 段素革：《认同与自主性：H. G. 法兰克福意志自由概念探析》，载《河北师范大学学报（哲学社会科学版）》，2011 年 7 月。

14. 贺翠香：《论霍耐特的社会自由概念及其正义论构思》，载《哲学研究》，2016 年第 4 期。

15. ［德］黑格尔：《论自然法的科学探讨方式》，程志民译，载《哲学译丛》，1999 年第一部分。

16. 洪楼：《个体自由的社会病症》，载《马克思主义与现实》，2017年第4期。

17. 霍耐特，李汉松：《社会主义的理念：对话阿克塞尔·霍耐特》，载《国外理论动态》，2020年第4期。

18. 靳志强、王四达：《承认问题的新论域——弗雷泽与孔普雷迪斯关于承认的政治哲学对话》，《复旦学报（社会科学版）》，2013年第5期。

19. 李和佳：《承认的哲学：霍耐特承认理论评述》，《国外社会科学》，2007年第5期。

20. 李和佳：《承认与再分配：霍耐特与弗雷泽的正义之争》，载《马克思主义与现实》，2011年第3期。

21. 理查德·沃尔夫：《21世纪新社会主义正在形成》，载《社会科学报》，2017年8月18日。

22. 刘光斌：《哈贝马斯霍耐特对马克思劳动观的新诠释》，载《东北大学学报（社会科学版）》，2014年第2期。

23. 鹿云：《批判理论的承认正义——霍耐特和弗雷泽承认正义理论研究》，首都师范大学博士学位论文，2013年。

24. 马庆：《社会自由与社会主义：对霍耐特近著的讨论》，载《国外社会科学前沿》，2019年第10期。

25. 曲轩、林进平：《评乔治·布伦克特对马克思自由思想的伦理学阐释》，载《国外理论动态》，2022年第2期。

26. 任彩虹：《霍耐特承认理论研究》，武汉：华中科技大学博士学位论文，2009年。

27. 宋建丽：《规范性重构与社会自由——兼论正义范式的当代转换》，载《世界哲学》，2018年第1期。

28. 孙昊：《从承认到自由——霍耐特正义观的逻辑演进研究》，清华大学博士论文，2016年。

29. 谭扬芳、程恩富：《蒙德拉贡合作经济模式的经验及其启示》，载《中国集体经济》，2012年第34期。

30. 汪行福：《从"再分配政治"到"承认政治"？——社会批判理论的范式之争》，载《天津社会科学》，2006年第6期。

31. 汪行福：《个人权利与公共自由的和解——现代性视域中的黑格

尔法哲学》，载《吉林大学社会科学报》，2011年第1期。

32. 王才勇：《承认还是再分配？——从霍耐特到弗雷泽》，载《马克思主义与现实》，2009年第4期。

33. 王凤才：《从批判理论到后批判理论（下）》，载《马克思主义与现实》，2013年第1期。

34. 王凤才：《霍耐特承认理论发生学探源》，载《马克思主义与现实》，2006年第2期。

35. 王凤才：《社会病理学：霍耐特视阈中的社会哲学》，载《中国社会科学》，2010年第5期。

36. 王凤才：《作为社会分析的正义论——霍耐特对〈法哲学原理〉的诠释与重构》，载《复旦学报（社会科学版）》，2016年第6期。

37. 王晓升：《"自由的权利"还是"自由的法"》，载《哲学动态》，2014年第12期。

38. 周爱民：《论霍耐特对马克思劳动解放学说的重构》，载《复旦学报（社会科学版）》，2022年第1期。

39. 维多里奥·布法切，洪燕妮：《21世纪的社会主义模式：自由社会主义、民主社会主义和市场社会主义》，载《国外理论动态》，2015年第1期。

40. 吴宏政：《马克思世界历史目的论下的"劳动自由"问题》，载《马克思主义与现实》，2021年第1期。

41. 郗戈：《政治经济学批判视域中马克思自由观的理论深蕴》，载《北京大学学报（哲学社会科学版）》，2022年第4期。

42. 向辉：《社会团结：从涂尔干到罗蒂——涂尔干社会团结理论的悖论及其解决》，北京大学硕士论文，2007年

43. 张盾：《马克思政治哲学中的个人与社会原则》，载《中国社会科学》，2013年第8期。

44. 张新国：《真实的自由如何可能——霍耐特自由观及其意义》，载《道德与文明》，2015年第1期。

45. 张一兵、周嘉昕：《"现代私有制社会"批判的理论一般——〈德意志意识形态〉中的资本主义观》，载《人文杂志》，2008年第4期。

46. 郑国玉：《杜威：作为生活方式的民主》，复旦大学博士论文，2010年。

47. 郑作彧：《批判理论视野下的社会自由概念及其不足》，载《社会科学》，2019 年第 2 期。

48. 周爱民：《21 世纪如何复兴社会主义？——霍耐特的社会主义理论解析》，载《学习与探索》，2017 年第 10 期。

49. 周爱民：《论霍耐特对马克思劳动解放学说的重构》，载《复旦学报（社会科学版）》，2022 年第 1 期。

50. 周穗明：《N. 弗雷泽和 A. 霍耐特关于承认理论的争论——对近十余年来西方批判理论第三代的一场政治哲学论战的评析》，载《世界哲学》，2009 年第 2 期。

51. 庄振华：《黑格尔"承认"学说再考察》，载《云南大学学报（社会科学版）》，2013 年第 5 期。

二、英文文献：

1. Alessandro Ferrara, "Social Freedom and Reasonable Pluralism: Reflections on Freedom's Right", *Philosophy and Social Criticism*, Vol. 45, No. 6, 2019.

2. Alex Honneth, *The Idea of Socialism: Towards a Renewal*, Joseph Ganahl (trans.), Cambridge: Polity Press, 2017.

3. Alex Honneth, *Freedom's Right-The Social Foundations of Democratic Life*, Joseph Ganahl (trans), Cambridge: Polity Press.

4. Alex Honneth, *The Struggle for Recognition: the Moral Grammar of Social Conflicts*, Cambridge: Polity Press, 1995.

5. Arto Laitinen, "Book Review: Freedom's Right: The Social Foundations of Democratic Life", *The Review of Politics*, Vol. 77, 2015.

6. Alex Honneth, "Rejoinder", *Critical Horizons*, Vol. 16, No. 2, May 2015.

7. Alex Honneth, *The Pathologies of Individual Freedom: Hegel's Social Thought*, Ladislaus Löb (trans.), Princeton & Oxford: Princeton University Press, 2010.

8. Alex Honneth, *Three, Not Two, Concepts of Liberty: A Proposal to Enlarge Our Moral Self-Understanding*, Translated by Blake Emerson, from Honneth's Dewey Lecture at the University of Chicago Law School, delivered

November 12, 2014.

9. Axel Honneth, *The Fragmented World of the Social—Essays in Social and Political Philosophy*, Charles W. Wrights (edit.), New York: State University of New York Press, 1995.

10. Axel Honneth & Miriam Bankovsky, "Recognition Across French-German Divides: The Social Fabric of Freedom in French Theory", *Critical Horizons*, Vol. 22, No. 1, 2021, pp. 5 – 28.

11. Anders Petersen and Rasmus Willig, "Work and Recognition—Reviewing New Forms of Pathological Developments", *Acta Sociologica*, Vol. 47, No. 4, 2004, pp. 338 – 350.

12. Charles Taylor, "Self-Interpreting Animals", in Talyor, *Human agency and language: Philosophical papers*, Vol. I, Cambridge: Cambridge University Press, 1985.

13. Christopher F. Zurn, "Social Pathologies as Second-Order Disorders, Forthcoming in the Critical Theory of Axel Honneth", *Brill Academic Publishers*.

14. Daniel M. Savage, *John Dewey's Liberalism: Individual, Community, and Self-Development*, Cambridge Southern Illinois University Press, 2002.

15. David M. Rasmussen, "Can Socialism Move beyond Political Liberalism without Accommodating Pluralism?", *Philosophy and Social Criticism*, Vol. 45, No. 6, 2019.

16. David N. McNeill, "Social Freedom and Self-Actualization: 'Normative Reconstruction' as a Theory of Justice", *Critical Horizons*, Vol. 16, No. 2, May 2015.

17. Del Aguila Marchena, Levy and Luis Felipe Bartolo Alegre, *Communism, Political Power and Personal Freedom in Marx: Beyond the Dualism of Realms*", 1st ed. Cham: Springer International Publishing AG, 2022.

18. Eleonora Piromalli, "Socialism Through Convergence, or Why a Socialist Society Does Not Need to be a Fraternal Community", *Philosophy and Social Criticism*, Vol. 45, No. 6, 2019.

19. Ernesto Laclau and Chantal Mouffe, *Hegemony and Socialist Strategy: Towards a Radical Democratic Politics*, London: Verso, 2001.

20. Erik Olin Wright, *How to be an Anticapitalist in the Twenty-First Cen-*

tury, New York and London: Verso, 2019.

21. Fabian Freyenhagen, "Honneth on Social Pathologies: A Critique", *Critical Horizons*, Vol. 16, No. 2, May 2015.

22. Frederick Neuhouser, *Foundations of Hegel's Social Theory, Actualizing Freedom*, Cambridge/M, 2000.

23. Harbermas, "What Does Socialism Mean Today? the Rectifying Revolution and the Need for New Thinking on the Left", *New Left Review*, 1990, 183, Sept/Oct, pp. 10 – 11.

24. Hauke Brunkhorst, *Solidarity From Civic Friendship to a Global Legal Community*, Jeffrey Flynn (trans.), The MIT Press Cambridge, Massachusetts, 2005.

25. Heikki Ikäheimo, "A Vital Human Need: Recognition as Inclusion in Personhood", *European Journal of Political Theory*, Vol. 8, No. 1, 2009.

26. Honneth A, "Rejoinder", in Petherbridge D. (ed.), *Axel Honneth: Critical Essays*, Leiden: Brill, 2011.

27. Honneth, "Integrity and Disrespect: principles of a Conception of Morality Based on the Theory of Recognition", in *Political Theory*, 1992, Vol. 20, No. 2.

28. Jean-Philippe Deranty and Emmanuel Renault, "Politicizing Honneth's Ethics of Recognition", in Thesis Eleven, Number 88, February 2007.

29. Jean-Philippe Deranty, "Injustice, Violence and Struggle: The Critical Potential of Axel Honneth's Theory of Recognition", in Critical Horizons, 2004, Vol. 5.

30. Jeffrey C. Alexander and Maira Pia Lara, "Honneth's New Critical Theory of Recognition", *New Left Review*, Nov-Dic (220), 1996.

31. Jörg Schaub, "Misdevelopments, Pathologies, and Normative Revolutions: Normative Reconstruction as Method of Critical Theory", *Critical Horizons*, Vol. 16, No. 2, May 2015.

32. Karin de Boer, "Beyond Recognition? Critical Reflections on Honneth's Reading of Hegel's Philosophy of Right", *International Journal of Philosophical Studies*, 2013, Vol. 21, No. 4.

33. Laurence Wilde, "A 'Radical Humanist' Approach to The Concept

of Solidarity", *Political Studies*, Vol. 52, 2004.

34. Manfred Baum, "Freedom in Marx", *Radical Philosophy Review*, Vol. 10, No. 2, 2007.

35. Mark Lilla, "The End of Identity Liberalism", *The New York Times*, No. 18, 2016.

36. Mead, G. H., *Mind, Self and Society*, Chicago: University of Chicago Press.

37. Paddy McQueen, "Recognition and social freedom", *European Journal of Political Theory*, Vol. 0, 2019, pp. 1 – 22.

38. Pakulski, J., "Cultural Citizenship", *Citizenship Studies*, Vol. 1, No. 1, 1996.

39. Renante D. Pilapil, "From Psychologism to Personhood: Honneth, Recognition, and the Making of Persons", *Res Publica*, Vol. 18, 2012.

40. Richard Schmitt, "Solidarity in Socialism", *Radical Philosophy Review*, Vol. 19, No. 2, 2016.

41. Roberto Frega, "Reflexive Cooperation Between Fraternity and Social Involvement", *Philosophy and Social Criticism*, Vol. 45, No. 6, 2019.

42. Rutger Claassen, "Social Freedom and the Demands of Justice: a Study of Honneth's Recht Der Freiheit", *Constellations*, Vol. 21, No. 1, 2014.

43. Sally J. Scholz, *Political Solidarity*, Pennsylvania: Pennsylvania State University Press, 2008.

44. Schwenzfeuer S, "Marx' Theorie sozialer Freiheit.", *Allgemeine Zeitschrift fur Philosophie*, Vol. 43, No. 3, 2018.

45. Timo Jütten, "Is the Market a Sphere of Social Freedom?", *Critical Horizons*, Vol. 16, No. 2, May 2015.

46. Victor Kempf, "The Subjects of Socialism: Politicizing Honneth's Idea of Socialism", *Critical Horizons*, 2019, Vol. 3.

后　记

本书是在我的博士论文基础上进行修改出版的，在修改过程中，思绪又再次回到了在燕园生活的日子。当走向工作，有了自己的生活与孩子的时候，我才意识到在燕园里两点一线写论文的日子竟然是想法最多，思路最多，可以心无旁骛地专心写论文的时候。

我从硕士起，在导师黄小寒老师的指导下开始对霍耐特的研究。当时2013年霍耐特的新书《自由的权利》刚译成中文，导师让我试着开始研究，想想也是初生牛犊不怕虎，还没有弄清楚霍耐特的承认理论，就着手研究他的自由思想，不知道是哪里来的勇气支撑着自己，从硕士到博士这五年坚持研读他的著作。这期间，我为了恶补有关黑格尔的哲学思想，曾旁听过北大哲学系关于黑格尔哲学的课程，也曾聆听过清华关于《法哲学原理》的读书会，慢慢了解黑格尔对霍耐特的影响。我曾经也以参会者的身份参加了复旦大学、厦门大学举办过的"批判理论"会议，正是在这些会议中我认识了很多研究霍耐特的同仁，认识了研究霍耐特思想的杰出学者——王凤才教授，还有幸参与到王老师组织编写的《如何读〈为承认而斗争〉一书》。在与前辈、同仁的交流中，最终有了本书的出版。

本书的整个研究思路侧重考虑霍耐特自由思想在资本主义发展历程中的呈现，并将其置于社会自由这一政治哲学非常关注的话题中进行探讨，试图分析批判理论在今日究竟在何种意义上坚持批评的维度，又在何种意义上推进或区别于马克思主义的批判向度。在本书的写作与修改中，我深刻地感受到要能够准确把握各个哲学家对于自由的理解确实不容易，想尽可能呈现自己所理解的思想内容，但也会陷入到语言表意不清的问题中，因此本书虽然已经尽最大努力去分析与评判霍耐特社会自由思想的理论逻辑与历史逻辑，但还会存在一些理解不清、表意不明的地方，望各位读者海涵。不过，我依旧想将霍耐特分析社会自由的方法再次介绍一下，特别是结合我们当前现实生活中所出现的问题，希望能抛砖引玉，激发学者对我们当前的社会自由进行反思。

个体自由有很多种理解方式，我们经常听到的"人生而自由"的观点实际是一种抽象的道德预设，就是将历史现实全部抽离之后形成的价值预设，这也是马克思所批判的抽象自由。马克思所理解的自由是跟劳动实践结合起来的自由，他从批判异化劳动出发展现了自由的自我实现。霍耐特的分析路径是从社会现实中寻找到体现相互承认的社会自由的规范基础，并认为这种基础能够在家庭领域、市场、国家等领域中实现。霍耐特的出发点也是针对当前资本主义社会所面临的现代性危机。中国的社会发展也面临着霍耐特所描述的一些现代性问题。比如，在家庭领域，霍耐特提到了家庭中父母与孩子作为彼此镜像的自我实现关系。在中国婚姻家庭关系中，也出现了现代性问题，即男女双方为追求个体权利自由，而将生育问题、婚姻问题视为阻碍个体自由成长的障碍。这种对自由的理解，究竟是现代社会的普遍现象，还是个体对自由的错误理解所致？霍耐特的困惑也正是如此，因此他才会追溯历史，考察曾经在人与人交往关系中起规范作用的原则，以及这些原则如何受到资本逐利的影响；现代社会要重新纠正这些问题，又该如何寻找规范依据，以更好地寻求个人自我实现的自由？从霍耐特的研究思路来看，也有助于帮助我们分析中国所面临的现代性问题，即市场经济中原子化的个人在追求个体自由时，如何将个体所承担的社会角色与社会责任联系起来，这也为我们从历史中去探讨中国传统文化中的道德规范是否还能在当今社会中发挥出应有的作用提供一些可借鉴的思路。

最后，衷心感谢全国哲学社会科学工作办公室能够将本研究列为国家社科基金后期资助项目，也感谢中央编译出版社的郗卫东社长、李媛媛、高冀蒙等编辑老师，对本书出版修订做了很多工作，感谢导师黄小寒、王凤才教授为本书作序，感谢我的学生郑鹏艳、李梦婕、曹松海、岳松为本书的出版做的校订工作，希望本书能够为对批判理论感兴趣的读者提供现实思考。

任远

2025 年 5 月于福州